쿠바 홀리데이

쿠바 홀리데이

2018년 3월 30일 초판 2쇄 펴냄
2020년 2월 6일 개정 1판 1쇄 펴냄

지은이 김춘애
발행인 김산환
책임편집 유효주
디자인 기조숙
지도 글터
영업 마케팅 정용범
펴낸곳 꿈의지도
인쇄 두성 P&L
종이 월드페이퍼

주소 경기도 파주시 경의로 1100, 604호
전화 070-7535-9416
팩스 031-947-1530
홈페이지 www.dreammap.co.kr
출판등록 2009년 10월 12일 제82호

ISBN 979-11-89469-72-6-14980
ISBN 979-11-86581-33-9-14900(세트)

지은이와 꿈의지도 허락 없이는 어떠한 형태로도 이 책의 전부, 또는 일부를 이용할 수 없습니다.
※ 잘못된 책은 구입한 곳에서 바꿀 수 있습니다.

CUBA
쿠바 홀리데이

글 · 사진 김춘애

꿈의지도

프롤로그

끝이 나지 않을 것만 같았던, 내겐 새롭고 당돌한 도전이었던 〈쿠바 홀리데이〉가 세상에 나왔다. 간절히 원해 이루었던 내 꿈의 대가는 녹록지 않았다. 어찌 보면 무모하기까지 했던 도전이다. 1년이라는 시간 동안 혼자 싸우고 혼자 배웠다. 때론 다독이고 때론 포기할까 좌절도 했다. 그래도 시간은 흘렀고 포기하지 않았던 나의 끈질김에 신은 이 책을 내게 선물했다. 내겐 평생 잊지 못할, 그 무엇과도 바꿀 수 없을 보물과 같은 이 책을 말이다.

쿠바, 이 특별한 이름과 인연이 된 지도 벌써 10년이 훌쩍 넘었다. 친구와 함께 배운 살사를 통해 나는 쿠바를 처음 만났다. 살사 음악을 듣고, 살사 춤을 췄다. 쿠바 영화를 보고 책을 읽으며 그렇게 시간이 흘렀다. 2007년, 처음 쿠바에 도착하던 그날 오후의 낯익은 풍경과 쿠바의 냄새를 나는 아직 기억한다. 그 가슴 떨리는 첫 경험을 생생하게 기억한다. 두근거림과 설렘이 온통 나를 흥분시켰고 그로부터 또 10년이 더 흘러 나는 지금 그곳의 여행 전문가가 되었다.

쿠바는 알면 알수록 빠져드는 나라다. 생각해보면 내 쿠바 여행이 매번 즐거웠던 것도 아니다. 불편함에 이런저런 욕을 퍼붓기도 했다. 그럼에도 여행이 끝나고 돌아오면 늘 가슴 한편에 다시 가고 싶은 마음이 있었다. 생각해보면, 처음 나를 쿠바로 이끈 것은 살사였지만 지금 나를 그곳으로 다시 부르는 것은 사람이다. 나를 위해 노래를 불러주는 알베르또 아저씨, 다시 만난 나를 기억하며 반갑게 맞아주던 올가 아줌마, 달콤한 노래로 날 유혹하던 디에고, 이젠 가족처럼 대해주는 트리니다드의 에밀리오와 빠띠. 거리에서 마주쳤던 수많은 미소들, 그들과 나눈 수많은 이야기와 추억. 나는 그들에 반해 쿠바를 가고 또 간다.

내가 사랑하는 쿠바를 누군가에게 소개하는 작업은 쉽지 않았다. 정확한 정보를 확인하기도 쉽지 않았고 누구하나 제대로 알려주는 이가 없었다. 공산주의 국가의 불편한 시스템에서 내가 얻을 수 있는 건 오직 내 발품으로 찾은 내 것뿐이었다. 신발이 헐고 물집이 생기고 없어지길 반복하는 동안 내 용기의 수치는 절반씩 뚝뚝 떨어졌다. 그러던 사이 두 권의 경쟁서가 출간되면서 또 한 번 나는 좌절했다. 결국 나는 여기까지 왔다.

늙은 딸의 낯선 일에 엄마는 걱정과 기대로 자주 전화를 하셨다. 시골 할머니 울 엄마는 내가 책상에 앉아 한 권 한 권 손으로 책을 다 쓰는 줄 아신다. 몇 번을 설명했지만 아마 아직 제대로 감을 못 잡으시는지도 모른다. 내가 이 작업을 끝내며 가장 기쁜 것은 드디어 엄마가 내 책을 받아볼 수 있게 되어서다. 그리고 가장 슬픈 건, 울 아버지는 이 책을 보실 수 없다는 거다. 모르긴 몰라도 동네방네 다니며 자랑하셨을 분은 엄마가 아닌 아버진데 말이다.

내 정성과 사랑을 듬뿍 담은 〈쿠바 홀리데이〉가 쿠바로 떠나는 여행자들의 여행을 더 행복하게 했으면 한다. 쿠바에 대한 더 많은 정보, 더 많은 곳을 소개하고 싶은 욕심이 있지만 하나하나 차근차근 만들어가려 한다. 〈쿠바 홀리데이〉가 쿠바 여행에서 든든한 친구처럼 늘 여행자의 곁에 있는 정보서가 되길 간절히 바라며 나는 앞으로도 쿠바와 함께하는 여행 전문가가 될 것이다.

Special Thanks to

개정판을 만들면서 늘 주변에서 많은 도움을 주고 든든한 버팀목이 되어준 Ronan, 꼼꼼하게 챙겨준 유효주 편집자님, 예쁜 디자인을 입혀준 기조숙 디자이너님, 저와 함께 쿠바를 다녀오셨던 많은 분들께 무한 감사를 드립니다.

2019년 12월 김춘애

〈쿠바 홀리데이〉 100배 활용법

쿠바 여행 가이드로 〈쿠바 홀리데이〉를 선택하셨군요. '굿 초이스'입니다.
쿠바에서 뭘 보고, 뭘 먹고, 뭘 하고, 어디서 자야 할지 더 이상 고민하지 마세요.
친절하고 꼼꼼한 베테랑 〈쿠바 홀리데이〉와 함께라면 당신의 쿠바 여행이 완벽해집니다.

01
쿠바 워밍업하기
❶ STEP 01 » PREVIEW 를 먼저 펼쳐보세요. 혁명과 정열의 나라 쿠바에서 꼭 봐야 할 것과 해야 할 것, 먹어야 할 것들을 소개합니다. 놓쳐서는 안 될 핵심 요소들을 사진으로 만나보세요.

02
여행 스타일 정하기
❷ STEP 02 » PLANNING 을 보면서 나의 여행 스타일을 정해보세요. 쿠바는 어떤 나라인지 각 도시들은 어떤 매력을 품고 있는지 하나하나 알려드립니다. 취향에 맞는 여행지를 고르는 것에 따라 여행 일정과 스타일이 달라집니다.

03
여행 플랜 짜기
여행의 밑그림을 그렸다면 구체적으로 여행을 알차게 채워갈 단계입니다.
❸ STEP 02 » PLANNING 을 보면서 언제 갈 것인지, 일정은 어떻게 짤 것인지 정해봅니다. 가기 전에 알아두면 좋을 쿠바의 역사, 쿠바 여행 체크리스트 등을 빠짐없이 소개합니다.

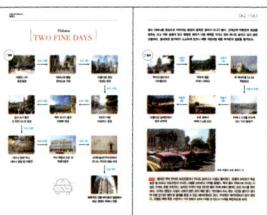

04
지역별 일정 짜기
여행의 콘셉트와 목적지를 정했다면 이제 지역별로 묶어 동선을 짜봅시다.
❹ CUBA BY AREA 에서는 쿠바의 주요 도시와 여행지별로 관광시, 레스토랑 등을 둘러보는 효율적인 동선을 제시합니다.

05
교통편 및 여행 정보
쿠바에는 다양한 매력을 품고 있는 도시들이 많습니다. 교통편도 다양하고 여행자가 꼭 알아야 할 여행 정보도 많습니다. ⑤ CUBA BY AREA 에서는 도시별로 여행지를 찾아가거나 여행지에서 이동할 수 있는 다양한 교통편을 제시합니다. 또한 관광 안내소와 경찰서, 병원 등 긴급 연락처 등도 알려줍니다.

06
숙소 정하기
어디서 자느냐가 여행의 절반을 좌우합니다. 숙소가 어디인지에 따라 여행 일정이 달라집니다. ⑥ CUBA BY AREA » SLEEP 에서는 지역별 여행지마다 먹고 잘 수 있는 곳들을 알려줍니다. 쿠바식 민박집인 카사를 비롯해 5성급 호텔 등 다양한 숙소를 소개합니다. 자신의 여행 스타일에 맞는 숙박을 찾아보세요.

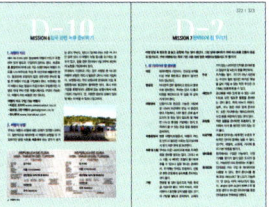

07
D-day 미션 클리어
여행 일정까지 완성했다면 책 마지막의 ⑦ 여행 준비 컨설팅 을 보면서 혹시 빠뜨린 것은 없는지 챙겨보세요. 여행 80일 전부터 출발 당일까지 날짜별로 챙겨야 할 것들이 리스트 업 되어 있습니다.

홀리데이와 최고의 여행 즐기기
이제 모든 여행 준비가 끝났으니 〈쿠바 홀리데이〉가 필요 없어진 걸까요? 여행에서 돌아올 때까지 내려놓아서는 안 돼요. 여행 일정이 틀어지거나 계획하지 않은 모험을 즐기고 싶다면 언제라도 〈쿠바 홀리데이〉를 펼쳐야 하니까요. 〈쿠바 홀리데이〉는 당신의 여행을 끝까지 책임집니다.

CONTENTS

006   프롤로그
008   〈쿠바 홀리데이〉 100배 활용법
013   쿠바 전도

CUBA BY STEP
여행 준비&하이라이트

STEP 01
Preview
쿠바를 꿈꾸다
014

016   01 쿠바 MUST SEE
020   02 쿠바 MUST DO
024   03 쿠바 MUST BUY

028   01 쿠바를 말하는 6가지 키워드
030   02 여행 전 읽어보는 쿠바의 역사
032   03 우리에게 익숙한 쿠바의 대표 인물

STEP 02
Planning
쿠바를 그리다
026

034   04 쿠바에서만 가능한 쿠바 스타일 여행
036   05 여기선 이걸 꼬옥! 지역별 여행 포인트
040   06 쿠바 여행 체크 리스트
044   07 쿠바 교통수단
046   08 쿠바의 라이브 음악, 여기서 즐기자

049   09 쿠바에서 뭐 먹지?

CUBA BY AREA
쿠바 지역별 가이드

056	PREVIEW
057	GET AROUND
062	TWO FINE DAYS
064	MAP
065	올드 아바나
066	MAP
068	SEE
088	EAT
102	SLEEP
108	센트로 아바나
109	MAP
110	SEE
118	EAT
120	SLEEP
124	베다도
125	MAP
126	SEE
133	EAT
139	SLEEP
141	아바나 근교

01
아바나
054

154	PREVIEW
155	GET AROUND
157	ONE FINE DAY
158	MAP
160	SEE
166	EAT
170	SLEEP

02
비냘레스
152

03 트리니다드 *174*	*176* *177* *180* *181* *183* *194* *200*	PREVIEW GET AROUND TWO FINE DAYS MAP SEE EAT SLEEP

04 시엔푸에고스 *208*	*210* *211* *214* *215* *218* *228* *232*	PREVIEW GET AROUND ONE FINE DAY MAP SEE EAT SLEEP

05 산타 클라라 *238*	*240* *241* *244* *246* *248* *255* *259*	PREVIEW GET AROUND ONE FINE DAY MAP SEE EAT SLEEP

06 카마구에이
264

- 266 PREVIEW
- 267 GET AROUND
- 271 ONE FINE DAY
- 272 MAP
- 274 SEE
- 278 EAT
- 283 SLEEP

07 산티아고 데 쿠바
286

- 288 PREVIEW
- 289 GET AROUND
- 293 ONE FINE DAY
- 294 MAP
- 297 SEE
- 309 EAT
- 313 SLEEP

- 317 여행 준비 컨설팅
- 331 인덱스

쿠바 Cuba

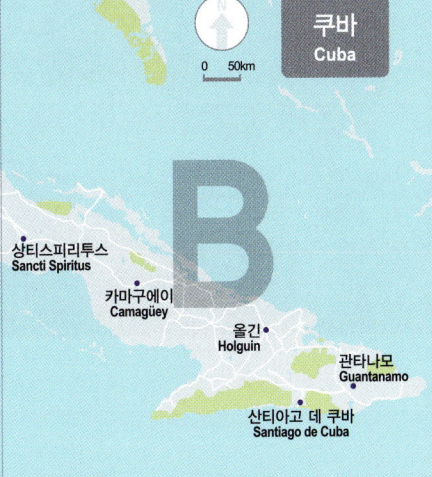

- 아바나 Habana
- 바라데로 Varadero
- 비냘레스 Viñales
- 산 크리스토발 San Cristobal
- 산타 클라라 Santa Clara
- 시엔푸에고스 Cienfuegos
- 상티스피리투스 Sancti Spiritus
- 트리니다드 Trinidad
- 카마구에이 Camagüey
- 올긴 Holguin
- 관타나모 Guantanamo
- 산티아고 데 쿠바 Santiago de Cuba

A B

Step 01
Preview
....
쿠바를
꿈꾸다

01 쿠바 **MUST SEE**
02 쿠바 **MUST DO**
03 쿠바 **MUST BUY**

PREVIEW 01
쿠바 MUST SEE

1 라틴 아메리카에서 가장 오래된 성당인
산 크리스토발 대성당과 올드 아바나(069p)

3 쿠바 예술의 현주소를 보다,
아바나 국립미술관 쿠바관(073p)

4 체 게바라를 만나는 첫 번째 장소,
아바나 혁명광장(128p)

무엇부터 봐야 할지 막연하지만 차근차근 하나씩 보자. 가장 볼거리가 많은 아바나, 그리고 각 도시별 꼭꼭 숨어 있는 즐길 거리를 하나하나 꺼내본다. 취향에 맞게, 일정에 맞게, 스타일에 맞게 내 여행으로 만들어보자.

2 아바나의 심장이자 쿠바의 랜드마크, 아바나 카피톨리오(110p)

5 태고의 자연으로 돌아가라, 비날레스 모고테 전망대(161p)

STEP 01
PREVIEW

6
체 게바라의 모든 것,
산타 클라라 체 게바라 기념관(250p)

7
오래된 도시를 말없이 내려다보는 곳,
트리니다드 혁명역사박물관(183p)

9
룸바 음악을 만나려면,
산티아고 데 쿠바 카나발 박물관(302p)

8 독특한 건축이 푸른 바다를 만나다,
시엔푸에고스 바예 저택(226p)

10 아름다운 묘지에서 만나는 쿠바의 거장들,
산티아고 데 쿠바 산타 이피헤니아 묘지(307p)

STEP 01
PREVIEW

PREVIEW 02

쿠바
MUST DO

일정은 짧고 할 일은 많고, 무엇부터 할까 고민할 틈도 없다. 쿠바니까, 쿠바에서만 할 수 있는 의미 있는 일들. 거리를 거닐고, 헤밍웨이처럼 칵테일을 마시고, 클래식 카를 타고 1950년대로 떠나는 추억 여행을 즐겨보자.

1 아바나에서 클래식 카 타보기(035p)

3 올드 아바나의 여행자 거리
오비스포 거리 거닐기(081p)

2 노을 예쁜 모로 성에서 엽서 쓰기(142p)

4 헤밍웨이 단골집에서
헤밍웨이처럼 칵테일 마시기(092p)

5 알리시아 알론소 대극장에서
발레 공연 보기(112p)

STEP 01
PREVIEW

6 코히마르에서 소설
『노인과 바다』 읽기(145p)

9 트리니다드 음악의 집(카사 데 라 무시카)
에서 밤새 춤추기(186p)

10 노을 지는 말레콘에서
멍 때리기(117p)

7 체 게바라 기념관에서
체 게바라 알아보기(250p)

8 라이브 공연 보며
흥겨운 살사 추기(046p)

11 카리브 해의 파란 바다에서
여유 즐기기(147p)

STEP 01
PREVIEW

세계 최고 품질의
쿠바 시가

바카르디를 울린
아바나 클럽 럼주

PREVIEW 03
쿠바 MUST BUY

이름만으로도 맛있을 것 같은
쿠바 커피

인테리어 소품으로 그만인
목각인형

쿠바스러움이 물씬 풍기는
쿠바 엽서

카메라 마니아를 위한
중고 카메라

쿠바라는 나라는 참 재미있다. 흔히 접하지 못할 과거가 남아 있고, 세계에서 가장 유명한 시가가 있다. 쿠바만의 색, 쿠바만의 맛. 어떤 것을 사오면 좋을까?

쿠바 혁명의 영웅
체 게바라 기념품

강한 색채, 화려함이 돋보이는
미술품들

쿠바 느낌 그대로,
냉장고 자석

Step 02
Planning

쿠바를 그리다

01 쿠바를 말하는 **6가지 키워드**
02 여행 전 읽어보는 **쿠바의 역사**
03 우리에게 익숙한 **쿠바의 대표 인물**
04 쿠바에서만 가능한 **쿠바 스타일 여행**
05 여기선 이걸 꼬옥! **지역별 여행 포인트**
06 쿠바 여행 **체크 리스트**
07 쿠바 **교통수단**
08 **쿠바의 라이브 음악**, 여기서 즐기자
09 쿠바에서 **뭐 먹지?**

PLANNING 01
쿠바를 말하는 **6가지 키워드**

항상 다큐멘터리를 통해서만 만나왔던 나라, 쿠바. 그 아름다운 미소, 춤과 음악 뒤에 있는 아픈 역사와 슬픈 세월을 우리는 잘 알지 못한다. 우리가 알고 있는 쿠바, 그리고 그보다 더 가까운 그들을 찾아 떠나보자.

1 혁명의 나라 Revolucíon

쿠바 역사에서 혁명은 떼려야 뗄 수 없는 단어다. 혁명은 체 게바라와 피델 카스트로를 영웅으로 만들었다. 혁명을 통해 약 56년간 공산주의를 유지하고 있고 혁명을 통해 쿠바를 표현하고 있다. 혁명의 시작은 1953년 7월 16일, 산티아고 데 쿠바의 몬카다 병영 습격 사건이었다. 습격은 실패로 끝나고 많은 사상자를 냈지만 쿠바 혁명의 도화선이 되었다. 1956년 그란마 호 사건에서도 많은 사람들이 희생되었다. 그리고 1959년 1월 1일, 혁명을 성공으로 이끈 혁명군은 아바나에 입성한다. 쿠바 곳곳에서 혁명의 흔적을 볼 수 있다. 세상이 변하듯 쿠바도 변하고 있다. 혁명에 대한 평가도, 또 그것을 받아들이는 젊은 세대들의 시선도.

2 정열의 살사 Salsa Dance

누구에게 배운 실력이 아님에도 모두가 춤꾼인 나라가 쿠바다. 매일 밤 파티가 열리는 트리니다드의 카사 데 라 무시카를 비롯하여 쿠바 어느 도시를 가도 밤낮없이 음악과 춤을 즐긴다. 쿠반 살사는 우리나라에서 추는 뉴욕 살사와는 조금 차이가 있다. 쿠바 여행을 위해 배운다면 쿠반 스타일인지 확인하자.

3 부에나 비스타 소셜 클럽 Buena Vista Social Club

영화 〈부에나 비스타 소셜 클럽〉은 우리에게 쿠바의 음악이 무엇인지 확실히 각인시켜준 영화다. 혁명 전, 1930~1940년대 아바나는 돈 많은 미국인들의 유흥을 위한 장소였다. 부에나 비스타 소셜 클럽은 당시 잘 나가던 사교 클럽이었으나 혁명 이후 문을 닫는다. 영화에서 우리에게 익숙한 목소리 이브라힘 페레르, 콤파이 세군도 그리고 피아노를 치던 루벤 곤잘레스 등은 이미 세상을 떠났다. 그러나 아직도 많은 사람들은 이들의 음악을 잊지 못해 쿠바로 향한다. 올드 아바나의 어디를 가도 이들만큼 노래를 잘하는 쿠반 밴드를 쉽게 만날 수 있다.

4 상콤달콤 칵테일, 모히토와 다이키리 Mojito and Daiquiri

헤밍웨이가 즐겨 마셨다는 칵테일 덕에 쿠바는 오늘도 무수히 많은 여행자들을 불러들이고 있다. 우리나라에서도 이제 여름을 대표하는 칵테일이 된, 톡 쏘는 청량감과 달콤하고 새콤한 맛이 푸른 민트를 만나 더위를 시원하게 식혀주는 칵테일 모히토Mojito와 달콤한 얼음 슬러시에 럼이 들어간 색색의 다이키리Daiquiri. 쿠바를 대표하는 두 칵테일에 오늘도 많은 여행자는 긴 줄을 마다 않는다. 아바나 클럽Havana Club은 쿠바를 대표하는 럼 브랜드다. 헤밍웨이가 자주 찾던 라 보데기타 델 메디오La Bodeguita del Medio와 엘 플로리디타El Flolidita는 상업적으로 변한 그저 뻔한 바에 불과하다 할지라도 한 번쯤은 들러 칵테일을 꼭 맛봐야 하는 곳이다.

5 담배의 치명적 매력, 시가 Cigar

아름다운 눈을 가진 체 게바라의 입에는 늘 시가가 있었다. 유명 소설가 헤밍웨이 역시 시가를 즐겼다. 세계에서 품질 좋기로 유명한 쿠바 시가는 쿠바 여행에서 빠질 수 없는 기념품이자 쿠바 여행의 상징이다.

아바나와 산타 클라라의 시가 공장, 비냘레스의 담배 농장 등은 우리가 흔히 볼 수 없는 풍경을 선사한다. 품질 좋고 유명한 시가를 값싸고 의미 있게 구입할 수 있는 기회를 쿠바 여행에서 놓치지 말자. 비흡연자에겐 그저 쓰디쓴 맛에 불과하지만 어느 순간 달콤하면서도 부드러운 향이 은은하게 풍겨올 것이다. 단, 시가는 어디에서 사느냐에 따라 가격 차이가 크다. 거리에서 함부로 사지 않는 것이 좋다. 공항 면세점에도 다양한 시가가 있으니 조바심 내지 말자.

6 저녁노을이 아름다운 만인의 놀이터 말레콘 Malecón

파도가 넘치는 말레콘을 지나는 올드카 한 대. 어느 TV 광고 혹은 영화에서나 보았을 장면이다. 여름에는 높은 파도가 말레콘을 덮쳐 지나가는 자동차까지 물세례를 받게 된다. 장장 8km에 이르는 방파제 말레콘은 아바나를 바다로부터 지켜줌과 동시에 아바나 사람들의 휴식처 역할을 톡톡히 한다. 10월에도 잦은 파도가 가끔 여행자를 놀랜다. 저녁의 말레콘은 여행자와 아바나 시민들이 함께 어울리는 특별한 장소가 된다. 어떤 이는 음악을 연주하고 어떤 이는 사색한다. 어떤 이는 사랑을 속삭이고 어떤 이는 편지를 쓴다. 노을 지는 저녁이면 꼭 말레콘을 가자. 그리고 그 순간을 즐기자. 무엇을 하건 여행에서 가장 잊지 못할 기억으로 남을지도 모른다.

PLANNING 02

여행 전 읽어보는 **쿠바의 역사**

콜럼버스가 쿠바 섬을 처음 발견하면서부터 시작되는 쿠바의 역사는 혁명이라는 짧은 단어로 끝이 난다. 스페인의 식민지, 미국의 군정 그리고 독립과 혁명. 우여곡절 많은 쿠바의 역사는 쿠바의 삶처럼 애잔하다. 굴곡진 그들의 역사를 쉽게 훑어보자.

쿠바 섬의 발견 그리고 시작된 스페인의 정복 (1492~1898)

시보네 족과 타이노 족 등 원주민들이 그들만의 삶을 살고 있던 쿠바 섬에 콜럼버스가 도착한 것은 1492년이었다. 쿠바 섬을 처음 발견한 콜럼버스는 아름다운 섬에 반한다. 이후 1511년 스페인에서 벨라스케스가 파견되면서 스페인의 쿠바 정복이 본격적으로 시작된다. 스페인은 쿠바 원주민들에게 사금 채취 등의 노동을 시키고 금은 모두 스페인으로 가져갔다. 가혹한 노동과 착취에 원주민들은 반란을 하지만 모두 실패한다. 노동을 견디지 못하고 죽거나, 종교적인 압박에 죽임을 당하거나 혹은 유럽에서 온 전염병을 견디지 못하고 원주민들은 죽어갔다. 원주민 수가 급격히 줄자 16세기 초 급기야 스페인은 아프리카로부터 노예를 수입하기에 이른다. 그리고 아프리카 노동자들로 하여금 담배와 사탕수수 재배로 막대한 이익을 얻는다. 19세기까지 아프리카에서 수입한 노예들의 수는 100만에 이르렀다고 한다. 여러 차례 노예들의 반란은 모두 실패로 돌아가고 그 모진 아픔의 역사는 1898년 스페인과 미국 함대의 싸움 이후에서야 끝이 났다.

새로운 정복자 미국의 출현과 쿠바의 독립 (1898~1902)

아바나에 정박 중이던 미국 선박 메인 호에서 원인을 알 수 없는 폭발사건이 발생한다. 미국은 스페인의 소행으로 간주하고 전쟁을 선포한다. 4개월에 걸친 전쟁은 미국의 승리로 끝이 나면서 스페인은 쿠바를 포함하여 필리핀, 괌 그리고 푸에르토리코를 미국에 넘겨주게 된다. 이로써 길고 긴 스페인의 쿠바 정복은 끝이 나지만 미국의 새로운 군정이 시작된다. 1901년 미국의 내정간섭과 군사기지 설치를 인정하는 플래트 수정조항이 추가되고 1903년부터 관타나모에 미국의 해군기지가 설치된다. 미국의 군정은 1902년 끝이 나지만 이후에도 내정 간섭은 계속되었다.

완전한 독립 그러나 혼란과 또 다른 고통의 시기 (1903~1958)

스페인으로부터의 독립 이후 1900년대 초 미국의 많은 자본은 쿠바를 장악했다. 토지와 사탕수수 등 대부분의 쿠바 경제의 축은 미국 자본이었다. 더불어 부패한 정치로 불안한 시기가 계속된다. 이때 바티스타는 1933년 쿠데타로 마차도 정권을 전복시키고 대통령이 된다. 바티스타는 악명 높은 쿠바의 대표 인물로 이후에도 1952년 한 번 더 쿠데타를 통해 독재체제를 구축한다. 미국의 자본은 쿠바에서 흥청거렸다. 술집, 카지노 그리고 호텔이 들어섰다. 환락으로 가득 찬 쿠바는 미국의 휴양 도시에 지나지 않았다. 피델 카스트로의 혁명은 이때부터 시작된다. 1953년 산티아고 데 쿠바의 몬카다 병영 습격이 그 시작이다. 1958년까지 여러 차례 혁명을 시도했고 번번이 실패로 돌아갔지만 피델 카스트로, 라울 카스트로, 카밀로 시엔푸에고스 그리고 체 게바라가 주축이 된 혁명군은 많은 쿠바인들의 지지를 받으면서 1958년 12월 끝내 성공에 이른다. 1959년 1월, 아바나에 혁명군이 입성한다.

새로운 쿠바의 시작 (1959~)

혁명이 성공하면서 쿠바는 공산주의를 선포한다. 혁명이 성공한 1959년 5월 농지개혁법을 발표하고 대지주의 토지와 미국계 기업의 농장을 모두 몰수한다. 그리고 석유법과 대기업 국유화법으로 미국이 소유하고 있던 설탕과 석유 회사 등을 정부가 몰수하고 미국인을 추방한다. 이는 미국과의 대립을 불러오는데 결국 1961년 미국과 쿠바를 국교를 단절하기에 이른다. 미국과 쿠바는 끊임없이 대립한다. 1962년 미사일 위기 후 경제봉쇄정책(엠바고)이 강화되고 점점 쿠바는 고립되어갔다. 소련에 의존할 수밖에 없던 쿠바는 1990년대 초 소련마저 붕괴되자 경제 사정이 더욱 악화된다. 그럼에도 쿠바의 관광객만은 줄지 않았다. 지금은 숙박과 식당 등 일부 개인의 경제활동을 보장하고 늘어나는 관광객은 호텔 대신 카사 파르티쿨라르 제도를 통해 해소하고 있다. 2008년 피델 카스트로는 공식적으로 국가원수직 사임을 발표한다. 지금은 그의 동생이자 혁명 동지인 라울 카스트로가 국가평의회의장직 겸 각료회의 의장을 수행하고 있다. 그의 임기는 2018년 3월까지이다. 2015년 이후 미국과 재수교, 교황의 방문 그리고 미국 대통령의 방문 등으로 쿠바와 미국의 관계가 회복되는 듯싶었으나 미국 정부가 바뀌면서 관계는 다시 얼어붙었다. 미국 관광객 수의 감소와 경제적인 어려움으로 쿠바는 다시 한 번 어려운 시기를 보내는 중이다.

PLANNING 03
우리에게 익숙한 **쿠바의 대표 인물**

쿠바 하면 떠오르는 이름이 있다. 쿠바에서 귀가 따갑게 듣고 눈이 시리게 보게 되는 인물도 있다. 아이러니하게도 이들 중 둘은 쿠바인이 아니다. 이래서 쿠바가 더 재밌다. 여행의 재미를 두 배로 늘리기도 하는 쿠바의 대표 인물 4인방, 이들의 이야기를 간단히 알아보자.

1 체 게바라 Che Guevara(1928~1967)

많은 젊은이들에게 우상과 같은 열정의 아이콘이다. 1928년 아르헨티나 부에노스아이레스의 중산층 가정에서 태어나 의학을 전공했다. 대학생 시절 우연히 떠난 남미 여행에서 세상 밖의 현실을 깨닫고 나병 환자를 돕는 등 봉사활동을 시작한다. 그러던 중 1956년 우연히 멕시코에서 라울 카스트로와 만나게 되면서 쿠바와의 인연이 시작되었다. 이들과 함께 쿠바 반정부 혁명군에 합류해 활동을 시작하게 되었고 혁명이 성공하면서 쿠바에 남아 쿠바 산업부장관 등을 역임했다. 그러나 끝내 쿠바를 떠난다. 볼리비아 혁명군 지원을 위해 게릴라전을 펼치던 그는 1967년 정부군에 체포되어 죽음을 맞는다. 그가 바란 이상적인 세상은 무엇일까. 아직 많은 젊은이들은 그의 열정에 감동하고 그를 잊지 못해 쿠바를 찾는다.

2 호세 마르티 José Martí(1853~1895)

쿠바의 유명 시인이자 독립의 아버지라 불린다. 1853년 아바나에서 태어난 그는 어린 시절부터 쿠바 독립운동에 가담했다. 여러 번 스페인으로 추방당하기도 했지만 독립에 대한 열의는 식지 않았다. 끝내 독립을 보지 못하고 1895년 스페인군과의 싸움에서 전사한다. 정치인으로서뿐 아니라 시인으로서도 가장 사랑받는 이로 쿠바 어디에서나 그의 동상을 쉽게 찾아볼 수 있다. 이는 쿠바가 얼마나 호세 마르티를 사랑하는지 잘 보여준다. 우리가 잘 알고 있는 노래 〈관타나메라〉의 가사는 그의 시다.

3 어니스트 헤밍웨이
Ernest Hemingway(1898~1961)

미국의 소설가로 소설 『노인과 바다』, 『누구를 위하여 종은 울리나』, 『무기여 잘 있거라』 등 많은 베스트셀러를 남겼다. 노벨 문학상과 퓰리처상의 수상 작가이자 유난히 쿠바를 사랑한 소설가로도 유명하다. 미국의 중서부 일리노이 주에서 태어난 그는 1차 세계대전에 참가하고 이후 기자가 된다. 그는 1930년대부터 약 20년간 쿠바에서 살면서 낚시와 칵테일을 즐겼다. 이 사실 하나로 쿠바는 수많은 관광객이 찾는 헤밍웨이 여행의 메카가 되었다. 그가 찾았던 바와 살던 집, 그가 머물던 호텔까지 그의 손길이 닿은 곳은 모두 여행 상품이다. 그러나 안타깝게도 1959년 혁명 이후 쿠바에서 추방당하고 얼마 지나지 않아 자살로 생을 마감한다. 뻔한 상술임을 알면서도 쿠바 여행에서 헤밍웨이는 뺄 수 없는 여행 아이템 중 하나다.

4 피델 카스트로 Fidel Castro(1926~2016)

쿠바의 역사에서 반세기가 넘는 시간 동안 우리는 그의 이름을 들어왔다. 1926년 올긴의 작은 마을에서 태어나 아바나 법대를 졸업했다. 1952년 대통령 선거에 출마했지만 낙선하고 바티스타의 부정과 부패에 혁명을 도모한다. 1953년 산티아고 데 쿠바 몬카다 병영 습격 사건이 그 시작이었다. 그러나 계획이 실패로 돌아가면서 그는 15년형을 선고받는다. 변호사인 그가 5시간에 걸쳐 스스로를 변호한 일화는 아직도 유명하다. 이후 특사로 풀려난 후 끊임없이 반정부 투쟁을 시작하고 마침내 1959년 1월 아바나에 입성한다. 그의 자리는 동생 라울 카스트로에 이어 지금의 미겔 디아스카넬로 이어졌다. 2016년 11월 사망한 그는 쿠바 혁명의 태동지이자 학창 시절을 보낸 산티아고 데 쿠바에 묻혔다.

PLANNING 04
쿠바에서만 가능한 **쿠바 스타일 여행**

언젠가 꼭 가보고 싶던 나라를 간다는 것은 생각만으로도 설레는 일이다. 하루라도 더 머물고 싶겠지만 현실은 짧은 휴가. 그렇다면 가장 효율적인 일정으로 만족하는 여행 레시피를 만들어보자. 쿠바는 일반 여행지와는 차별화를 두면 좋을 곳이다. 조금은 특별한 여행 테마를 만들어 떠나보자.

헤밍웨이도 찾고 아바나도 둘러보고, 헤밍웨이 투어

쿠바 관광산업 발전에 큰 기여를 하는 미국인 헤밍웨이. 그가 쿠바에 남긴 추억은 여행자에게 좋은 여행 아이템이 되었다. 그가 머물렀던 호텔, 그가 마시던 칵테일, 그가 살았던 집 그리고 그가 낚시를 즐기며 소설의 모티브가 된 곳까지. 헤밍웨이의 발자취를 따라가 보자.

- 헤밍웨이의 모든 것, 헤밍웨이 박물관 핀카 비히야(146p)
- 『노인과 바다』의 모티브가 된 코히마르(145p)
- 헤밍웨이가 단골로 머물던 호텔, 암보스 문도스 호텔 511호(103p)
- 모히토를 마시던 라 보데기타 델 메디오(092p), 다이키리를 마셨던 엘 플로리디타(093p)

과거로 떠나는 여행, 올드 아바나 클래식 투어

낡은 아파트, 50년도 더 된 클래식 카 그리고 낭만의 라이브 음악. 쿠바에서만 느낄 수 있는 아주 특별한 여행이다. 과거로 떠난 듯, 영화의 한 장면을 찾아 떠나는 시간여행. 올드 아바나를 샅샅이 누비며 아바나의 공기를 마셔보자.

- 올드 아바나 골목 누비기-오비스포 거리(081p), 메르카데레스 거리(079p)
- 광장에서 느끼는 여유로운 여행-대성당 광장에서 산 프란시스코 광장까지(082p)
- 클래식 카 투어로 특별한 아바나 여행 즐기기(035p)

음악 좀 아는 당신, 쿠바 음악 여행

달달한 재즈 선율부터 신나는 타악기까지. 쿠바 여행은 음악 빼면 시체다. 미국의 음악이라 한때 금지되었던 재즈는 이제는 맘껏 즐길 수 있다. 추초 발데스와 아르투로 산도발은 없지만 그들의 뒤를 잇는 쿠바의 젊은 뮤지션들을 만날 수 있다. 부에나 비스타 소셜 클럽에 버금가는 수준의 연주는 또 어떤가. 쿠바의 밤은 낮보다 더 뜨겁다!

- 아바나의 재즈 카페와 올드 아바나 거리 라이브 공연(046p)
- 춤과 음악 그리고 볼거리가 다 있는 트리니다드 즐기기(174p)
- 밤이 뜨거운 산타 클라라 클럽 메훈헤(254p)

STEP 02
PLANNING

PLANNING 05
여기선 이걸 꼬옥!
지역별 여행 포인트

도마뱀 모양 혹은 물고기를 닮은 섬나라 쿠바는 카리브 해에 위치하고 있다. 동서로 길게 뻗은 지형으로 동쪽 끝은 산티아고 데 쿠바, 서쪽으로는 비냘레스가 대표적인 도시다. 혁명, 미국과의 관계 악화 후 경제적인 어려움 등으로 환경은 열악하지만 그들만의 매력을 발산하며 최근 엄청난 관광객을 불러들이고 있다.

아바나 Habana

쿠바의 수도. 유네스코 세계문화유산으로 지정된 올드 아바나를 비롯하여 볼거리, 즐길 거리, 마실 거리 다양한 곳이다. 1900년대 초의 화려함은 잃었지만 아바나는 여전히 팔색조와 같은 매력을 지니고 있다. 올드 아바나의 광장, 세월을 힘겹게 견디고 있는 낡은 아파트, 거리의 악사들과 예술이 살아 숨 쉬는 도시. 그야말로 쿠바 여행의 모든 것이라 해도 과언이 아니다. 올드 아바나에선 오래된 것의 아름다움을, 센트로에선 삶의 향기를, 베다도에선 변하는 쿠바의 모습을 담아보자. 말레콘에 앉아 노을을 봐도 좋고 모로 성에서 아름다운 아바나를 내려다보는 것도 좋겠다.

비냘레스 Viñales

쿠바 하면 떠오르는 시가, 시가 하면 떠오르는 것이 바로 비냘레스다. 쿠바 섬의 서쪽 피나르 델 리오의 작은 도시다. 까맣게 탄 농부의 탄탄한 어깨에 걸쳐진 넓은 담뱃잎은 비냘레스를 대표하는 풍경이다. 굵은 시가를 물고 담배 농사를 짓는 그들의 모습에서 쿠바 최고 품질의 시가를 만든다는 자부심이 묻어난다. 천혜의 자연을 가진 곳, 쿠바 시골의 이색적인 풍경을 고스란히 담고 있는 작은 도시 비냘레스는 도심의 번잡함을 떠나 힐링을 위한 여행의 최적지다. 동굴 투어, 시가 농장 투어 그리고 말 타기나 모고테를 보며 조용히 쉬는 것, 비냘레스 여행은 그래서 행복하다.

시엔푸에고스 Cienfuegos

다른 도시와 달리 프랑스 느낌이 많이 나는 물의 도시다. 쿠바 섬의 가운데, 산타 클라라와 트리니다드 사이에 위치하고 있지만 많은 이들이 스쳐 지나가기 일쑤다. 아름다운 궁전 바예 저택(226p)을 비롯해 호세 마르티 광장(218p) 그리고 베니 모레의 음악이 흐르는 불레바드 거리는 여행자의 기분을 업시킨다. 저녁노을이 질 무렵이면 맥주 한 캔을 들고 무에예 레알(222p)로 가자. 밤에는 2쿡으로 즐길 수 있는 트로피카나 쇼인 트로피코 수르Tropico Sur의 공연도 좋겠다.

트리니다드 Trinidad

나지막한 붉은 벽돌색 지붕, 알록달록 칠해진 벽, 울퉁불퉁 길을 삐뚤빼뚤 걷는 작은 말. 밤이면 쏟아지는 별 아래 음악소리가 돈네른 들썩이는 곳이다. 아름다운 바다 앙콘 비치는 자연이 준 그대로의 모습을 즐기게 한다. 계곡을 걷고 바다를 즐기고 음악을 즐기고, 18세기 사탕수수로 부자가 된 동네는 카사를 둘러보는 것만으로도 여행이 된다. 야외로 떠나는 기차는 매일 아침 기적을 울리고 관광객을 18세기 사탕수수 농장으로 실어 나른다. 잉헤니오스 계곡 기차 투어(192p)가 그것이다. 밤이면 음악의 집(카사 데 라 무시카)(186p)에서 살사로 하루를 신나게 마무리하자.

산타 클라라 Santa Clara

체 게바라, 그를 찾아 떠나는 곳이 산타 클라라다. 1958년, 혁명의 마지막 치열한 전투가 있었던 곳도 이곳이다. 체 게바라 기념관(250p)에는 이 도시를 특별하게 만든 그의 모든 것이 있다. 도시는 평범하지만 사람들은 따뜻하다. 체 게바라에 관심이 없는 여행자라면 자칫 심심할 수 있다. 그러나 기념관을 나올 때쯤이면 그가 누구인지 다시 한 번 생각하지 될지 모른다. 밤엔 클럽 메훈헤(254p)를 가자. 산타 클라라 청춘들의 화끈한 모습을 볼 수 있는 곳이다. 다양한 재주꾼들의 음악과 공연은 밤이 깊은 줄 모른다.

카마구에이 Camagüey

독특한 건축과 골목은 이 도시만이 가진 특별함이다. 미로 같은 골목, 역사지구의 오랜 건물은 유네스코 세계문화유산으로 지정되었다. 조용한 골목엔 도자기와 갤러리, 영화에 대한 이야기가 가득하다. 카르멘 광장과 산 후안 데 디오스 광장, 크고 작은 곳에서 카마구에이가 가진 따뜻함과 아기자기함을 느낄 수 있다. 조용히 둘러보다 보면 어느새 사랑하게 되는 도시다.

산티아고 데 쿠바 Santiago de Cuba

쿠바 동쪽, 음악의 고장이자 스페인 식민지 시절 수도였던 곳이다. 룸바와 음악을 찾아 많은 여행자들이 찾는 이곳은 혁명의 태동지이자 바카르디 럼의 시작, 콤파이 세군도의 고향이기도 하다. 에밀리오 바카르디 박물관, 몬카다 병영, 모로 성, 카사 데 라 트로바 그리고 세스페데스 공원과 마르테 광장은 여행자로 넘친다. 밤이면 산티아고 항에 아름다운 불빛이 감돌고 룸바 공연과 쿠바 음악이 골목을 흔든다.

쿠바 여행 체크리스트

PLANNING 06

쿠바는 공산주의 국가라는 타이틀 때문에 여행 전부터 다들 긴장하게 된다. 그러나 걱정 말자. 우리가 알고 있는 공산주의 국가 북한과 쿠바는 비교할 수 있는 대상이 아니다. 쿠바는 생각보다 안전하고 유쾌하고 여느 나라와 크게 다를 바 없는 곳이다.

쿠바 여행 적기

섬나라 쿠바는 열대성 기후다. 연 평균 기온이 25.5℃이고 가장 서늘한 1월이 22.5℃, 가장 더운 8월이 약 28℃다. 5~10월까지는 비가 많이 온다. 반면 11~4월은 건기다. 태풍도 잦은 곳이라 여행 전 기상 체크는 필수다. 여행의 적기는 건기인 11월부터다. 우기 땐 습하고 건기엔 태양이 뜨겁다. 우기의 평균 습도는 82%, 건기의 평균 습도는 80%로 습도는 늘 높은 편이다. 여행 적기의 쿠바는 날씨는 좋지만 햇볕이 강해 화상에 유의해야 한다. 선크림을 반드시 준비해야 한다. 대신 장거리 버스 이동 시 에어컨 바람이 춥다. 얇은 겉옷이나 가벼운 담요 등을 준비하자.

쿠바의 물가와 화폐

쿠바는 1인당 국민소득(GDP)은 2012년 추정 11,258달러다. 이는 무상 제공되는 공공의료 및 교육을 포함한 것으로 실제 쿠바인의 소득은 이를 훨씬 못 미친다. 게다가 외국인이 여행 중 느끼는 체감 물가는 '비싸다'이다. 일부 공공요금(버스)을 제외하면 모든 것에 외국인 전용 요금이 따로 있고 싸지 않다. 최근 오바마 미 대통령의 쿠바 방문 이후 물가는 더 올랐다. 그러나 내국인용 화폐인 쿱(CUP 또는 MN)으로 할 수 있는 것들도 많다. 잘 이용하면 굉장히 싼 여행도 가능하다. 결국 극과 극의 여행이다.

쿠바의 화폐

쿠바의 공식 통화는 페소Peso다. 그러나 이중 화폐를 사용하고 있어 내국인/외국인이 사용하는 화폐가 다르다. 2004년 이후 달러 사용을 금지하면서 태환 페소Peso Cubano Convertible를 도입했다. 결국 이 화폐는 쿠바 내에서만 사용이 가능하다. 낯선 이중화폐 때문에 공항에서부터 머리가 아프다. 계산 방법도 복잡해서 설명을 들어도 쉽게 이해할 수 없다. 환율 표시에 어떤 화폐는 곱하고 어떤 화폐는 나누는데 그 기준도 명시되어 있지 않다. 또 내/외국인을 같이 받는 식당은 메뉴에서 화폐가 어떤 것인지도 확인을 해야 한다. 그러나 단기간 여행에서는 아래 내용만 이해하면 어렵지 않게 여행할 수 있다.

내국인이 사용하는 화폐는 CUP(쿱)으로 페소 쿠바노Peso Cuba-no다. 'MN(Moneda Nacional, 모네다 나시오날)'이라고 부르기도 한다. 일반적으로 현지에서는 모네다 나시오날을 더 많이 사용한다. MN와 CUP은 같다. 외국인이 사용하는

CUC

CUP

화폐는 CUC(쿡)이다. 페소 콘베르티블레Peso Convertible로 '세우세' 또는 '쿡'이라고 말한다. 1CUC은 약 25CUP이다. 예전에는 CUC과 CUP의 사용을 엄격하게 제한했지만 지금은 내/외국인 모두가 두 가지 화폐를 다 사용한다. 즉 여행객도 현지인이 주로 이용하는 식당에서 현지인의 화폐로 계산을 할 수 있고 내국인도 관광객이 이용하는 식당에서 CUC으로 계산할 수 있다. 단 메뉴에 CUC인지 CUP(또는 MN)인지 반드시 확인하자. 메뉴판 첫 장이나 하단에 명기되어 있다. 간혹 체 게바라가 그려진 3CUP 지폐를 동전을 3CUC으로 바꾸자는 현지인들이 있다. 기념으로 한 장 정도는 괜찮지만 이중화폐를 이해하지 못하고 많은 돈을 바꾸면 낭패를 겪게 된다. 1CUC은 1달러와 같다는 점을 기억하자. CUP은 주로 낡았고 쿠바 대표 인물이 그려져 있다. 반면 CUC은 깔끔하고 인물이 없어 구분하기 쉽다. 이 책에서는 외국인 화폐인 CUC을 기준으로 했다.

환전하기

환전은 은행 또는 카데카Cadeca라고 부르는 환전소에서 할 수 있다. 환율을 공지하지만 지역별로 차이가 난다. 이유를 물어도 제대로 설명하지 않는다. 바라데로나 트리니다드 같은 관광도시는 다른 곳보다 환율이 더 나쁜 경우가 많다. 또 외화 중 미국 달러는 고정 환율로 10%의 별도 수수료를 더 공제한다. 최근 미국 달러에 대한 암환전이 많아져 수수료 없이 거리에서 환전하는 경우가 종종 있다. 달러를 모으려는 암달러상들이 10% 수수료 없이 좋은 환율로 환전해주는 경우가 있지만 경찰의 단속에 걸리면 돈을 몰수당할 수 있다. 아직은 캐나다 달러 또는 유로가 다른 환율보다 조금 유리하다. 쿠바 내에서는 외화를 그대로 사용할 수 없으니 환전은 필수다.

쿠바 비자 받기

쿠바는 비자 대신 여행자 카드를 사용하는 나라다. 미국과의 관계 악화로 쿠바 방문자의 미국 내 입국 제한이 있자 쿠바가 시행한 독특한 제도다. 여행자 카드는 공항 내 항공사의 카운트 또는 여행사에서 판매하고 항공요금에 포함(캐나다를 경유하는 항공)이 되는 경우도 있다. 비용은 25달러 또는 25쿡이다. 여행자 카드가 있으면 30일까지 체류가 가능하고 2회 연장할 수 있어 최대 90일까지 체류 가능하다. 경유지에 따라 사전에 반드시 여행자 카드를 구입해야 하는 경우가 있으니 항공권을 구매할 때 반드시 확인하자. 예를 들어, 러시아를 경유한다면 해당 공항 내 여행자 카드를 구입할 수 있는 곳이 없기 때문에 국내에서 사전에 구매하거나 또는 쿠바 현지 공항에서 구매해야 한다. 국내 여행사에서 5~6만 원에 판매하니 미리 구입하는 것이 좋겠다. 입국 심사는 까다롭지 않다. 카사나 호텔 주소는 미리 적어가자. 보통 카사를 잘 외우지 못하는 경우 많은 여행자들이 '나시오날 호텔Hotel Nacional'을 적는다.

여행자 보험 받기

쿠바 여행 시 여행자 보험은 필수다. 보험이 없을 경우 체류 기간만큼 현지에서 별도로 가입을 해야 한다. 보통 1일에 3쿡씩 계산한다. 영문으로 된 보험가입증서를 반드시 준비하자. 입국심사 시 반드시 보지는 않지만 불쑥 확인하는 경우가 있다. 보험증서는 국내 보험사에 인터넷이나 전화 등으로 가입한 후 메일로 받아 출력하면 된다. 여행 출발 전에 못 받은 경우 공항 내 보험사 데스크에서 가입도 가능하다.

한국에서 쿠바 가기

인천에서 쿠바로 바로 가는 직항은 없다. 대부분이 미국을 경유하거나 멕시코, 캐나다 또는 유럽을 경유한다. 시간이나 비용상 인천-토론토-아바나 구간이 제일 빠르고 저렴하다. 자세한 비행편은 아바나 편(057p)을 참조하자.

캐나다 경유

에어 캐나다는 인천-토론토 피어슨 공항까지 직항 노선을 매일 운항한다. 인천에서 토론토까지 비행시간은 13시간 10분, 토론토에서 아바나까지 비행시간은 3시간 10분이다. 에어 캐나다의 경우 항공 요금에 쿠바의 투어리스트 카드(여행자 카드) 요금(약 25달러)이 포함되어 있어 별도 구매하지 않아도 되는 장점이 있다. 또한 짐을 따로 찾지 않고 환승할 수 있어 편하다. 2016년 10월부터 캐나다를 경유하는 경우 여행 전에 반드시 전자여행허가(eTA)를 신청해야 한다. 홈페이지에서 신청할 수 있고 비용은 7달러다.

미국 경유

2016년부터 미국-아바나간 노선이 많이 신설되었다. 최근 다시 노선을 대폭 감소하긴 했으나 LA, 마이애미, 뉴욕-아바나 등의 구간을 이용하여 여행이 가능하다.

멕시코 경유

인천-멕시코시티 또는 인천-칸쿤을 경유해서 갈 수 있다. 장기 여행자라면 칸쿤에서 며칠 머물고 아바나로 넘어가는 것도 괜찮다. 칸쿤-아바나 구간은 마치 국내선처럼 운항 노선이 많고 비용도 저렴하다. 카리브 해의 아름다운 바다 칸쿤을 만끽한 후 아바나로 떠나는 것은 장기 배낭여행자들의 코스 중 하나다.

유럽 경유

파리를 경유하는 경우와 암스테르담을 경유하는 노선이 있다. 쿠바 도착 전 유럽을 여행할 수 있는 장점이 있다. 암스테르담보다는 파리 구간이 비행 스케줄이 더 좋다. 에어 프랑스의 경우 파리를 경유하는 데 총 비행 소요 시간은 약 24시간 5분이다.

중남미에서 쿠바 가기

콜롬비아에서 아바나로 가는 경우 파나마를 보통 경유한다. 보고타-파나마는 약 1시간 46분, 파나마-아바나 구간은 2시간 34분으로 코파 에어가 운항한다.

> **TIP 전자여행허가란?**
>
> 전자여행허가(eTA)는 항공편으로 캐나다에 입국하거나 캐나다를 경유하는 비자면제국가 국민들에 대한 새로운 입국 요건으로 이는 여권과 전자적으로 연결된다. 5년 또는 여권 만료일자 중 먼저 도래하는 날까지 유효하다.
>
> **eTA 신청 방법**
> www.cic.gc.ca/english/visit 사이트에 접속 후 왼쪽 하단 [Find out if you need a visa] → [Apply for an eTA] 클릭, [한국어] 선택 후 안내문 참조 후 하단 [Apply for an eTA] 클릭하여 신청서 작성 및 결제

> **CHECK 호세 마르티 공항에서 시내 가기**
>
> 공항에서 시내까지 가는 방법은 택시뿐이다. 공항에 도착해서 터미널 밖으로 나오면 대기 중인 택시가 많다. 공항에서 아바나 시내까지 요금은 20~25쿡 정도고, 시간은 30분 정도 소요된다.

쿠바의 언어

쿠바는 스페인어를 사용한다. 대부분은 영어를 잘하지 못한다. 카사의 경우 기본적인 영어 단어 위주로 대화가 가능하니 숙소를 예약하는 데는 큰 무리가 없다. 다만 긴 대화를 해야 할 경우에는 답답할 수도 있다. 여행지에서 요긴하게 쓰일 수 있는 간단한 스페인어 문장이나 단어를 알아두면 쿠바 여행이 한결 수월할 것이다. 간단한 스페인어 표현은 328p를 참고하자.

쿠바 시차

쿠바는 한국보다 13시간이 느리다. 아침과 저녁이 거의 정반대가 된다.

쿠바 전압

요즘은 100v와 220v를 모두 사용할 수 있는 곳이 많다. 그러나 보통은 110v이니 겸용 여부를 확인하자.

인터넷 사용하기

최근 일부 카사에 인터넷 사용이 가능한 곳이 늘고 있다. 대형 호텔과 공원에서도 인터넷 사용이 가능하다. 인터넷을 사용할 경우 따로 인터넷 카드를 구입해야 한다. 쿠바 통신사인 에텍사ETECSA에서 구입할 수 있는데 최근 요금이 인하되어 1시간에 1쿡이다. 인터넷 카드는 대형 호텔에서도 구입이 가능하지만 보통 4쿡 이상에 판매하며 일부 대형 호텔은 호텔 자체에서만 사용할 수 있는 카드를 판매하니 투숙객이 아니라면 확인 후 구입하는 것이 좋다. 에텍사 업무 시간 외에는 와이파이 존 근처에서 카드를 판매하는 사람들이 있다. 1쿡 정도의 웃돈을 얹어 판매한다. 와이파이는 사람들이 많이 몰리는 도심의 중심가 혹은 지방 도시의 경우 센트로의 공원에서 가능하다. 길을 지나다 쿠바인들이 많이 몰려 무언가에 몰두한다 싶으면 와이파이 존이다. 심카드는 40쿡에 구입할 수 있는데 1년간 유효하며 10쿡만큼 사용할 수 있다. 10쿡을 다 쓴 경우 다시 5쿡 또는 10쿡 등의 단위로 별도의 통신 카드를 구매하여 휴대폰을 사용하면 된다.

쿠바 한국 대사관

쿠바는 한국와 미수교 국가이다. 따라서 쿠바에는 한국 대사관이 없다. 가장 가까운 곳은 멕시코 주재 한국 대사관이고 여권 분실이나 급한 일이 발생한 경우 코트라 한국 사무소(아바나, 미라마르 소재)에 도움을 요청할 수 있다.

멕시코 주재 한국 대사관
주소 Lopez Diaz de Armendariz 110, Col. Lomas de Virreyes Deleg Miguel Hidalgo, Mexico D.F CP11000
전화 52-55-5202-9866
이메일 embcoreamx@mofa.go.kr

코트라 아바나 사무소
주소 Edificio Santa Clara, Of. 412, Miramar Trade(멜리아 아바나 호텔 맞은편)
전화 204-1020, 1117, 1165 /
무역관장 535-279-9159
운영시간 월~금 08:30~17:30

쿠바의 안전

대부분의 여행자들이 가장 우려하는 것이다. 공산주의 나라, 쿠바는 안전하다. 또한 그들은 남의 물건을 잘 탐내지 않는다. 국가의 치안 상태는 중남미 중 가장 안전하다고 해도 과언이 아니다. 소매치기 등도 거의 없다. 다만 호객 행위를 하거나 약간의 웃돈을 부르는 장사꾼이 많다. 그러나 어디든 나쁜 사람들은 있으니 스스로 조심해야 한다. 마약을 판매하는 이들도 더러 있다. 호기심에라도 절대 따라가거나 구입하지 말아야 한다.

PLANNING 07
쿠바 교통수단

쿠바는 사회 기반 시설이 잘 갖추어지지 못한 나라다. 지하철이 없고 철도 서비스가 매우 노후되었다. 가장 많이 이용하는 교통수단은 버스와 택시인데, 도시 내 이동은 주로 택시를 이용한다.

시외버스

비아술 버스 Viazul Bus
쿠바의 버스는 크게 시내버스와 장거리 버스로 나뉜다. 장거리 버스는 다시 내국인용과 외국인용으로 나뉜다. 내국인이 이용하는 버스는 아스트로Astro, 외국인이 주로 이용하는 버스는 비아술Viazul이다. 쿠바의 17개 도시를 운행하는 장거리 버스다. 예전에는 시설과 서비스가 좋고 정시 출발과 정시 도착의 장점이 있었으나 현재는 버스가 많이 낡았다. 지방으로 가면 지연도착으로 인해 출발 또한 지연되기 일쑤이다. 요금이 비싸 주로 외국인이 이용한다. 현지인/외국인 모두 쿡CUC으로 결제해야 한다. 현지 물가에 비하면 요금이 비싸지만 외국인 여행자는 아스트로 버스를 이용할 수 없어 비아술을 이용해야 한다. 운행 정보와 요금은 비아술 홈페이지(www.viazul.com)에서 확인할 수 있다. 티켓 구입 방법에는 하루 전 터미널로 전화하는 전화 예약과 당일 현장 구매가 있다. 전화 예약의 경우 전화로 이름을 말해 예약한 후 당일 창구에서 구매하는 방식이다. 현장 구매의 경우 출발한 시간 전에 티켓을 구입할 수 있고 줄을 서야 한다. 예매시엔 예매증을 받는다. 예매증은 출발 30분 전 티켓으로 다시 교환을 해야 하며 좌석은 명기되나 원하는 자리에 앉으면 된다. 인기 있는 구간은 매진될 수 있으니 예약을 하는 것이 좋다.

아스트로 버스 Astro Bus
쿠바 현지인들이 이용하는 장거리 버스다. 아스트로 혹은 옴니부스Omnibus라고 부른다. 좌석이 비아술 버스보다 더 많고 좌석 간격이 좁아 장거리 여행 시 불편하나 비용이 저렴하다. 이전에는 외국인에게 2, 3개의 좌석을 할당했으나 최근에는 제한하여 이용이 불가하다. 단,

쿠바에 체류하거나 유학생일 경우 신분증을 제시하면 아스트로 버스를 탈 수 있다.

시내버스

구아구아Guagua라고도 불리는 쿠바의 시내버스는 유일하게 내/외국인 구분이 없다. 요금은 40센타보(0.4MN), 우리 돈으로 약 20원이다. 거스름돈을 받을 수 없으므로 잔돈으로 준비하는 것이 좋다. 센타보가 없어 1쿱을 내도 우리 돈 약 50원이다. 안내 방송이 없고 도착 시간이 정확치 않으니 시간에 구애받지 않고 천천히 경험하고 싶다면 이용해보자. 시설은 낡았지만 깔끔하고 쿠바인들에게 목적지를 물으면 모두 친절하게 알려준다.

택시 Taxi

관광객들이 이용하는 일반 택시와 현지인들이 주로 이용하는 합승택시 마키나Maquina 택시로 나눌 수 있다. 일반 택시는 다시 OK 택시, 검정 택시, 노란 택시로 구분이 되지만 일반적으로 노란 택시를 타는 것이 가장 무난하다. 마키나 택시의 경우 낡은 자동차가 일정 구간을 왔다 갔다 하며, 금액은 항상 동일하다. 대부분 현지인이 사용하는 화폐로 10쿱을 내면 센트로 아바나에서 베다도까지의 거리를 갈 수 있다.

자전거 택시 Bici Taxi

도시마다 그 모양은 조금씩 다르지만 일반적으로 비슷하다. 자전거 뒤에 2인 정도가 앉을 수 있도록 만들어페달을 밟아 운행한다. 주로 단거리, 올드아바나 내에서 골목을 이

동할 때 용이하다. 요금은 외국인일 경우 1쿡을 기본으로 받는다.

꼬꼬택시 CoCo Taxi

노란 병아리 모양으로 귀엽게 생긴 택시다. 마치 장난감 같아 여행자들의 사진 촬영용으로도 인기다. 주로 짧은 거리를 이동할 때 이용하지만 먼 거리도 운행한다. 요금은 다른 택시에 비해 비싸니 기념으로 짧은 거리를 타보고 싶다면 권하지만 그렇지 않다면 일반 택시가 낫다.

말 택시 Horse Taxi

도시마다 차이는 있지만 대부분의 도시에 말 택시가 있다. 말 뒤에 여러 명의 승객을 태울 수 있다. 아바나의 경우 올드 아바나에서 일부만 운행 중이지만 다른 도시에서는 제법 많이 볼 수 있다. 자전거 택시보다 더 먼 거리를 이동할 때 편리하다. 합승택시(마키나)처럼 일정 구간을 운행하니 가는 곳을 물어보고 타면 된다. 요금은 쿱과 쿡 둘 다 지불 가능하며 보통 1쿡으로 대부분의 시내는 다 갈 수 있다.

STEP 02
PLANNING

PLANNING 08

쿠바의 라이브 음악, 여기서 즐기자

쿠바에 갔다면 쿠바 음악을 만나고 오는 건 당연! 그런데 어디서 어떤 음악을 어떻게 즐길 수 있을까. 살사, 재즈, 플라멩코 그리고 전통 쿠반 밴드의 공연까지 다양한 공연이 준비되어 있다.

1. 라 소라 이 엘 쿠에르보
La Zorra y el Cuervo

베다도에 위치한 라이브 재즈 클럽이다. 늑대와 까마귀라는 재미있는 이름을 가졌다. 아바나에서 유명한 재즈 카페 중 하나이기도 한 이곳은 라틴 재즈에 오랜 역사를 가진 클럽이다. 실내 흡연으로 인해 답답하거나 불편한 것만 감수한다면 제대로 재즈를 즐길 수 있는 베스트 스폿이다. 밤 10시 30분에 시작하는 공연은 10시부터 줄이 길다. 서두르지 않으면 입장이 불가능하다.

주소 Calle 23 No 156 e/ O y N, Vedado
입장료 10쿡(음료 포함) **운영시간** 22:00~01:00

2. 재즈 클럽 Jazz Club

말레콘이 창문 너머 보이는, 멜리아 코히바 호텔 맞은편에 있는 재즈 카페다. 수준 높은 재즈 공연이 항상 있다. 넓은 유리창 너머로 보이는 말레콘의 풍경이 좋다. 바에서 시간을 즐겨도 나쁘지 않다. 라이브가 끝나면 신나는 춤판이 벌어지기도 한다. 공연 후 밖으로 나오면 말레콘 근처에서 뮤지션과 일반인이 밤새 노래하고 춤을 추는 진풍경을 만나기도 하니 함께 어울려보자. 입장료만큼 음식이나 음료를 주문할 수 있다는 것도 이곳의 장점이다. 단 재즈 공연의 경우 라 소라 이 엘 쿠에르보와 라인업이 겹치니 스케줄을 확인하고 가자.

주소 Galerias de Paseo, Top floor, Calle 1ra, e/ Paseo y A, Vedado
전화 838-3302 **운영시간** 12:00~02:00
입장료 5쿡(음료 불포함)

3. 클럽 1830 Club 1830

베다도 말레콘 초입에 위치한 클럽이다. 이곳의 또 다른 이름은 클럽 하르디네스 데 1830 Club Jardines de 1830이다. 목요일/일요일 살사 나이트가 제일 핫하고 춤추기 좋다. 야외 정원에 만들어진 무대와 플로어는 언제나 아바나 최고의 살사 댄서들의 화려한 춤사위를 선보인다. 요일마다 춤의 장르가 다르니 원하는 공연을 정하고 가는 것이 좋다. 특히 살사를 즐기는 살사인이라면 반드시 놓치지 말아야 할 곳이다.

주소 Calle Malecon, esq 20, Vedado
전화 838-3090 **운영시간** 22:00~02:00
입장료 5쿡(음료 불포함)

4. 살롱 1930 Salon 1930

역사와 전통을 자랑하는 호텔 나시오날의 대표 공연장이다. 트로피칼 쇼와 살사 공연이 주다. 화려한 의상, 춤과 음악이 한데 어우러져 정신을 쏙 빼놓을 수 있다. 나시오날 호텔은 쿠바의 명품 호텔이다. 역사와 전통 무엇으로 봐도 이곳만 한 곳이 없다. 공연장은 한때 부에나 비스타 소셜 클럽이 공연을 하던 곳이었으나 지금 그들은 더 이상 공연을 하지 않는다. 매주 토요일엔 부에나 비스타 소셜 클럽의 멤버 꼼빠이 세군도의 아들 살바도르 레삘라도 Salvador Repilado가 이끄는 밴드 〈꼼빠이 세군도〉의 공연이 있다. 살바도르 레삘라도는 콘트라더블 베이스를 연주하며 밴드의 리더다.

주소 Hotel Nacional, Calle O, esq 21, Vedado **전화** 873-4701 **운영시간** 21:00~12:00
입장료 25쿡(디너 포함 시 50쿡)

5. 잉그라테라 호텔 Hotel Ingratera

쿠바에서 살사 라이브는 흔히 만날 수 있다. 어딜 가도 수준급의 밴드가 연주하는 라이브 음악을 들을 수 있다. 그중에서도 잉그라테라 호텔의 외부 테라스는 단연 인기 있는 무료 라이브 공연장이다. 수시로 라이브 음악을 연주하고 흥이 오르면 살사 춤을 추는 사람들의 신나는 춤판이 벌어진다. 국경도, 춤의 장르도 초월하는 곳이다. 무료 와이파이를 쓸 수 있고 중앙공원과 가까워 이만한 곳도 없다. 음악이 궁하다면, 정해진 프로그램 없이 날것의 쿠바 음악을 만나고 싶다면 이곳이 가장 무난할 것이다. 음료 하나를 시키는 것은 예의, 공연이 끝나면 팁을 주는 것도 잊지 말자.

주소 Paseo del Prado, No. 416 esq. San Rafael **전화** 204-9201 **운영시간** 상시 **입장료** 없음

6. 호텔 플로리다의 바 플로리다
Bar Florida

관광객용 쇼가 아닌 소셜 살사 댄스를 즐기고 싶은 살사인은 이곳이 제격이다. 매일 밤 살사 춤을 출 수 있는 바가 오비스포 거리 호텔 플로리다의 1층에 있다. 요일에 따라 춤을 출 수 있는 사람이 없는 날도 있지만 목요일부터 일요일까지는 괜찮다. 춤 좀 춘다는 춤꾼들이 밤이 되면 하나둘 모여든다. 그들과 함께 동행하는 이들 중에는 쿠바 여행 중 살사를 배우는 살사 강습생도 많다. 쇼가 아닌 즐기기 위한 춤을 자연스럽게 볼 수 있고 쿠바 춤꾼들의 화려한 몸놀림에 감탄사 연발, 준비하시라. 입장료 안에는 음료 1개가 포함되어 있다. 춤을 못 춰도 음료 마시며 구경할 수 있다. 에어컨 잘 나온다.

주소 Obispo No 252, esq a Cuba, Habana Vieja **운영시간** 21:00~01:00 **입장료** 5쿡(음료 1잔 포함)

7. 파브리카 데 아르테 쿠바노
Fábrica de Arte Cubano(F.A.C)

새로 오픈한 따끈따끈하면서 핫한 곳이다. 복합문화예술 공간으로 공연장, 극장, 갤러리, 영화관 등 음악과 예술이 한데 만났다. 밤이면 줄이 건물을 한 바퀴 돌 정도로 인기 만점의 공간. 음악을 좋아한다면 공연장에서, 사진을 사랑한다면 갤러리에서. 모히토가 마시고 싶다면 바에서. 쿠바 젊은이들뿐 아니라 여행자에게도 입소문이 나기 시작했다. 안에서 음료를 마시거나 음식을 먹은 후 카드에 스탬프를 찍어 나올 때 계산하면 된다. 카드를 잃어버리지 않도록 유의하자. 공연은 시간에 맞춰 원하는 곳에서 즐기면 된다. 작은 공연장과 큰 공연장이 있으니 취향대로 선택하자.

주소 Calle 26 esquina 11, Vedado **전화** 838-2260 **운영시간** 목~일 20:00~03:00 **입장료** 2쿡 **홈페이지** www.fac.cu

PLANNING 09
쿠바에서 뭐 먹지?

쿠바 여행에서 아쉬움이 있다면 바로 먹는 것이다. 어느 음식점엘 가도 메뉴판도 비슷, 요리법도 비슷하기 때문에 장기 여행자들에겐 고민이다. 달고 짜고 매운 자극적인 맛에 길들여진 우리의 입에 신선한 충격으로 다가올 곳, 쿠바에서 뭐 먹지?

먹을 거리

1. 랍, 랍, 랍스터~ 랑고스타 Rangosta

쿠바에서 놓치면 가장 서운할 음식이다. 국내에선 비싼 탓에 쉽게 먹을 엄두가 나지 않는 랍스터이지만, 쿠바에서는 다르다. 저렴하게 먹을 수 있는 랍스터 덕에 쿠바 여행이 더 행복했을 여행자들도 있을 것이다. 랍스터는 조리법이 단순하지만 레스토랑마다 맛이 조금씩 다르다. 보통 그릴 랍스터와 엔칠라다 두 종류가 있는데, 조금 덜 느끼하고 우리 입맛에 맞게 먹고 싶다면 엔칠라다를 선택하면 된다.

> **TIP 쿠바에서 엔칠라다란?**
> 보통 엔칠라다Enchilada는 토르티야에 살사 소스와 고기, 치즈 등을 넣은 뒤 돌돌 말아 소스를 뿌린 후 오븐에 요리하는 것을 말한다. 그런데 쿠바에서 엔칠라다는 그냥 소스다. 토마토소스 베이스로 덜 느끼하게 요리되는 정도니 우리가 멕시코 음식점에서 먹는 엔칠라다 메뉴를 생각한다면 실망할 수 있다.

2. 필레테 데 바카, 세르도, 포요 Filete de Vaca, Cerdo, Pollo

가장 흔하게 접할 수 있는 요리이다. 살코기를 얇게 썰어 요리한 후 밥, 튀김 또는 샐러드를 곁들인 필레 요리다. 간혹 감자처럼 생긴 야채인 유가를 같이 주는 곳도 있다. 그릴에 굽거나 갈릭 양념을 해 우리 입맛에 잘 맞아 부담 없이 먹을 수 있고 가격 또한 저렴한 편이다. 또 다른 고기 요리 중 로파 비에하Ropa Vieja라는 것이 있다. '낡은 외투'라는 재미난 뜻을 가진 이 요리는 소고기를 장조림처럼 가늘게 찢어 만든 것으로 부드러운 식감이 특징이다. 스테이크라고 되어 있어도 우리가 생각하는 두툼한 두께의 스테이크를 먹기는 쉽지 않다. 얇게 튀겨 나오기 때문에 필레 요리와 비슷하다고 봐도 무방하다.

3. 해산물 요리 마리노스 Marinos

쿠바는 섬나라다. 랍스터, 새우, 생선 요리가 일반적인데 생선은 보통 대구 살을 많이 이용한다. 새우는 작은 새우가 대부분이고 큰 새우는 거의 없다. 요리법은 랍스터와 비슷하다. 버터에 요리하거나 살짝 매콤하게 요리하는 엔칠라다가 있다. 매콤하게 요리한 생선에 밥을 곁들이면 우리나라 음식과 제법 비슷한 느낌이 드니 타국에서 고향의 맛이 그리울 때 먹어보자.

4. 거리음식 피자, 햄버거, 볶음밥

쿠바인들이 외식으로 가장 즐겨 먹는 음식은 피자다. 저렴한 가격으로 피자를 먹을 수 있는 곳들이 많다. 다양한 종류를 기대하면 실망이 클 수 있지만 저렴한 가격에 한 끼 해결할 수 있다면 이만한 것도 없다. 10쿡(우리 돈 약 500원)이면 작은 피자 하나를 먹을 수 있다. 단, 볶음밥도 피자도 다소 느끼하다는 점은 염두에 두자. 햄버거와 샌드위치는 가장 흔한 거리 음식이다. 단, 영화에서 보는 쿠반 샌드위치는 기대 말기를.

5. 꼬치요리 브로체타 Brocheta

새로운 요리를 먹어보고 싶다면 고기와 야채를 살짝 구운 꼬치 요리 브로체타를 주문해보자. 레스토랑에 따라 간혹 고기 냄새가 나는 경우도 있다. 아바나에서 브로체타를 가장 저렴하고 맛있게 먹을 수 있는 곳은 엘 찬추예로 데 타파스(088p)다. 야채와 함께 푸짐하게 담겨 나오는데 가격도 싸다.

마실 거리

1. 칵테일 Cocktail

모히토, 다이키리는 두말하면 잔소리다. 헤밍웨이가 반한 이 두 가지 칵테일 외에도 쿠바에서 마실 수 있는 것은 피냐 콜라다와 쿠바 리브레. 사탕수수로 만든 럼, 주로 아바나 클럽Havana Club을 베이스로 한 것들이 많다. 스피아민트(예르바 부에나Yerba Buena)로 만든 모히토는 그 맛과 스타일이 가는 곳마다 조금씩 다르다. 하루에 몇 잔을 마셔도 부족하지만, 부모님도 못 알아본다는 낮술에 취하지 않게 조심하자.

2. 쿠바 맥주

가장 쉽게 접할 수 있는 쿠바의 대표 맥주는 크리스탈 Cristal과 부카네로Bucanero다. 마일드한 맛을 즐긴다면 크리스탈, 조금 더 강하면서 진한 맥주를 좋아한다면 부카네로다. 아쉬운 점이 있다면 쿠바에서는 생맥주를 파는 곳이 거의 없다는 것. 수도인 아바나 역시 비에하 광장에 있는 라 팍토리아 플라사 비에하를 제외하면 찾기가 쉽지 않다.

3. 쿠바 커피

카사에서 마시는 커피는 대부분 진한 에스프레소다. 유난히 진하기로 소문난 쿠바 커피는 여행 후 가장 기억에 남는 맛이기도 하다. 직접 원두를 볶아 신선한 커피를 파는 카페도 많다. 요즘은 예쁜 카페도 제법 생겼다.

TIP 특별한 식사, 카사의 아침

쿠바 여행의 즐거움 중 하나인 카사. 그중 카사에서의 아침 식사는 쿠바 여행을 더욱 특별하게 만든다. 아침 식사 때 마시는 진한 커피 한잔, 신선한 구아바 주스 한잔은 그날의 시작을 알린다. 집집마다 조금씩 다르지만 메뉴는 거의 비슷하다. 저녁 식사는 레스토랑에서 즐긴다면 아침은 카사를 이용해보자. 사실 쿠바에서 아침을 먹을 만한 레스토랑이 거의 없기도 하다.

Cuba
By Area

쿠바
지역별 가이드

01 아바나
02 비냘레스
03 트리니다드
04 시엔푸에고스
05 산타 클라라
06 카마구에이
07 산티아고 데 쿠바

Cuba By Area

01

아바나
HABANA

올드 아바나 | 센트로 아바나 | 베다도 | 아바나 근교

아바나, 참 예쁜 이름이다. 낭만적이고 때론 섹시하다. 낡은 아파트, 오래된 클래식카, 주렁주렁 널린 빨래들 그리고 부에나 비스타 소셜 클럽의 음악 '찬찬'이 잘 어울리는 도시다. 어디에다 카메라 셔터를 눌러도 작품 사진이다. 여름이면 말레콘의 파도가 철썩하고 몸을 흠뻑 적실지 모른다. 급작스럽게 당해 억울해도 깔깔거리며 웃고 만다. 세상의 시간을 1950년대쯤에서 멈춰놓은 것 같은 도시 아바나. 쿠바의 수도 아바나는 그런 곳이다. 조금은 부족한 듯 혹은 꾸미다 만 듯 아쉬움이 내내 따라다닌다. 귀찮게 들러붙는 쿠바인들의 친근감에 혀를 내두르고 여행하는 동안은 지치고 실망할지도 모른다. 그러나 돌아오면 꼭 다시 가고 싶은 곳, 그곳이 바로 쿠바이고 바로 아바나다.

Habana
PREVIEW

아바나는 1982년 유네스코 세계유산으로 등재된 올드 아바나를 비롯하여 옛날의 향수를 자극하는 것들이 많다. 아바나 여행은 조금은 부족하고 조금은 불편하다. 그들의 역사를 돌아보면 그 불편함과 부족함의 이유를 곧 알게 된다. 그럼에도 웃음을 잃지 않은 그들, 이런 아바나를 어찌 사랑하지 않을 수 있겠나. 너무 큰 기대보다 그들을 이해하고 보이는 만큼의 아바나를 즐긴다면 여행은 두 배 더 행복하다. 우리에겐 살사와 모히토가 있지 않은가!

SEE

올드 아바나의 대성당 광장에서 시작해 아르마스 광장, 비에하 광장 그리고 산 프란시스코 광장에 이르는 길은 골목골목 볼거리가 한가득이다. 라이브 음악이 카페마다 흘러나오고 크고 작은 박물관, 100년을 훌쩍 넘은 낡고 우아한 건물이 골목에 즐비하다. 아바나 클럽의 럼 박물관도 흥미로운 곳이다. 올드 아바나를 지나 센트로로 가면 우아한 카피톨리오가 있다. 2013년부터 시작한 대대적인 공사는 아바나 500주년인 2019년에 맞춰 끝났다. 아름다운 자태를 뽐내며 관광객을 맞이하고 있다. 알리시아 알폰소 대극장과 잉그라테라 호텔, 그리고 중앙공원에서는 50년을 훌쩍 넘은 명품 클래식 카를 맘껏 구경할 수 있다. 해가 지면 맥주 한 병을 챙겨 말레콘으로 달려가자. 하늘을 붉게 태우는 아바나의 석양을 보며 마시는 한 모금의 맥주는 그 어떤 맥주보다 맛나다.

EAT

아바나는 맛집 여행으로는 재미없는 도시지만 최근 개인 레스토랑이 늘어나면서 이전과는 사뭇 다른 형태의 음식을 파는 독특한 곳들이 많아지고 있다. 식재료를 구하기 쉽지 않고 유통이나 보관상의 어려움 등으로 쿠바의 음식은 크게 발전하지 못했다. 아바나 역시 그렇다. 그러나 소소하게 찾아다니면서 즐길 만큼의 맛집은 제법 있다. 고급스러워 보인다 해도 너무 큰 기대는 말자. 미슐랭 가이드에 나온 고급 레스토랑 따위는 아바나에 존재하지 않는다. 랍스터를 조금은 저렴하게 먹으면서 라이브 밴드의 음악을 곁들여보자. 미슐랭 스타 레스토랑이 아니면 좀 어떤가. 아바나인데.

SLEEP

호텔보다 더 일반적인 숙박 시설인 카사는 쿠바 여행에서 빼놓을 수 없는 재미다. 가족처럼 반겨주고 챙겨주는 그들에게서 쿠바의 따뜻한 정을 느낄 수 있다. 조금 불편하긴 해도 깔끔하고 기본 시설을 다 갖추고 있으니 걱정은 하지 않아도 된다. 올드 아바나는 관광지가 가깝지만 낡은 아파트가 많고 센트로나 베다도로 갈수록 덜 낡은 아파트와 조금 더 나은 시설을 만날 수 있지만 올드 아바나와 멀어지는 건 감안해야 한다. 아침 식사는 대부분 불포함이나 일부 카사는 간단한 아침 식사를 제공한다.

Habana
GET AROUND

🚗 어떻게 갈까?

아바나의 공항은 호세 마르티 국제공항 Jose Martí International Airport이다. 한국에서 아바나로 갈 수 있는 방법이 많아졌다. 여행 기간에 따라, 경유하고 싶은 여행지에 따라, 가격에 따라 원하는 항공을 다양하게 검색해서 내게 맞는 일정을 선택해보자.

❶ 에어 캐나다(AC)
매일 운항한다. 토론토를 경유한다. 비행시간은 16시간 30분, 총 소요 시간은 약 18시간이다. 여행 기간이 짧은 여행자에게 추천한다.

❷ 에어 멕시코(AM)
인천-멕시코시티 직항이 생기면서 새롭게 대안으로 떠올랐다. 멕시코시티에서 약 8시간을 대기해야 하지만, 공항과 시내 간 거리가 멀지 않아 짧은 시티 투어를 즐길 수 있다. 비행시간은 16시간 30분, 총 소요 시간은 약 24시간이다. 돌아올 때는 몬테레이를 경유(기내에서 2시간 대기)하는데 비행시간은 비슷하다. 갈 때는 주 3회(월, 수, 금) 운항, 돌아올 때는 주 4회(월, 수, 금, 토) 운항한다.

❸ 에어 차이나(CA)
북경과 몬트리올을 경유해 아바나로 도착한다. 가격적으로 메리트가 있지만, 비행시간이 길고 경유지에서 기내 대기하는 시간을 감안하면 체력 소모가 클 수 있다. 비행시간은 약 21시간 소요된다. 그 외, 에어프랑스(파리 경유), KLM네덜란드항공(암스테르담 경유), 국적기 등이 있다. 항공 티켓 가격과 총 소요 시간을 감안하여 충분히 검토한 후 결정하자. 미국을 경유하는 경우, 미국과 쿠바 상황에 따라 노선 변동이 심할 수도 있다.

아바나 국제공항(HAV)에서 시내로 가기

아바나 국제공항은 도심에서 약 18km 떨어져 있다. 터미널은 총 5개로 4개는 승객용, 나머지 하나는 화물용 터미널이다. 가장 많이 이용하는 국제선 터미널은 T3이고 국내선은 T2다. 일반적으로 캐나다 또는 멕시코를 경유할 경우 T3을 이용한다. 다만 유럽을 경유하는 경우 터미널을 반드시 확인해야 한다. 국제선이지만 항공사에 따라 터미널이 다를 수 있다.

쿠바는 대중교통이 잘되어 있지 않다. 지하철은 없고 버스는 불편하다. 수도 아바나도 마찬가지다. 특히 공항에서 도심까지의 이동수단은 택시가 유일하다시피 하다. 늦은 시간 공항에 도착한다면 택시 외에 다른 방법이 없다. 가끔 미리 예약한 카사에서 기사를 공항에 보내 픽업 서비스를 대신해주는 경우가 있다. 요금은 택시의 일반 요금과 동일하다. 늦은 시간 공항에서 택시를 잡는 수고를 덜 수 있다.

택시

도심까지 이동하는 가장 일반적인 방법이다. 흥정을 할 수 있다면 5쿡 정도를 절약할 수 있겠지만 에어컨이 없거나 낡은 자동차가 아니라면 베다도의 경우 20쿡, 올드 아바나의 경우 25쿡이 일반적이다. 가능하면 국영 택시인 노란 택시를 이용하는 것이 좋다. 혹은, 공항에서 주차장으로 조금 벗어나면 올드카 택시가 있다. 언어 소통에 무리가 없다면 올드카 택시와 흥정하여 더 저렴하게 시내로 갈 수 있지만 너무 낡았다면 중간에 고장이 날 수 있으니 차량을 먼저 확인해야 한다. 시내로 가는 다른 여행자와 합승해 요금을 셰어하는 것도 방법이다.

어떻게 다닐까?

아바나는 생각보다 넓다. 올드 아바나, 센트로 아바나와 베다도를 하루에 다 둘러보는 것은 무리다. 올드 아바나는 걸어서 다니기에 좋다. 대부분의 볼거리가 올드 아바나에 집중되어 있다. 올드 아바나를 다 즐겼다면 센트로까지는 걸어서 이동 가능하다. 나머지는 일반적으로 택시를 이용하거나 시티투어버스 등을 이용해서 둘러보면 된다. 작년 이후 여행자들이 많이 몰리면서 흥정이 어려워졌다. 낡은 택시도 승차 거부가 많아 택시 잡기는 쉽지 않다. 계획을 잘 세워 목적지까지의 시티투어버스를 이용하거나 여행사의 투어 상품을 이용하는 것도 좋다.

택시

미터기가 있지만 대부분 무용지물이다. 일반적인 금액이 정해져 있다. 목적지를 말한 후 요금이 얼마인지 반드시 확인하는 것이 좋다. 가끔 인당 요금으로 이야기하는 경우가 있으니 유의해야 한다. 쿠바 택시는 색도 모양도 운영 형태도 여러 가지다.

❶ **노란 택시** 가장 일반적인 국영 택시의 형태다. 에어컨이 작동하고 창문을 내리고 올리는 데 문제가 없다. 요금 흥정이 어렵다. 차량은 신종이 많고 깨끗하다.

❷ **올드 카 택시** 마키나Maquina 또는 콜렉티보 택시라 하여 현지인들이 주로 합승 택시로 이용한다. 베다도-올드 아바나 구간은 인당 10쿡이다. 외국인이 요금을 물어보면 보통 3쿡 정도를 부른다. 묻지 말고 목적지만 말하고 내릴 때 돈을 내면 된다. 아주 잘 알고 있는 것처럼 행동하는 것이 마키나 택시 이용의 가장 중요한 요령이다. 잔돈을 거슬러주지 않는 경우가 대부분이니 동전 또는 잔돈을 늘 준비해두자.

❸ **코코 택시** 노란색 닭 모양의 귀여운 택시다. 의외로 요금이 비싸다. 재미 삼아 짧은 거리를 타보는 것은 좋지만 먼 거리는 가격을 반드시 먼저 물어보고 타는 것이 좋다. 먼 거리를 이용하기엔 적합하지 않다. 기본요금이 보통 3쿡 정도다.

❹ **비씨 택시** 자전거 택시다. 올드 아바나 또는 센트로에서 짧은 구간 내 이동 시 편하다. 외국인의 경우 비싸게 요구하지만 올드 아바나 초입에서 끝까지 10블록 정도면 1쿡 정도로 가능하다.

••• Plus Info •••

아바나를 여행하는 또 다른 방법

시티투어 버스

T1과 T3 두 개의 노선이 있다. T1은 아바나 시내를 달리는 2층 버스이고 T3는 시외로 가는 버스다. 티켓이 있다면 하루 종일 원하는 곳에 내리고 다시 타기를 반복할 수 있어 편리하다. 비가 자주 오는 우기 또는 햇살이 따가운 한낮에는 1층에 타는 것이 좋다. 그러나 노을 지는 저녁이면 2층에 타자. 말레콘으로 돌아오는 버스에서 보는 도심의 석양은 낮의 도시와는 다른 매력을 발산한다. 잉그라테라 호텔 맞은편 중앙공원이 출발과 도착 정류장이다. T3의 경우 이층 버스가 아닌 일반 관광버스라 구분이 쉽다. 버스 정류장 표시가 있으니 시간에 맞춰 줄을 선 후 버스에서 직접 티켓을 구입하면 된다. 중간에 내린다면 티켓을 꼭 소지했다가 다시 탈 때 보여주면 하루 동안 자유롭게 사용할 수 있다.

운영시간 09:00~18:00(중앙공원 정류장 출발 기준) **전화** 261-4334
요금 T1 10쿡 / T3 5쿡(6세 이하 무료, 당일에 한해 유효하며 해당 노선에 한한다)

❶ **T1 노선** 중앙공원(파르케 센트랄) – 리베라 호텔 – 프레지던트 호텔 – 혁명광장 – 콜론 묘지 – 알멘다레스 공원 – 코리 호텔 – 코파카바나 호텔 – 파노라마 호텔 – 트리톤 콤플레호 – 라 세실리아 – 미라마르 무역 센터 – 국립수족관 – 다시 왔던 정류장을 돌아서 중앙공원 하차
❷ **T3 노선** 중앙공원(파르케 센트랄) – 모로 성 입구 – 비야 판 아메리카나 – 비야 바쿠라나오 – 티마라 – 비야 메가노 – 호텔 트로피 코코 – 다시 왔던 정류장을 돌아서 중앙공원 하차

관광버스

여행사를 통한 관광버스는 아침에 출발하여 보통 오후 4시 정도에 끝이 난다. 가이드가 관광지를 설명하고 인솔하는 서비스로 호텔의 로비에 있는 여행사에서 쉽게 예약이 가능하다.

클래식 카

영화의 한 장면처럼 클래식 카를 타고 아바나를 둘러보는 코스다. 보통 1시간에 차 한 대당 40~50쿡 정도다. 중앙공원에서 출발하는 것이 일반적이나 올드 아바나의 럼 박물관 근처에서 출발하는 것이 가격이 더 저렴하다. 쿠바에서는 꼭 한 번은 이용해야 하는 것 중 하나다. 영화보다 더 영화 같은 감동을 느낄 수 있다. 1950년대 출시된 연식 60년 이상의 차지만 모두 최신 기종 못지않게 잘 관리되어 있다.

마차 투어

또각또각 말발굽 소리와 함께 아바나를 둘러보는 것도 느낌 있다. 보통 말은 주요 관광지에 대기 중인데 주로 중앙공원이나 올드 아바나 외곽에서 이용할 수 있다. 시간당 약 20쿡.

인포메이션 Information

관광 안내소

- **공항** Airport
가는 법 터미널 3(국제선) 1층 가운데 에스컬레이터 옆
주소 Av. Van Troi, Boyeros
전화 642-6101 **운영시간** 월~금 09:00~20:00

- **올드 아바나** Habana Vieja
가는 법 오렐리 거리 끝나는 부분 왼쪽 코너
주소 OReilly No. 102
운영시간 월~금 08:30~17:30, 토 08:30~12:30

- **미라마르** Miramar
주소 Av. 5ta y 112 Miramar **전화** 204-7036

호세 마르티 국제공항 José Martí International Airport
주소 Av. Van Troi, Boyeros **전화** 266-4644
홈페이지 havana.airportcuba.net

비아술 버스 터미널 Viazul Bus Terminal
주소 Av. Independencia # 101 esq/ 19 de Mayo, municipio Plaza de la Revolución, Vedado
홈페이지 www.viazul.com

아스트로 버스 터미널 Astro Bus Terminal
주소 Ave. Independencia No 101 Esq. a 19 de Mayo
전화 870-9401

기차역 Habana Central Railway Station
(라 쿠브레 스테이션 La Coubre Station)
주소 Av Del Puerto y Desamparados, Habana Vieja
전화 862-1006

우체국

- **아바나 비에하 1** Habana Vieja 1
주소 Obispo #518
운영시간 월~금 09:30~18:00, 토 09:00~17:00

- **아바나 비에하 2** Habana Vieja 2
주소 Plaza de San Francisco de Asis Oficio #102
주소 Calle 31&72, Playa **전화** 204-7848

※ 국제우편은 쿠바나칸Cubanacan에서 운영

환전소 Money Exchange/Cadeca

- **센트로 아바나** Centro Habana
주소 Calle Neptuno y Agramonte

- **아바나 비에하** Habana Vieja 1
주소 Calle Obispo e/ Aruier y Cuba

- **아바나 비에하** Habana Vieja 2
주소 Plaza de San Francisco de Asis Oficio

여행사
기본적으로 대형 호텔의 로비에는 여행사 부스가 있다. 투어 버스 예약, 호텔 예약 등의 업무를 한다.

- **쿠바투르** Cubatur
주소 Calle 23 e/ L y M, Vedado **전화** 835-4155

- **쿠바나칸** Cubanacan
주소 Calle 23 e/ N y O, Vedado **전화** 204-4756

- **아바나투르** Habanatur
주소 Calle 23 e/ L y M, Vedado **전화** 830-8227

아바나 무역관 Kotra office
쿠바는 미수교국으로 대사관이 없다. 여권 분실이나 응급상황 시 코트라 아바나 무역관을 통해 도움을 요청하는 것이 방법이다.
주소 Edificio Santa Clasra, Of. 412, Miramar Trade Center(멜리아 아바나 호텔 맞은편) **전화** 204-1020 / 1117 / 1165 **운영시간** 월~금 08:30~17:30

여행관련 홈페이지
포털사이트 쿠바 www.cuba.cu / 인포투르 www.infotur.cu / 쿠바문화여행(컬처럴트래블) www.cubaculturaltravel.com / 플라사쿠바 www.plazacuba.com / 라하바나 www.lahabana.com / 쿠바정키 www.cubajunky.com

병원 Hospital

- **시라 가르시아** Clínica Central Cira García
주소 Calle 20 No. 4101 esq. a Av. 41, Miramar, Playa
전화 204-2811 **운영시간** 24시간
홈페이지 www.cirag.cu

이민국 Immigration office
※ 방문 전 운영시간을 미리 확인하고, 가능하면 오전에 일찍 가자.
주소 Calle 17 No 203 e/ Calle J y K, Vedado
전화 204-2811
운영시간 월~금 08:00~18:00, 토 08:00~12:00

긴급 전화번호
경찰 106 / 의료 104 / 화재 105

※ 국제전화
119(119+국가코드+지역번호+전화번호)
아바나 지역번호 7

TIP 아바나의 거리명 Old&New

도시의 거리명이 바뀐 지 꽤 오래되었지만 아직 카사의 명함이나 지도에는 옛 거리명을 표기하는 곳이 많다. 아래 표를 참고하여 지도와 주소를 보는 것이 좋다.

Old Name	New Name
Av de los Presidentes	Calle G
Av de Maceo	Malecon
Av de Puerto	Av Carlos Manuel de Cespedes
Av de Rancho	Av de la Independencia Boyeros(Boyeros)
Belascoain	Padre Varela
Carcel	Capdevila
Carlos III	Av Salvador Allende
Cristina	Av de Mexico
Egido	Ave de Belgica
Estella	Enrique Barnet
Galiano	Av de Italia
La Rampa	Calle 23
Monserrate	Av de las Misiones
Monte	Maximo Gomez
Paseo del Prade	Paseo de Marti
Paula	Leonor Perez
Reina	Av Simon Bolivar
San Jose	San Martin
Someruelos	Aponte
Teniente Rey	Brasil
Vives	Av de Espana
Zulueta	Agramonte

Habana
TWO FINE DAYS

1 일차

여행의 시작
중앙공원

도보 10분 →

아바나의 명동
오비스포 거리

도보 3분 →

아름다운 광장
대성당 광장

↓ 도보 10분

 ← 도보 10분 —  ← 도보 10분 —

엽서 쓰기 좋은
산 프란시스코 광장

맥주 마시기 좋은
비에하 광장

빈티지 여행
아르마스 광장

↓ 도보 10분

아바나 럼의 역사,
아바나 클럽 럼 박물관

도보 20분 →

쿠바 혁명의 모든 것
혁명박물관

도보 3분 →

국제미술관(쿠바관)에서
만나는 쿠바의 예술 세계

↓ 도보 5분

매혹적인 건물 바카르디 빌딩에서
보는 360도 아바나 전망

올드 아바나를 중심으로 이어지는 광장과 골목은 걸어서 다니기 좋다. 군데군데 박물관과 발길을 멈추는 크고 작은 숍들이 있고 광장은 제각기 다른 매력을 가지고 있어 하나도 놓치고 싶지 않은 곳들이다. 흥미로운 볼거리가 소소하게 있으니 때론 쉬엄쉬엄 때론 부지런히 걸음을 옮겨보자.

2일차

쿠바의 랜드마크 카피톨리오 → 자동차 15분 → 쿠바의 청춘 아바나 대학교 → 자동차 5분 → 체 게바라를 만나는 혁명광장 → 자동차 30분 → 아바나 시내를 한눈에 보는 카사 블랑카 → 자동차 5분 → 모로 성에서 아바나 노을 감상 → 자동차 5분 → 아름다운 말레콘에서 하루 마무리

쿠바 여행의 로망 클래식 카

TIP 빨라진 쿠바 인터넷 속도만큼이나 카사도 늘어나고 시설도 좋아졌다. 호텔의 숙박료가 하늘 높은 줄 모르고 치솟으면서 카사도 시설을 보수하고 가격을 올렸다. 특히 올드 아바나의 카사는 시설도 가격도 호텔 수준이다. 높아진 가격이 부담 된다면 올드 아바나에서 떨어진 곳의 카사를 찾아보자. 가격도 괜찮고 시설도 나쁘지 않은 곳이 제법 많다. 현지에서 숙소 찾는 시간을 줄이고 싶다면 여행 전 미리 예약 및 결제를 끝낼 수 있는 에어비앤비도 있다. 쿠바에도 에어비앤비가 많이 생겼다. 호텔은 매해 혹은 시즌마다 가격 변동이 심하니 여행 전 반드시 가격을 확인하도록 하자.

Habana By Area

01

올드 아바나

**OLD HAVANA
(HABANA VIEJA)**

아바나 여행은 이곳에서 시작해서 이곳에서 끝이 난다고 해도 과언이 아니다. 1982년 도시 전체가 유네스코 세계 문화유산으로 등재되었다. 바로크 양식과 네오클래식 양식의 건물이 많고 한때 아바나 상권의 중심이었다. 여행자로 넘치는 오비스포 거리, 조용하고 운치 있는 메르카데레스 거리, 대성당 광장부터 비에하 광장으로 이어지는 각기 다른 매력의 광장을 비롯하여 헤밍웨이의 단골집인 라 보데기타 델 메디오까지 볼거리와 즐길 거리가 다양하다. 좁은 골목을 자전거 택시를 타고 이동을 해도 좋고 여행자가 많은 거리는 천천히 걸어도 좋다. 거리를 울리는 살사 음악은 늦은 밤까지 계속된다. 새콤달콤한 모히토는 올드 아바나와 참 잘 어울린다. 화려함은 덜하지만 쿠바의 매력을 흠뻑 가진 올드 아바나, 이곳에 와야 비로소 '여기가 쿠바구나!'라고 느끼게 된다.

올드 아바나
Old Havana

0 — 200m

모로 성
Castillo de los Tres Reyes del Morro

산 카를로스 데 라 카바냐 요새
Fortaleza de San Carlos de la Cabaña

산 살바도르 데 라 푼타 박물관/요새
Museo de San Salvador de la Punta

예수상과 체의 집
Christo de la Habana&Casa Che

호스탈 델 앙헬
Hostal del Angel

혁명박물관
Museo de la Revolución&Granma

안토호스 Antojos

싱코 이스키나스 트라토리아
5 Esquinas trattoria

차콘 162
Chacon 162

올드 아바나 상세 067p

레스토랑 플라사 데 아르마스
Plaza de Armas

카페 델 앙헬
Cafe del Angel

로 데 모니크
Lo De Monik

아르마스 광장
Plaza de Armas

중고서점 및 벼룩시장
Secondhand Market

슬로피 조
Sloppy Joe's Bar

하마 Jama

라 임프렌타
La Imprenta

카사 얼바나
Casa Urbana

카사 라 갈레리아
Casa La Galleria

아바나 1791
Habana 1791

카데카(환전소)
Cadeca

중앙공원
Parque Central

상공회의소 건물
Lonja de Comercio

이반 셰프 후스토&알 카르봉
Ivan Chef Justo&Al Carbon

산 프란시스코 광장
Plaza de San Francisco

카마라 오스쿠로
Camara Oscuro

산 프란시스코 수도원
Iglesia de San Francisco de Asis

테니엔테 레이 360
Teniente Rey 360

라 팍토리아 플라사 비에하
La Factoria Plaza Vieja

아바나 클럽 럼 박물관
Museo del Ron Habana Club

엘 찬추예로 데 타파스
El Chanchullero de Tapas

카페 엘 에스코리알
Café el Escorial

루즈 항
Muelle Luz

엘 모히토
El Mojito

카사 무라야 스윗
Casa Muralla Suite

호스탈 무라야
Hostal Murralla

비에하 광장
Plaza de Vieja

카사 이봉
Casa Ivone

그란 호텔 만사나 캠핀스키 라 아바나
Gran Hotel Manzana Kampinski La Habana

엘 수르티도르
El Surtidor

중앙역
Estacion Central de Ferrocarril

호세 마르티 생가
La casa de Jose Marti

구 성벽
Las Murallas

올드 아바나 상세

- 아구아스 클라라스 후작의 대저택 Palacio de los Marqueses de Aguas Claras
- 레알 푸에르사 요새 Castillo de la Real Fuerza de la Habana
- 레스토랑 엘 템플레테 Restaurante el Templete
- 엘 템플레테 Museo El Templete
- 아르마스 광장 Plaza de Armas
- 아랍인 집 Casa de los Arabes
- 산 크리스토발 대성당 La Catedral de San Cristobal
- 롬비요의 집 Casa de Lombillo
- 대성당 광장 Plaza de la Catedral
- 세군도 카보의 대저택 Palacio del Segundo Cabo
- 식민지 예술 박물관 Museo de Arte Colonial
- 시립박물관(총독관저) Museo de la Ciudad
- 헤밍웨이의 방 Havitación Ernest Hemingway
- 암보스 문도스 호텔 Hotel Ambos Mundos
- 인포투르 Infotur
- 오비스포 거리 Calle Obispo
- 위프레도 람 전시관 Centro de Arte Contemporaneo Wifredo Lam
- 라 보데기타 델 메디오 La Bodeguita del Medio
- 그래픽 제작소 Taller experimental de gráfica
- 에스토 노 에스 운 카페 Esto No Es Un Café
- 메르카데레스 거리 Calle Mercaderes
- 카페 파리스 Café Paris
- 플로리다 호텔 Hotel Florida
- 존슨 약국 Drogueria Johnson
- 라 루비아 데 오로 La lluvia de Oro
- 카데카 Cadeca
- 호스탈 산 크리스토발 데 라 아바나 Hostal San Christobal de la Habana
- 카사 오달리스 Casa Odaly's
- 라스 루이나스 델 파르케 Las Ruinas del Parqué
- 아바나 국립미술관(쿠바관) Museo Nacional de Bellas Artes_Cubano
- 바카르디 빌딩 Edificio Bacardi
- 엘 플로리디타 El Floriditá

Ave de las Misiones
Cuarteles
Chacón
Empedrado
San Juan de Dios
O'Relly
Habana
Obrapia
Aguacate
Obispo

100m

SEE

아바나 여행의 시작
대성당 광장 Plaza de la Catedral 플라사 데 라 카테드랄

몇 해 전까지만 해도 올드 아바나에서 가장 여행객이 많이 몰리는 광장이 바로 이곳이었다. 지금은 차분하게 변해 예전의 명성을 잃은 것 같지만 여전히 볼거리와 역사적인 의미를 가진 곳이다. 산 크리스토발 성당을 중심으로 광장은 오래된 석조 건물로 빙 둘러싸여 있다. 콜로니얼 아트 뮤지엄Museo de arte Colonial을 비롯하여 롬비요의 집Casa de Lombillo 그리고 레스토랑 파리스Paris는 마치 해 아이 세트처럼 잘 어울린다. 오래된 멋을 두둑하게 간직하고 있는 아름다운 여인처럼 대성당 광장은 고풍스럽고 은은하면서도 근엄함이 넘쳐난다. 이전의 활기를 비에하 광장에 뺏긴 감이 없지 않지만 대성당 광장만의 매력은 여전히 곳곳에 넘치고 있다.

Data 지도 067p-B
가는 법 카피톨리오에서 도보 20분, 오비스포에서 산 이그나시오와 만나면 좌회전 후 약 두 블록

성당의 아름다움은 무죄
산 크리스토발 대성당 La Catedral de San Cristobal 라 카데드랄 데 산 크리스토발

아메리카 대륙에서 가장 오래된 대성당으로 1777년에 완공된 바로크 양식의 건축물이다. 라틴 아메리카에서 가장 아름다운 성당으로 꼽히기도 하는 이곳은 콜럼버스의 유해가 100년간 안치되었다. 촛농이 흘러내리는 듯 부드러운 외관, 비대칭을 이루는 두 개의 종탑 그리고 부드러우면서 은은한 매력을 발산하는 성당 내부의 조화가 묘한 매력을 발산한다.

성당의 호위병처럼 서 있는 종탑은 우측이 좌측보다 더 넓은 비대칭이다. 우측 종탑을 오르면 광장은 물론이고 성당의 뒤편과 시원하게 펼쳐지는 올드 아바나의 전망이 한눈에 들어온다. 2016년 오바마 미국 대통령과 그의 가족이 이곳에 들르기도 했다. 일요일 미사는 여행자도 참석할 수 있다.

Data 지도 067p-B
가는 법 대성당 광장, 카피톨리오에서 도보 약 20분
주소 Esq. San Ignacio y Empedrado **운영시간** 월~토 09:00~16:00 **요금** 무료, 종탑 1쿡

작은 전시장
롬비요의 집 Casa de Lombillo 카사 데 롬비요

성당을 등지고 왼쪽에 있는 건물이다. 1741년에 식민지풍으로 지어진 건물로 1903년에는 우체국으로, 2000년 이후부터 도시 사학자를 위한 건물로 사용되고 있다. 아치형의 스테인드글라스가 눈에 띈다. 아담한 정원을 따라 2층으로 올라가면 여러 개의 방을 전시장으로 사용하고 있는데 스페인, 프랑스 그리고 이탈리아에서 온 오래된 가구며 소품들을 그대로 보관하고 있다. 그림을 전시하는 전시실도 있다.

Data 지도 067p-C
가는 법 대성당 광장에서 동쪽으로 바로 옆
주소 Plaza de la Catedral
운영시간 월~금 09:00~17:00, 토 09:00~13:00
요금 무료

후작의 대저택에서 마시는 모히토
아구아스 클라라스 후작의 대저택 Palacio de los Marqueses de Aguas Claras
팔라시오 데 로스 마르케세스 데 아구아스 클라라스

1760년에 완공된 바로크 양식의 건물로 대성당을 등지고 우측 아름다운 파티오가 있는 건물이다. 안달루시아풍의 파티오와 안뜰의 아름다운 정원이 특히 인상적이다. 지금은 레스토랑 파리스 Paris로 사용되고 있다. 수시로 라이브 공연이 열리고 때때로 광장 밖에서 춤판이 벌어지기도 한다. 날씨 좋은 날 파티오에서 마시는 한잔의 모히토는 여행자의 행복한 시간을 함께한다.

Data 지도 067p-B 가는 법 대성당 광장에서 서쪽으로 바로 옆 건물

쿠바 현대미술의 이정표
그래픽 제작소 Taller experimental de gráfica
🔊 타예르 엑스페리멘탈 데 그라피카

색다른 감각의 전시장 겸 작업 공간이자 젊은 쿠바 예술가들의 열정이 모인 곳이다. 1962년, 당시 산업부 장관이었던 체 게바라의 지원을 받아 예술가 올란도 수아레스에 의해 설립된 예술단체의 작업 공간으로 수준 높은 쿠바 미술의 작업 모습과 판화 작업 등을 볼 수 있다. 입구는 전시장이고 안쪽은 작업실이다. 넓은 작업실에는 분주하게 움직이며 토론하고 바삐 움직이는 예술가들이 있다. 방문자를 개의치 않고 가끔 눈이 마주치면 미소를 지어준다. 전시장에는 작품들이 전시되어 있고 직접 구매가 가능하다.

Data 지도 067p-B
가는 법 식민지 예술 박물관 등지고 왼쪽 골목의 정면
주소 Callejón del Chorro **전화** 862-0979
운영시간 월~금 09:30~16:00 **요금** 무료

쿠바의 피카소를 만나는 곳
위프레도 램 전시관 Centro de Arte Contemporaneo Wifredo Lam
🔊 센트로 데 아르테 콘템포라네오 위프레도 램

대성당 바로 근처에 위치한 아담한 전시장이다. 세계적으로 유명한 쿠바의 화가 위프레도 램의 이름을 딴 전시장이다. 위프레도 램은 피카소와 친분을 나눈 것으로도 유명하다. 위프레도 램의 작품뿐 아니라 다양한 예술 작품을 전시하고 있다. 작품 전시가 쉬는 날도 있으니 입구에서 전시 일정을 확인하는 것이 좋다.

Data 지도 067p-B **가는 법** 산 크리스토발 대성당 끼고 우회전 후 골목 초입 왼쪽 **주소** San Ignacio No 22 Esq. a Empedrado
전화 861-3419 **운영시간** 10:00~17:00(전시장) **요금** 3쿡
홈페이지 www.wlam.cult.cu

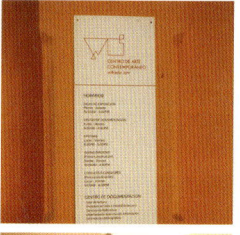

TALK

쿠바의 피카소, 위프레도 램 Wifredo Lam

쿠바가 낳은 유명 추상화가로 1902년 아바나의 사구아 라 그란데Sagua la Grande에서 태어나 1982년 프랑스에서 생을 마감한다. 1936년 피카소의 전시장을 방문했다가 그의 작품에 감명을 받은 후 예술로 교류하게 된다. 그의 작품은 아프리칸, 초현실주의 그리고 쿠바 아프리칸 흑인들의 종교인 산테리아까지 다양한 요소가 섞여 있다. 대표작으로 〈정글〉이 있고 지금도 미술시장에서 그의 작품은 인기가 높다.

쿠바 혁명의 모든 것

혁명박물관 Museo de la Revolución&Granma 무세오 데 라 레볼루시온&그란마

1919년 만들어진 건물로 1959년 혁명 전까지 대통령 궁으로 사용하다 이후 박물관이 되었다. 그란마 호가 있는 야외 전시장을 사이에 두고 국립미술관과 나란히 있는데 쿠바의 역사부터 혁명에 대한 자세한 기록을 볼 수 있다. 로비 우측 벽면에는 혁명 하면 뺄 수 없는 피델 카스트로의 대형 초상화가 걸려 있고, 2층으로 오르는 중앙 계단에는 호세 마르티의 흉상이 있다. 전시실은 여러 개의 방으로 나누어져 있는데 혁명군의 피 묻은 옷가지, 수통, 카메라 등 다양한 소품과 사진이 가득하다. 화려한 건물도 볼거리다. 궁전으로 사용했던 만큼 내부의 대리석으로 된 계단과 고급스러운 천장이 눈에 띈다. 높은 아치형 천장의 푸른색과 아이보리색 대리석의 조화가 아름답다. 2019년부터 박물관의 내부 구조가 조금 바뀌었다. 2층 전시실의 규모가 줄었고 기념품 숍이 들어섰다. 1층 미국 대통령을 풍자했던 코너도 없앴다. 쿠바 혁명에서 무엇보다 의미 있는 장소이며, 가장 혁명을 잘 보여주는 장소이지만 입장료나 그 의미에 비해 시설은 많이 미흡한 편이다. 그럼에도 혁명 당시 대통령의 집무 공간으로 사용되었고, 2층 계단 대리석을 선명하게 뚫은 총탄의 흔적을 통해 혁명군과 정부군 사이의 치열했던 전투를 엿볼 수 있는 장소야. 야외 전시장에는 혁명 당시 사용한 비행기, 탱크 등이 전시되어 있다.

Data 지도 066p-C 가는 법 국립미술관에서 말레콘 방면으로 바로 옆 건물 주소 Calle Refugio No 1 운영시간 09:00~16:00 요금 8쿡, 가이드투어 10쿡

쿠바 현대미술을 보다
아바나 국립미술관-쿠바관 Museo Nacional de Bellas Artes-Cubano
🔊 무세오 나시오날 데 베야스 아르테스 쿠바노

혁명박물관 길 건너에 위치한 현대식 건물이다. 전시장은 가운데 정원을 중심으로 사방이 2층의 건물로 둘러싸인 구조다. 작은 잔디 정원은 조각이 전시되어 있고 1층에는 다양한 조각 및 설치 미술 작품이 있다. 2층은 그림과 사진 전시실이다. 19세기부터 20세기까지 다양한 그림들이 전시되어 있다. 위프레도 램과 같은 세계적인 예술가의 작품과 톡톡 튀는 쿠바의 새로운 작품들을 한 번에 만날 수 있다. 국립미술관은 쿠바관과 국제관으로 나뉘는데 중앙공원 근처에 있는 것이 국제관이다.

Data 지도 067p-A
가는 법 혁명박물관에서 센트로 방면으로 옆 건물
주소 Calle Trocadero e/ Agramonte y Bélgica
전화 863-9484
운영시간 화~토 09:00~17:00, 일 10:00~14:00
요금 5쿡

박물관이 된 바요나 백작의 저택
식민지 예술 박물관 Museo de Arte Colonial 🔊 무세오 데 아르테 콜로니알

바요나 백작의 저택이라고 불기기도 하는 이 건물은 대성당 광장에서 가장 오래된 건물이다. 대성당의 바로 맞은편에 있고 1720년에 지어졌다. 지금은 식민지 시대의 예술품을 전시하는 박물관으로 사용하고 있다. 건물의 외벽은 거리 화가들의 캔버스다. 대성당 광장을 모델 삼아 그림을 그린다.

Data 지도 067p-C
가는 법 산 크리스토발 대성당 맞은편
주소 San Ignacio No 61 e/ Empedrado y O'Reilly
운영시간 09:00~16:30
요금 2쿡

쿠바 럼의 자존심
아바나 클럽 럼 박물관 Museo del Ron Habana Club 🔊 무세오 델 론 아바나 클럽

아바나 클럽Havana Club은 쿠바의 대표 럼이다. 아바나 항 쪽에 위치한 박물관은 쿠바 럼의 역사와 럼이 만들어지는 과정을 이해하기 쉽고 재미나게 꾸며놓았다. 가이드의 설명을 따라 순서대로 이동하는데 사탕수수 채취부터 오크통에서 럼주가 발효되어 나올 때까지의 과정을 상세하게 보여준다. 정교하게 만들어진 럼 공장 미니어처는 관람객들에게 가장 인기 있다. 영어/스페인어 가이드의 설명 시간이 따로 있고 안내 시간은 그날그날 바뀌므로 당일에 확인해야 한다. 입구의 미니 바에서는 간단한 칵테일을 판매하고 관람이 끝나면 7년산 아바나 클럽을 시음한다. 입구 좌측의 기념품 숍에서는 아바나 클럽과 시가 등을 판매한다.

Data 지도 066p-F 가는 법 솔Sol 거리가 끝나는 길의 대로변 주소 Av, del Puerto 262, esq, Sol 전화 861-8051 운영시간 월~목 09:00~17:30, 금~일 09:00~16:30 요금 7쿡(가이드 포함)

쿠바인들의 쉼터
아르마스 광장 Plaza de Armas 플라사 데 아르마스

오비스포 거리를 따라 걷다 보면 동쪽 끝에 위치한 광장이다. 아바나의 가장 오래된 광장으로 '아르마스'는 스페인어로 '무기' 또는 '군대'를 뜻한다. 1519년 스페인 군대의 훈련 장소로 건설되었다고 한다. 이름과 달리 아르마스 광장은 아름답고 평화롭다.

다른 광장들이 여행객을 위한 곳이라면 이곳은 내국인을 위한 공간이다. 광장의 가운데는 분수와 쿠바 독립 전쟁의 아버지로 불리는 세스페데스의 동상이 있다. 나무들이 무성하게 우거져 있어 광장보다 공원에 가깝다. 가끔씩 불쑥 관광객을 잡고 노래를 불러주는 개구진 거리 악단도 여행자에게 즐거움을 선사한다.

Data 지도 067p-C 가는 법 오비스포 거리의 동쪽 끝

쿠반 바로크 양식의 대표
시립박물관(총독관저) Museo de la Ciudad 무세오 데 라 시우다드

1770년대에 지어진 건물로 쿠반 바로크 양식의 정석이다. 건물은 아르마스 광장의 서쪽 한 면을 모두 차지할 만큼 크다. 이 건물은 산 라사로 San Lazaro의 채석장에서 가져온 돌로 만들었다. 1968년 박물관으로 사용되기 전까지 스페인 총독이 거주했고, 스페인으로부터 독립한 후엔 미국 총독의 본부로, 이후엔 대통령 궁으로도 사용되었다. 박물관 입구에는 하얀 콜럼버스 석고상이 있다.

Data 지도 067p-C
가는 법 아르마스 광장의 서쪽 건물
주소 Tacón No 1
운영시간 09:30~18:00
요금 3쿡, 가이드 투어 5쿡

가장 세련된 쿠바의 현대식 박물관
세군도 카보의 대저택(부관관저) Palacio del Segundo Cabo

아르마스 광장에서 북서쪽으로 향해 박물관 옆에 위치한 건물이다. 1773년에 지어진 쿠반 바로크와 신고전주의 양식의 대표적인 건물로 아치형의 기둥과 화려하면서도 근엄한 장식이 돋보인다. 건물은 스페인에서 온 마르케스 드 라 토레가 스페인에서 들여온 비싼 재료로 만들어졌다. 2015년에 리노베이션 후 최근 화려하게 문을 열었다. 쿠바의 역사부터 대표적인 인물, 키워드 별로 한눈에 들어오게 깔끔한 디자인과 최신의 기술을 보여준다. 쿠바에서 보기 드물게 잘 꾸며진 박물관이다. 특히 음악관은 다양한 장르의 음악을 실제 가수의 음성으로 들을 수 있다.

Data 지도 067p-C 가는 법 아르마스 광장의 북서쪽 아치형의 기둥이 있는 석조 건물 주소 Plaza de Armas 운영시간 09:30~18:00 요금 5쿡

거꾸로 가는 시계
중고서점 및 벼룩시장 Secondhand Market

기존 아르마스 광장의 중심에 있던 것을 지금의 자리로 옮겨와 새로 꾸몄다. 중고 책 가판대에는 체 게바라의 오래된 사진첩, 피델 카스트로와 라울 카스트로 그리고 헤밍웨이의 책 등 다양한 중고 책이 꽂혀 있다. 잡지부터 자서전 등 그 종류도 다양하다. 책 코너 옆 작은 가판에는 중고 카메라를 비롯하여 오래된 잡다한 물건들이 많다. 수저, 거울 그리고 선글라스 등 보는 재미가 쏠쏠하다. 카메라 수집가라면 약 20페소에 판매되는 중고 카메라를 구입해보는 건 어떨까. 단, 요즘은 관광객이 넘쳐 흥정이 잘 안 된다는 것이 함정이다.

Data 지도 066p-D 가는 법 아르마스 광장 총독관저를 등지고 우측 끝에서 우회전하면 우측

항해 역사가 한 곳에
라 아바나 국왕 군성(항해박물관) Castillo de la Real Fuerza de la Habana
🔊 가스티요 데 라 레알 푸에르사 데 라 아바나

아르마스 광장과 아바나 항의 경계에 위치한 요새다. 20년 동안 우여곡절을 겪은 끝에 1577년 완공된 것으로 아바나 해안에서 채석한 석회암으로 만들었다. 아메리카 대륙에 남아 있는 요새 중 가장 오래된 것이기도 하다. 당시엔 요새로 지어졌으나 항구에서 멀리 떨어졌다 하여 실용성이 적었다. 스페인 총독의 관저, 혁명 이후에는 혁명 당원의 사무실 등으로 사용되었다. 이후 도자기 박물관이었다가 최근에는 항해박물관으로 사용하고 있다. 박물관 내부에서 흥미로운 것은 다양한 보석들이다. 이제는 더 이상 쓸모없어진 금은보화가 상자에 그대로 돌이 된 채 남아 있다. 1980년대 비냘레스 근처의 바다에서 건져낸 것들이다. 전망대에 오르면 아바나 시내와 항구의 풍경이 시원스레 펼쳐진다. 요새의 탑 꼭대기는 전해 오는 전설이 있다. 라 히랄디야La Giraldilla는 쿠바 최초의 여성 주지사이자 악명 높은 총독 소토의 아내였던 이사벨라의 동상이다. 아바나 클럽 럼주의 상표이기도 하다.

Data 지도 067p-C 가는 법 아르마스 광장에서 남서쪽
주소 Plaza de Armas 운영시간 화~일 09:00~17:00 요금 3쿡, 사진 촬영 시 5쿡

TALK

라 히랄디야에 전해오는 아름다운 러브 스토리

라 히랄디야La Giraldilla는 스페인어로 '풍향계'를 말한다. 이 풍향계에는 아름다운 전설이 있는데 스페인 총독 소토와 그의 아내 이사벨의 이야기다. 소토는 1537년 쿠바 총독으로 파견되는데 2년 후 황금을 찾아 플로리다로 원정을 떠난다. 4년 동안 미시시피 강 등을 헤매다 결국은 병으로 죽고 만다. 부인 이사벨은 남편이 떠난 후 매일 아바나 항에서 남편이 떠난 먼 바다를 보며 그가 무사히 돌아오기를 기다렸는데 그의 죽음을 알고 오래지 않아 그녀도 세상을 떠났다고 한다.

아이러니하게도 소토는 매우 포악하고 잔인한 총독이었다고 한다. 그러나 그와 부인의 러브 스토리는 시로 만들어졌고 이후 이야기를 들은 한 건축 설계사가 1634년 이사벨의 동상을 만들었다. 이후 풍향계로 개조되어 아바나 요새의 꼭대기에 세워졌는데 이 작은 여인의 상이 아바나의 상징이자 쿠바의 대표 럼인 아바나 클럽의 상표 디자인으로 사용되고 있다.

아바나 첫 미사가 열린 곳
엘 템플레테 Museo El Templete

아르마스 광장의 동쪽에 아담하게 자리한 클래식 양식의 작은 박물관이다. 1828년에 지어졌지만 이 터는 1519년 아바나가 처음 만들어질 당시 기준이 된 장소였다. 사원의 작은 정원의 아름드리 세이바 나무 아래서 첫 미사가 열렸다고 한다. 당시의 세이바 나무는 죽고 다른 세이바가 그 자리를 대신하고 있다. 사원은 2015년부터 리노베이션 후 최근 다시 오픈했다. 내부에는 최초 미사를 올리는 모습의 대형 그림이 있고 입구엔 그 그림을 그린 화가의 흉상이 있다. 정원의 세이바 나무는 나무를 세 번 두드린 후 뒤를 돌아 동전을 던지며 소원을 빌면 이루어진다하여 나무 아래 동전이 쌓였다. 심심풀이지만 작은 동전이 있다면 재미 삼아 소원을 빌어보자.

Data 지도 067p-C 가는 법 아르마스 광장의 동쪽 끝 주소 Ave del Puerto No 12

이색 전망대
카마라 오스쿠로 Camara Oscuro

비에하 광장 초입 코너에 있는 높은 빌딩이다. 오스쿠로(스페인어로 '암실')란 이름과 어울리게 엘리베이터를 타면 암실에 오른다. 레오나르도 다빈치의 기술로 만들었다는 광학 렌즈를 통해 실시간 아바나의 모습을 보는 것이 흥미롭다. 가이드의 재치 있는 설명이 곁들여진다. 35m 높이의 옥상에서는 360도 방향으로 아바나 시내를 볼 수 있는 전망대가 있어 입장료의 가치가 충분한 곳이다.

Data 지도 066p-D
가는 법 비에하 광장의 초입 코너
주소 Edificio Gomez Vila, Plaza Vieja, Mercaderes y Teniente Rey, Mercaderes
전화 862-1801 운영시간 09:00~17:30
요금 2쿡(가이드 포함)

고급진 여행자 골목
메르카데레스 거리 Calle Mercaderes 🔊 카예 메르카데레스

대성당 광장에서 시작해서 비에하 광장으로 가는 길에 오비스포와 만나는 메르카데레스 거리는 또 다른 여행자의 거리다. 스페인어로 메르카데레스는 '상인'이라는 뜻이다. 이름 그대로 해석하면 상인들의 거리니 상가들이 즐비할 수밖에. 그렇지만 이곳은 오비스포와는 또 다른 느낌이다. 오래된 건물을 다양하게 인테리어한 레스토랑, 박물관 등이 나름대로 고급스럽다.

Data 지도 067p-C, F 가는 법 대성당을 등지고 왼쪽으로 난 길

소박한 약국 박물관
존슨 약국 Drogueria Johnson / Museo de farmacia 🔊 드로게리아 존슨 / 무세오 데 파르마시아

오비스포 거리에 있는 오래된 약국이다. 1886년 오렐리O'reilly 거리에 처음 오픈하였다가 1914년 오비스포 거리로 옮겼다. 2006년 화재로 원래의 가구며 집기들이 불에 타 새롭게 만들어진 것이 현재의 박물관이다. 박물관이라 하지만 1층에 보이는 것이 전부이다. 정면 벽에는 오래전 사용하던 약재의 그릇들이 그대로 전시되어 있다. 나무로 된 의자며 장식장은 화재 이후 새롭게 만들어진 것이라 한다. 유리 진열장 안의 오래된 책자에는 당시 약을 조제하던 기록이 세월의 흔적을 고스란히 담고 있다. 간단한 약과 비타민제 등은 구입이 가능하다.

Data 지도 067p-E 가는 법 오비스포 거리의 중심가, 레스토랑 에우로파 맞은편
주소 Obispo No 260 esq. Aguiar 운영시간 09:30~18:00 요금 무료

여행자의 쉼터
비에하 광장 Plaza de Vieja 플라사 데 비에하

대성당 광장에서 메르카데레스 길을 따라 남쪽으로 가면 비에하 광장으로 이어진다. 오래된 광장이라는 뜻을 가진 이곳은 1559년에 처음 만들어졌는데 재밌게도 원래의 이름은 '신 광장Plaza de Nuevo'이었다. 광장은 가우디 아르누보 건축의 영향을 받은 바로크 양식의 건물들로 가득 차 있다. 바티스타 시절엔 군의 훈련장 및 관련 건물로 활용되다 1996년에 새롭게 리노베이션되었다. 최근 새로운 바와 카페, 레스토랑 등이 들어서면서 광장은 조금씩 변하고 있다. 대성당 광장이 가장 인기 있을 때 상대적으로 조용했던 이곳이 지금은 새로운 여행자들의 광장으로 바뀌고 있다. 광장의 네 면은 학교, 박물관, 전망대 그리고 레스토랑, 카페, 호텔이 채우고 있다. 맥주가 맛있는 라 팍토리아 플라사 비에하La Factoria Palza Vieja와 커피가 맛있는 에스코리알Escorial의 야외 테이블은 늘 여행자들로 가득 찬다. 광장이 내려다보이는 2층에도 작은 바들이 생겨나 이전에 없던 풍경이 만들어지고 있다.

Data 지도 066p-C **가는 법** 산 프란시스코 광장에서 두 블록

아바나의 명동
오비스포 거리 Calle Obispo 🔊 카예 오비스포

올드 아바나의 여행자 거리 중 하나로 가장 번화하면서 인기 있는 곳이다. 다이키리로 유명한 엘 플로리디타El Flolidita에서 시작해 아르마스 광장까지 이어진다. 거리엔 국영 환전소, 호텔, 전화국, 관광 안내소, 쇼핑센터, 슈퍼마켓, 은행, 레스토랑, 기념품 숍 등이 있다. 대부분의 레스토랑에서는 라이브 밴드의 공연도 열려, 걷는 내내 끊이지 않고 들리는 쿠바의 살사 음악에 걸음을 떼기 어렵다. 걷다 지치면 아무 레스토랑에 들어가 모히토나 크리스털 맥주 한 잔으로 더위를 식혀보자. 아바나 여행을 시작하는 여행자의 대부분은 이 거리에서 여행을 시작한다. 환전소, 인터넷 카드를 판매하는 에텍사Etecsa, 헤밍웨이의 단골 호텔 암보스 문도스 등이 모두 이 거리에 있다. 천천히 걸으며 쿠바의 매력을 제대로 느껴보자.

Data 지도 067p-E, F **가는 법** 카피톨리오에서 도보 5분

여행자의 여유를 고스란히 담은 광장
산 프란시스코 광장 Plaza de San Francisco 🔊 플라사 데 산 프란시스코

아르마스 광장에서 오피시오스Oficios 거리를 따라 남쪽으로 세 블록 걷다 보면 산 프란시스코 광장을 만난다. 올드 아바나에서 가장 전망이 아름다운 광장을 꼽으라면 단연 이곳이다. 탁 트인 광장의 한 면은 바다와 접하는 도로와 크루즈 여객선 터미널Terminal Sierra Maestra이다. 바다가 보이는 시원한 전망과 더불어 산 프란시스코 수도원은 오랜 세월의 흔적을 고스란히 담고 있다. 광장 주변으로 옛 건물과 야외 테이블이 놓인 레스토랑과 카페가 있고 우체국이 있어 엽서를 보낼수 있다. 광장으로 오는 길에 있는 오피시오스 거리도 볼거리가 많다.

Data 지도 066p-D
가는 법 아르마스 광장에서 오피시오스 거리를 따라 남쪽으로 네 블록

TIP 네 마리 사자 분수 Fuente de los Leones | 푸엔테 데 로스 레오네스

이탈리아 예술가인 주세페 가지니Giuseppe Gaggini에 의해 1836년에 조각되었다. 산 프란시스코 광장의 남쪽 바다 쪽에 위치하고 있고 분수의 사면으로 네 마리의 사자가 입으로 물을 뿜고 있다. 킨세 아뇨스(15세 성인식)의 사진 촬영 시 배경으로 많이 이용되는 곳이기도 하다. 분수 주변에는 컬러풀한 쿠바 전통의상을 입은 모델 여인들이 손님을 기다리고 있어 기념사진의 배경으로도 많이 이용되고 있다.

46m 감시탑의 사원
산 프란시스코 수도원 Iglesia de San Francisco de Asis 이글레시아 데 산 프란시스코 데 아시스

그 모습만으로도 오랜 역사를 짐작할 수 있는 건물이다. 1608년에 처음 지어졌다가 1739년에 재완성되었다. 1970년대 다시 지어진 바로크 양식의 수도원/교회다. 수도원 탑의 높이는 무려 46m이며, 아바나 최고의 전망대이다. 높은 종탑은 항구에서 가깝고 아바나에서 가장 높았던지라 해적선의 침략을 감시하는 감시탑이었다. 현재는 종교예술박물관 Museo de Arte Religioso으로 운영 중이다. 건물 내부는 튼튼한 요새와 같고 교회의 역사를 한눈에 볼 수 있는 전시관이 있다. 교회가 인기 있는 또 하나의 이유는 '파리의 신사 El Caballero de Paris'다. 교회 앞에 있는 동상으로 신사의 수염을 만지며 소원을 빌면 이루어진다 하여 늘 줄이 길다. 왼손을 만지거나 수염을 만지며 발을 밟아야 한다는 사람도 있다.

Data **지도** 066p-D **가는 법** 산 프란시스코 광장의 동쪽
주소 Edificio Gomez Vila, Plaza Vieja, Mercaderes y Teniente Rey, Mercaderes
운영시간 화~일 09:30~18:00 **요금** 2쿡, 사진 촬영 시 4쿡, 가이드 포함 시 3쿡

TALK

산 프란시스코 교회 앞의 동상 '파리의 신사'

'파리의 신사'는 1950년대 거리의 노숙자였던 호세 마리아 로페스 예딘 José María López Lledín의 동상이다. 그는 1899년 스페인에서 태어나 86세 되던 1985년 아바나에서 생을 마감했다. 뜨거운 여름에도 늘 검은색 정장 차림에 자신의 포트폴리오가 있는 종이를 지니고 다녔으며 아는 것이 많고 이야기를 즐기던 사나이였다. 어디를 가든 그를 알아보는 사람들이 있었고 사람들과의 대화를 즐겼단다. 사랑하는 여인이 죽은 후 결혼하지 않고 그녀와의 약속을 지켰으며 한때 TV 출연 등으로 유명했다. 그의 수염을 만진다거나 손을 만진다거나 혹은 발을 밟으면 행운이 온다는 등의 이야기가 있다. 그를 통해 행운을 얻으려는 사람들 때문에 그의 온몸은 빤질빤질 빛이 난다.

100년이 넘은
상공회의소 건물 Lonja de Comercio 🔊 론하 데 코메르시오

산 프란시스코 수도원의 맞은편에 운치 있고 분위기 있게 서 있는 아름다운 건물이다. 1909년에 완공된 상공회의소 건물로 현재는 일반 사무실로 이용되고 있다. 1층에는 카페가 있고 건물 내부로 들어갈 수는 있으나 사진 촬영은 할 수 없다. 내부는 1995년에 리노베이션하여 현대식으로 많이 바뀐 상태다.

Data 지도 066p-D **가는 법** 산 프란시스코 수도원 건너편

아바나의 향기
아바나 1791 Habana 1791

1700년대 지어진 건물에 있는 향수 가게 겸 향수 연구소다. 열대의 꽃부터 다양한 식물 등의 향수를 전시 및 판매한다. 크기, 모양도 가지각색인 향수와 향수를 제조하는 오래된 기계를 구경할 수 있는데 제법 재미있다. 안쪽 뜰 안으로 들어서면 실험실 듯 방이 여러 개다. 향수가 만들어지는 과정과 다양한 향의 향수를 만날 수 있다. 마음에 드는 향은 원하는 사이즈의 병에 담아 구입하면 된다.

Data 지도 066p-C **가는 법** 메르카데레스 거리 **주소** Calle de Mercadeles No 156 e/ Obrapia y Lamparilla **운영시간** 월~토 10:00~19:00, 일 11:00~14:00 **가격** 2쿡~

대문호 헤밍웨이가 머물렀던 곳
헤밍웨이의 방 Habitación Ernest Hemingway 🔊 아비타시온 에르네스트 헤밍웨이

1931년에 완공된 암보스 문도스 호텔은 여러 가지 건축 양식이 복합된 건물이다. 호텔의 511호는 바로 헤밍웨이의 방으로 1932년부터 1939년까지 쿠바에 머무는 동안 그는 이곳에 머물렀다. 유명한 그의 소설 『누구를 위하여 종을 울리나』가 이곳에서 집필되었고 그의 방 511호는 작은 박물관으로 운영 중이다. 1930년대 만들어진 엘리베이터는 영화에서나 보던 것이다. 싱글 침대 하나에 작은 거실이 있는 스튜디오 형의 작은방 511호에서는 올드 아바나가 한눈에 들어온다. 헤밍웨이는 이 방에서 바라보는 전망을 사랑했다고 한다. 그가 사용하던 타자기, 그의 사진이 벽면을 장식하고 그가 사용하던 작은 침대는 아직도 그 자리를 지키고 있다. 신문 스크랩을 통해 당시 그에 대한 기사를 볼 수 있다. 영어 가이드가 있어 설명을 들을 수 있는데 방이 작아 관람자가 많을 때는 잠시 밖에서 순서를 기다려야 한다.

Data 지도 067p-F **가는 법** 오비스포 거리 동쪽 끝 암보스 문도스 호텔 511호
주소 Obispo No 153, esq. a Mercaderes **운영시간** 월~토 10:00~17:00 **요금** 5쿡(영어 가이드 포함)

이색 박물관
아랍의 집 Casa de los Arabes 🔊 카사 데 로스 아라베스

1983년에 문을 연 곳으로 19~20세기 쿠바 내 아랍인들의 관습, 전통 그리고 예술 등을 엿볼 수 있는 이색 박물관이다. 사람 크기의 마네킹을 통해 아랍인들의 의상을 볼 수 있고 생활상도 디테일하게 전시하였다. 여러 개로 나뉜 전시실에는 무기부터 생활 도구까지 잘 전시되어 있다. 2층으로 올라가면 타일 등 아랍의 건축 문화도 볼 수 있다. 지금은 박물관 기능 외에 쿠바에 살고 있는 무슬림 예배자의 모임을 위한 장소로도 사용되고 있다.

Data 지도 067p-F
가는 법 아르마스 광장에서 산 프란시스코 광장 가는 방향 우측
주소 Oficios No 16, e/ Obispo y Obrapia
전화 861-5868
운영시간 월~토 09:00~16:30, 일 09:30~12:30
요금 무료

CUBA BY AREA 01
아바나

바카르디 럼의 상징
바카르디 빌딩 Edificio Bacardí 에디피시오 바카르디

1930년에 완공된 12층의 아르 데코 양식의 건물로 당시엔 아바나에서 최고 높은 빌딩이었다. 럼주로 유명한 바카르디Bacardi의 본사였다. 1959년 혁명 이후 모든 기업이 국영화되면서 바카르디가 쿠바를 떠났고 빌딩은 현재 비즈니스 센터로 임대하여 사용하고 있다. 붉은 바이에론 산 화강암을 세공한 후 청동장식을 부착했는데 피라미드형의 꼭대기에는 여신의 나체를 외벽에 조각했다. 섬세하고 화려한 색채가 돋보인다. 가장 꼭대기에는 바카르디의 상표이자 상징인 박쥐 모양이 있다. 스페인에서 온 바카르디 가족은 산티아고 데 쿠바에서 럼주 사업을 시작해 많은 부를 축적한다. 건축가 에스테반 로드리게스 카스텔의 작품으로 건물의 재료는 독일, 이탈리아 등을 비롯한 유럽의 여러 나라에서 가져온 것들로 만들었다. 내부 역시 호화롭게 장식되어 바카르디 가의 부의 정도를 알 수 있었다. 전망대에서 사방으로 보이는 아바나의 풍경이 압권인데, 현재는 개방하지 않고 있다. 혹시 오픈되었다면 꼭 전망대에 올라보자.

Data 지도 067p-D **가는 법** 중앙공원에서 올드 아바나 방향, 산 후안데 디오스 입구
주소 Avenida de Bélgica No. 261 e/ Empedrado y San Juan de Dios, Habana Vieja

올드 아바나의 명물, 노장 밴드 로스 맘비세스

올드 아바나는 특히나 살사 라이브 음악을 즐기기에 좋다. 오비스포 거리를 중심으로 레스토랑이나 바에서는 늘 음악이 끊이질 않는다. 그중에서도 명물은 오비스포 거리의 끝, 암보스 문도스 호텔 옆에서 공연하는 노장 밴드 로스 맘비세스 Los Mambises다. 원래는 대성당 광장에서 아침, 오후 두 차례 공연을 하다 지금의 자리로 옮겨온 지 몇 년이 되었다. 흰머리 희끗한 할머니 할아버지로 구성된 밴드는 쿠바의 여행 사진에 단골로 등장한다. 대부분의 여행자의 추억을 함께하는 밴드인 셈이다. 어쩌면 레스토랑이 아닌 거리에서 연주하는 아바나의 유일한 밴드가 아닐지. 홍일점 올가 할머니는 CD 판매와 팁을 담당하고 알베르토 아저씨는 보컬과 봉고를 담당한다. 몇 년 사이 멤버 중 일부는 세상을 떠났다. 더 오래 그들의 음악이 아바나 거리에 울려 퍼지길 바란다.

맛과 분위기로 승부하는 집

엘 찬추예로 데 타파스 El Chanchullero de Tapas

최근 리노베이션을 통해 3층 옥상까지 확장했다. 오픈 시간도 이전보다 1시간을 당겼고 메뉴와 가격도 조금 변화를 주었다. 계절식 샐러드(여름엔 아보카도, 겨울엔 토마토 등)에 각종 고기 메뉴를 먹음직스럽게 담아내고 양이 푸짐해 언제나 줄이 길다. 식사 시간엔 1시간은 족히 기다려야 한다. 벽은 젊고 세련되고 재미난 감각으로 꾸몄다. 여름엔 시원한 실내, 겨울 시즌엔 옥상이 좋다. 우리 입맛에 맞게 양파를 듬뿍 넣고 마늘도 들어가 소금만 적절히 조절하면 한 끼 식사로 최고다. 쿠바 어디 식당이나 그렇듯 주문할 때 소금을 조금만 넣어달라는 것을 잊지 말자. 포요 데 파레힐은 마늘과 양파를 넣고 파슬리를 넣은 것으로 입맛에 따라 치킨(포요), 돼지고기(세르도) 등으로 주문하면 된다. 메뉴는 매일 조금씩 바뀌지만 원하는 고기로 선택하면 요리해순나. 앙고기 요리노 맛있다.

Data **지도** 066p-E **가는 법** 카피톨리오 맞은편 Brasil 거리를 따라 직진 후 산 크리스토 공원 옆 **주소** Brasil 457A Bajos, Plaza el Cristo, Habana Vieja **전화** 861-0915 **운영시간** 12:00~00:00 **가격** 포요(또는 세르도) 데 파레힐 5.5쿡, 세르도 콘 피냐 5.5쿡, 다이키리 2.75쿡 **홈페이지** el-chanchullero.com

고급스러운 스페인풍 레스토랑
레스토랑 엘 템플레테 Restaurante el Templete

오비스포 거리 끝, 바다가 보이는 곳에 위치한 고급 레스토랑이다. 정부에서 운영하는 레스토랑임에도 서비스가 좋고 다양한 메뉴, 친절한 직원이 있어 근사한 한 끼를 원한다면 이곳을 추천한다. 그날그날 고기나 생선의 신선함 정도를 확인할 수 있다. 가격이 좀 비싼 편이지만 가격만큼의 음식을 기대해도 좋다. 이전에는 생선요리 전문이었지만 현재는 맛있는 고기도 맛볼 수 있다. 올드 아바나의 동쪽 끝부분에 위치하고 있어 찾기 쉽다. 추천 요리는 '아로스 칼도스 데 랑고스타 이 카라로네스'로 파에야와 비슷하지만 물이 더 많은 카레 맛의 요리이다. 양이 많아 세 명 정도가 나눠 먹을 수 있다. 고기 꼬치요리인 브로체타도 맛있다. 10% 서비스료가 별도 부가된다.

Data 지도 067p-C
가는 법 오비스포 거리 끝에서 왼쪽에 있는 레스토랑 중 우측
주소 Ave Carlos Manuel de Cespedes No 12
전화 866-8807
운영시간 12:00~00:00
가격 해산물 요리 40쿡, 브로체타 15쿡, 맥주 2.5쿡

샌드위치와 햄버거 맛집
슬로피 조 Sloppy Joe's Bar

1917년 스페인에서 이민 온 조Joe가 처음 문을 열었다. 1904년 아바나에 온 그의 본명은 호세 가르시아 아베알José Garcia Abeal이다. 슬로피 조는 그의 별명에서 따온 이름이다. 오랜 바텐더의 경험을 가진 그는 당시 미국 주류업자들의 왕래가 많던 아바나에 바를 열었다.

1920년 미국의 금주령으로 인해 아바나로 몰린 미국인들과 유명인들이 발걸음을 하면서 유명세를 치르게 된다. 슬로피 조의 벽에는 프랭크 시나트라, 배우 에바 가드너를 비롯하여 많은 미국 유명인들의 사진이 가득하다. 혁명 이후 정부에서 운영하고 있다. 넓고 시원스러운 공간, 입구부터 안쪽까지 이어지는 넓은 바가 다른 곳과 차별된다. 샌드위치와 햄버거, 모히토가 특히 맛있다. 미니 햄버거와 샌드위치도 양이 적지 않다.

Data 지도 066p-C
가는 법 중앙공원에서 도보 5분 거리
주소 Agramonte No 252, e/ Animas y Virtudes
전화 866-7157
운영시간 12:00~03:00
가격 미니 햄버거 슬로피 3.5쿡, 미니 샌드위치 쿠바노 3.5쿡, 모히토 4쿡

비에하 광장이 복잡할 땐 여기
엘 모히토 El Mojito

늘 사람들로 북적이는 비에하 광장의 라 팍토리아 플라사 비에하도, 그 옆에 자리한 라 비트로라도 자리가 없을 땐 멀지 않은 곳에 위치한 엘 모히토에 가보자. 광장에서 2분 거리라 식사 후 이동하기도 좋다. 널찍한 식당은 오픈한 지 오래되지 않아 깔끔하며, 안쪽의 바가 제법 크다. 라이브 밴드의 연주에 시원한 모히토 한 잔을 곁들여 즐겨보자. 음식 맛도 괜찮다.

Data 지도 066p-E
가는 법 비에하 광장 생맥줏집 끼고 우측 골목 2분 거리 우측
주소 Calle muralla 166, e/ Cuba y San Ignacio, Habana Vieja
전화 5581-6361 **운영시간** 08:00~21:30
가격 파스타 6.25쿡, 그릴 생선요리 9.5쿡, 치킨 커리 7.5쿡

깔끔한 오거리 피자집
싱코 이스키나스 트라토리아 5 Esquinas trattoria

5개의 골목이 만나는 오거리의 코너에 있다. 개인이 운영하고 있으며 요리사는 이탈리아 볼로냐 지방에서 피자를 배웠단다. 식당의 규모는 작지만 깔끔하고 심플한 인테리어가 돋보인다. 작은 바가 있고 화덕이 있다. 실외에 몇 개의 테이블을 놓을 수 있고 먹다 남은 피자는 포장해 갈 수 있다. 야외 테이블에 앉아 잠시 쉬며 여행의 멋을 즐기기에 좋다. 10% 서비스 수수료 별도다. Jtbc 〈트래블러〉에서 두 주인공이 피자를 맛있게, 스파게티를 맛없게 먹은 집이다.

Data 지도 066p-C
가는 법 혁명박물관에서 Cuarteles 길 따라 직진 후 우측 오거리 코너 **주소** Habana 104, esq Cuarteles, Habana Vieja **전화** 860-6295 **운영시간** 08:00~01:00 **가격** 마리나라 피자 4.5쿡, 나폴리아나 싱코 에스키나스 8.55쿡, 아침 식사 4.95쿡

아침 식사하기 좋은 곳
카페 델 앙헬 Cafe del Angel

문을 연 지 오래 되지 않은, 다자이너가 운영하는 감각적인 카페 겸 레스토랑이다. 특히 아침 식사가 맛있는 이집의 위치는 영화 분노의 질주의 한 장면에 나오기도 했다. 앙헬 교회 맞은 편, 혁명 박물관이 바로 보이는 골목 안 파라솔은 늘 붐빈다. 쿠바의 카사 아침이 식상하다면 이곳의 깔끔한 아침 식사를 추천한다. 8쿡의 식사에는 커피, 주스, 메인 식사(빵, 계란프라이, 팬케이크, 베이컨) 그리고 마멀레이드까지 푸짐하다. 화장실이 쿠바스럽지 않게 특히 깨끗하다.

Data 지도 066p-C **가는 법** 혁명광장을 마주보고 좌측 앙헬 교회 골목으로 30m
주소 Compostela No 1 esquina Cuarteles **전화** 801-5162 **운영시간** 07:30~23:30
가격 아침 메뉴 아메리카노 8쿡, 스페셜 10쿡 **홈페이지** www.cafedelangeljf.com

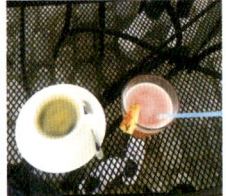

헤밍웨이의 모히토가 있는 곳
라 보데기타 델 메디오 La Bodeguita del Medio

"My mojito in La Bodeguita, My daiquiri in El Floridita(내 모히토는 라 보데기타, 내 다이키리는 엘 플로리디타)." 헤밍웨이가 남겼다는 이 문구로 아바나를 여행하는 관광객은 반드시 들러야만 될 것 같은 곳이 되었다. 1942년 앙헬 마르티네스가 작은 창고를 사 카사 마르티네스 Casa Martinez라는 이름으로 처음 가게를 열었다. 당시엔 전통 쿠바 제품들을 팔면서 단골들에겐 저녁을 제공하기도 했다고 한다. 친구들과 럼, 민트 그리고 설탕 등을 섞은 칵테일을 만들어 즐겼는데 이것이 바로 모히토다.

1940년대 후반 정식으로 음식과 술을 팔기 시작하면서 예술가, 음악가, 정치가들이 모이기 시작했고 아바나 문화의 중심이 되었다. 세계적인 유명인사들, 칠레의 시인 파블로 네루다와 전 대통령 살바도르 아옌데, 그리고 우리가 알고 있는 헤밍웨이 등이 이곳을 찾았고 주인 마르티네스와 함께 보낸 사진은 낙서와 함께 벽을 가득 메운다. 입구의 우측은 작은 바, 안쪽으로 들어가면 작은 미로 같은 레스토랑이다. 이곳의 명물 낙서는 2층까지 빼곡하다. 모히토를 마시려는 사람들과 구경하는 사람들로 늘 줄이 길다. 라이브 밴드의 신나는 살사 음악도 뺄 수 없다. 혁명 이후 국영화되어 지금은 정부가 운영하고 있다. 최근 트리니다드와 바라데로에 체인점을 열었다.

Data 지도 067p-B **가는 법** 대성당을 등지고 우측 골목으로 직진하면 왼쪽에 노란 간판
주소 Empedrado No 207 **운영시간** 11:00~00:00 **가격** 모히토 5쿡

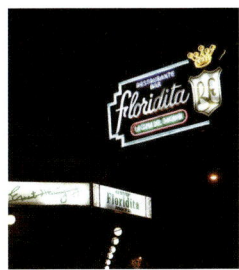

다이키리의 요람
엘 플로리디타 El Flolidita

1817년 라 피냐 데 플라타La Pina de Plata로 처음 문을 열었다. 약 100년 후 많은 북미 여행자들이 모여들면서 지금의 이름으로 바꾸게 되었다. 이곳의 단골은 비단 헤밍웨이뿐이 아니었다. 유명한 지식인과 예술가들도 즐겨 찾았다. 이곳의 다이키리는 특히 유명하다. 1930년대 처음으로 얼음을 갈아 프로즌 다이키리를 만들었고 헤밍웨이도 이것을 즐겼다. 당뇨가 있던 그는 설탕을 줄이고 럼을 더 넣어 마셨다고 한다. 입구 왼편에 헤밍웨이 동상이 있다. 쿠바의 조각가 호세 빌라 소베론이 실물 크기로 만든 것이다. 음식 맛있고, 칵테일 맛있고, 거기다 헤밍웨이의 단골집이었던 곳. 들르지 않을 이유가 없다. 간판에 쓰인 문구 '다이키리의 요람La Cuna Del Daiquiri'은 주인 겸 바텐더였던 콘스탄티노의 모토. 다이키리가 다른 곳보다 비싸지만 가격만큼의 가치가 있는 곳이다.

Data 지도 067p-D 가는 법 오비스포 거리의 입구 주소 Obispo 557, e/a Monserrate 전화 867-1299 운영시간 바 11:00~00:00, 레스토랑 12:00~01:00 가격 다이키리 7쿡 홈페이지 www.floridita-cuba.com

낮술하기 좋은 곳
카페 파리스 Café Paris

오비스포 거리에 있는 작은 식당 겸 바. 한낮의 더위를 식힐 수 있는 야외 테이블은 늘 관광객들로 만원이다. 실내에서는 라이브 밴드의 연주가 있다.
저녁에는 식사를 하고 낮에는 음료를 즐기기 좋다. 음료 가격이 다른 곳에 비해 약 1쿡 정도 비싸다. 위치가 좋아 올드 아바나를 구경하다 지쳤을 때 한잔하기에 딱이다. 젊은 라이브 밴드의 연주가 괜찮은 곳이다.

Data 지도 067p-E 가는 법 오비스포 거리 끝나기 한 블록 전 왼쪽 코너 주소 Obispo No 202 운영시간 09:00~01:00
가격 아메리카노 2쿡, 쿠바 맥주 2.5쿡, 모히토 4쿡

TIP 라이브 밴드의 팁
쿠바, 특히 올드 아바나에는 음악을 연주하는 라이브 밴드가 많다. 식당에서 연주하는 밴드는 연주가 끝나면 테이블을 돌며 팁을 걷거나 CD를 판매한다. 밴드가 있는 곳에서 식사를 한다면 팁을 생각해야 한다. 팁은 반드시 주어야 하는 것은 아니다. 그러나 대부분의 밴드의 음악은 수준 높다. 그들은 레스토랑에 소속되어 연주를 하지만 대부분의 수입은 팁에 의존하는 경우가 많다. 음악이 좋았다면 1쿡 정도의 팁을 주자.

쿠바의 대표 수제 맥줏집
라 팍토리아 플라사 비에하 La Factoria Plaza Vieja

밤낮으로 항상 손님이 많이 붐비는 인기 맥줏집으로 비에하 광장에 있다. 오스트리아와 합작으로 만들어진 양조장으로 맥주 외에 다른 알코올음료가 없다. 광장으로 나와 있는 야외 테이블은 저녁에는 자리 잡기가 힘들 만큼 인기 있다.
직접 만든 세 가지의 생맥주(Clara, Oscura, Negra)는 단돈 2쿡. 바의 안쪽에는 맥주를 실어 나르는 트럭과 맥주를 만드는 맥주 탱크가 있다. 라이브 밴드의 연주에 시원하게 들이켜는 수제 맥주는 맛은 둘째 치고 상상만으로도 짜릿하지 않은가.

Data **지도** 066p-C
가는 법 비에하 광장 카페 에스 코리알의 맞은편 1층 코너
주소 San Ignacio, esq Muralla
전화 866-4453
운영시간 12:00~00:00
가격 생맥주 500ml 2쿡, 브로체타 7~10쿡

대성당 근처 예쁜 카페
에스토 노 에스 운 카페 Esto No Es Un Café

직역하면 '이것은 카페가 아니다'라는 뜻으로 독특한 이름의 카페다. 이름만큼 음식 이름도 재미있고 테마가 있는 카페 겸 레스토랑이다. 예술과 음악이 만난 느낌이다. 뒤샹의 샘La fuente de Duchamp(뒤샹은 프랑스 화가), 지킨 폴락Pollo Pollock(폴락은 미국의 행위미술가) 등이 음식의 이름이다. 앙증맞은 야외 테이블은 앉아 잠시 쉬고 싶은 욕망을 부채질한다.

Data **지도** 067p-B **가는 법** 대성당을 등지고 우측의 광장 끝 작은 골목 **주소** San Ignacio No 58 A e/ O'Reilly y Empedrado. Callejón del Chorro, Plaza de la Catedral **전화** 862-5109 **운영시간** 09:00~00:00
가격 라 푸엔테 데 뒤샹 7.5쿡, 포요 폴락 8.5쿡, 아메리카노 1.5쿡

아바나 커피 맛집
카페 엘 에스코리알 Café el Escorial

오픈한 지 얼마 되지 않은, 비에하 광장 코너에 위치한 커피 맛있기로 소문난 카페다. 특히 유럽인들에게 인기 있다. 가게 안쪽에서 커피를 직접 볶아주거나 갈아준다. 이곳의 모든 커피는 쿠바산이다. 야외 테이블은 늘 손님으로 붐빈다. 커피 로스팅은 250g이 3.25쿡, 그라인딩은 3.5쿡이다. 종이봉투에 담아주는 것 외에 별도의 포장이 없으니 선물용으로 사려면 커피향이 빠지지 않도록 따로 비닐 팩을 준비하는 것이 좋다.

Data 지도 066p-D
가는 법 비에하 광장 라 팍토리아 플라사 비에하 맞은편 코너
주소 Mercaderes 317, esq. Muralla 전화 868-3545
운영시간 09:00~22:00
가격 아메리카노 1쿡, 카페라테 1.25쿡, 커피 다이키리 2쿡

올드 아바나 최고의 전망
레스토랑 플라사 데 아르마스 Plaza de Armas

헤밍웨이가 자주 머물렀다는 암보스 문도스 호텔의 6층은 '아, 내가 정말 쿠바에 왔구나' 싶은 곳이다. 카사블랑카와 모로성까지 한눈에 보이고 올드 아바나의 대성당과 아르마스 광장이 내려다보이는 최고의 뷰에 라이브 밴드의 노래까지 더해지니, 꼭 식사가 아니어도 맥주 혹은 모히토 한 잔이라도 꼭 해야 할 것 같다. 식사를 주문했다면 기다리는 동안 511호 헤밍웨이 박물관을 잠시 둘러보고 와도 좋겠다. 단체 손님을 많이 받는 곳이라 만석일 때는 6층 입장이 제한될 때도 있으니 참고하자.

Data 지도 066p-C
가는 법 암보스 문도스 호텔 6층
주소 Calle Obispo 153, esq. a Mercaderes, Habana Vieja
전화 7860-9529
운영시간 10:00~23:00
가격 헤밍웨이 스타일 생선 요리 18쿡, 로파 비에하 12쿡, 모히토 4쿡

전망 좋은 최고급 캐주얼 다이닝&바
엘 수르티도르 El Surtidor

아름다운 전망, 작지만 분위기 있는 인피니티 풀, 노을이 지면 더욱 로맨틱하게 변하는 바를 갖춘 그란 호텔 만사나 캠핀스키는 2017년에 새롭게 문을 연 호텔이다. 고풍스러운 옛 모습을 남기고 호텔 내부는 모두 현대식으로 꾸며 6층의 테라스&바는 2018년까지만 해도 쿠바 최고의 뷰와 시설을 자랑했다. 더운 여름 낮엔 시원한 에어컨 바람을 쐴 수 있는 실내, 바람이 선선할 땐 탁 트인 전망의 실외가 좋다. 야외는 엘 수르티도르, 안쪽은 레스토랑 산 크리스토발 파노라믹San Cristobal Panoramic Restaurant이다. 테라스에선 파르케 센트랄(중앙공원)이 시원스레 한눈에 내려다보인다. 특히 야경이 예쁘니 해 질 녘에 와서 분위기를 즐겨 보자. 간혹 투숙객을 위해 외부인의 출입을 제한할 때가 있으니 참고할 것. 식사 메뉴는 야외 바에서 주문 가능하다.

Data 지도 066p-C
가는 법 그란 호텔 만사나 캠핀스키 6층 테라스
주소 Calle San Rafael e/ Monserrate y Zulueta, Habana Vieja
전화 7869-9100 **운영시간** 10:00~23:00
가격 랍스터 28쿡, 파스타 15쿡, 모히토 6쿡, 맥주 4쿡

아시아와 쿠바의 만남
하마 Jama

좁지만 입소문이 제법 나 손님이 많은 식당이다. 테이블 공간보다 바가 더 넓다고 해도 과언이 아닌 곳이다. 인테리어를 보면 일식 레스토랑 느낌이 나지만 메뉴는 타이 음식이 많고, 정확하게 아시안+쿠반의 조합이라고 하는 게 좋겠다. 가격이 저렴하진 않기 때문에 새로운 맛이 생각날 때 들르면 좋다. 정성 들여 만들어 주는 화려한 칵테일도 이 집의 특징. 다양한 칵테일도 즐겨보자. 패션프루츠로 만든 모히토와 각종 과일로 만든 다이키리 모두 맛있다.

Data 지도 066p-C 가는 법 산 후안 데 디오스 거리가 끝나는 세르반테스 공원 근처 주소 Calle Aguiar 261b, e/ San Juan de Dios y O'Reilly, Habana Vieja
전화 7864-2252 운영시간 12:00~00:00
가격 치킨 커리 9쿡, 파스타 13쿡, 과일 모히토Mojito de Frutas 6쿡

위치 좋고 가격 저렴한 곳
라스 루이나스 델 파르케 Las Ruinas del Parqué

오비스포 거리 가운데쯤에 야외 테이블과 BBQ 그릴 그리고 사탕수수 즙을 짜는 기계가 가장 먼저 눈에 띈다. 안쪽의 미니바와 그늘 아래 야외 테이블이 전부다. 그릴에 구운 치킨과 랍스터 둘 중 하나를 선택할 수 있는 셰프 스페셜은 13쿡이다. 위치도 좋고 가격 저렴하고 서비스도 괜찮다. 넝쿨에 둘러싸인 야외 테이블은 오비스포 거리를 지나다 다리 아프면 쉬어 가기에 딱 좋은 곳이다. 라이브 밴드의 음악이 좋아 오비스포 거리를 지나는 관광객이 함께 즐기는 모습도 종종 보인다.

Data 지도 067p-E
가는 법 오비스포 거리 중심부 작은 공원 옆
주소 Calle Obispo
운영시간 12:00~00:00
가격 쿠반 샌드위치 3.75쿡, 쿠바 맥주 1.65쿡

음악 좋고 음식 맛있고
라 유비아 데 오로 La lluvia de Oro

'황금비'라는 뜻의 이 레스토랑은 오비스포 거리 초입에서 멀지 않다. 늘 음악이 흘러나오고 지나가다 들른 여행자들과 현지인들이 편하게 술을 마신다. 수준 높은 라이브 밴드의 공연을 즐기려면 추천한다. 넓고 시원스러운 홀은 밤이면 여행자와 음악이 하나가 되어 춤판이 벌어진다. 좋은 음악에 편안한 식사 정도를 즐기기엔 좋다. 음식 맛과 가격 모두 나쁘지 않다.

Data 지도 067p-E
가는 법 오비스포 거리 초입 호텔 플로리다 전 코너 **주소** Calle Obispo esq. a Habana
운영시간 09:00~01:00
가격 엔칠라다 데 랑고스타 (토마토소스 랍스터) 10쿡, 미니 새우 요리 4.95쿡, 샌드위치 유비아 데 오로 4쿡

식민지풍의 느낌 그대로
라 임프렌타 La Imprenta

하얀 벽에 녹색 대문을 열고 들어서면 독특한 인테리어와 컬러가 시선을 사로잡는다. 곳곳에 놓인 인쇄 기계, 벽에 붙은 인쇄와 관련한 사진과 그림. 느낌이 온다. 라 임프렌타는 스페인어로 '인쇄' 혹은 '출판'이란 뜻이다. 그렇다. 이곳은 예전에 인쇄소였다. 건물은 18세기에 지어진 것이다. 인쇄 기계들은 아주 좋은 인테리어 소품이 되었다. 넓게 펼쳐진 정원에 하얀 테이블보가 놓인 나무색의 테이블이 깔끔하다. 음식 맛과 서비스도 좋다. 와인을 곁들인 분위기 있는 식사를 하기엔 이곳이 좋다.

Data 지도 066p-D
가는 법 아르마스 광장에서 비에하 광장 방향으로 메르카데레스 길을 따라 약 3블록
주소 Calle Mercaderes No 208 e/ Lamparilla y Amargura
전화 864-9581
운영시간 12:00~00:00
가격 치킨 커리 7쿡, 치킨&돼지고기 케밥 6쿡, 돼지고기&세라노 햄&블루치즈 12쿡

앙증맞은 코너의 예쁜 레스토랑
로 데 모니크 Lo De Monik

깔끔한 하얀 벽이 눈에 띄는 빈티지하고 아기자기한 분위기의 카페 겸 레스토랑이다. 로 데 모니크는 모니크의 공간이라는 뜻. 레스토랑 주인의 이름인 모니크에서 따왔다. 음식 맛, 서비스, 공간 모두 훌륭한 곳이다. 처음 들어설 땐 좁은 느낌이지만 2층에도 테이블이 있어 생각보다 테이블 수가 많다. 메뉴는 쿠바 음식부터 햄버거까지 다양하다. 식사 후에 이 집을 발견했다면 상큼하고 달달한 레모네이드 등 음료를 마시는 것도 좋겠다.

Data 지도 066p-C
가는 법 혁명 박물관 야외 전시장에서 올드 아바나 방향 골목으로 들어오다 우측 코너
주소 Chacon esq. Compostela, Habana Vieja
전화 864-4029
운영시간 08:00~21:30
가격 쿠바 샌드위치 6.5쿡, 햄버거 6쿡, 레모네이드 2.75쿡

예쁜 인테리어로 시선을 사로잡는 곳
안토호스 Antojos

영화 〈아바나 블루스〉의 영화 포스터 같은 배경에 클래식 카 앞머리를 뚝 잘라 만든 소파 등 벽면의 그림과 인테리어에 시선이 뺏기는 곳이다. 쿠바 음악의 거장 베니 모레Benny Moré와 영화 〈부에나 비스타 소셜 클럽〉의 콤파이 세군도Compay Segundo까지, 이 정도면 아바나 인증샷은 여기서 꼭 찍어야 할 것 같다. 오픈한지 얼마 되지 않은 레스토랑 안토호스는 다소 투박한 느낌이지만 들여다보면 정성이 가득한 레스토랑이다. 음식도 맛있고 서비스도 좋다. 신선한 샐러드, 달콤함 망고 주스 등 가격은 조금 높은 편이지만 맛이 가격을 커버한다. 날이 좋을 땐 야외 테이블에 앉아 보자.

Data 지도 066p-C
가는 법 카예혼 데 에스파다 골목의 차콘 162 옆집
주소 Callejon de Espada e/ Cuarteles y Chacon, Habana Vieja
전화 5429-2170
운영시간 11:00~00:00
가격 샐러드 5.5쿡, BBQ 폭립 7쿡, 생선 요리 9.5쿡

오토바이 마니아들의 단골집
차콘 162 Chacon 162

독특한 인테리어의 레스토랑 겸 바 차콘 162는 달리고 싶은 욕구가 충만한 사람이라면 더욱 좋아할 것이다. 바 테이블 위에 걸린 오토바이, Route 66의 이정표, 오토바이 마니아를 위한 다양한 디자인의 티셔츠까지, 곳곳에서 보이는 소품에서 알 수 있듯이 오토바이 마니아들의 단골집이기기도 하다. 여름에 내부는 덥지만 날 좋은 날이면 골목 파라솔에서 운치 있게 모히토 한 잔 마시면 좋을 카예혼 데 에스파다 골목의 코너에 위치하고 있다. 음식 양도 푸짐하다.

Data 지도 066p-C
가는 법 카예혼 데 에스파다 골목 입구(차콘 방향)
주소 Chacon 162 esq. Callejon de Espada, Habana Vieja
전화 7860-1386
운영시간 10:00~00:00
가격 파스타 8~13.85쿡, 샐러드 6.5~8쿡, 수프 4~8쿡

보기와 달리 여기 맛집
테니엔테 레이 360 Teniente Rey 360

식당 이름에 들어가는 테니엔테 레이는 식당이 위치한 골목의 옛 이름이다. 지금은 브라질Brasil 거리로 바뀌었지만, 예전 이름은 테니엔테 레이Teniente Rey였다. 좁은 입구와 실내, 특별한 점은 없어 보이지만 정성 가득한 플레이팅, 맛깔스러운 음식을 보면 생각이 바뀔 것이다. 더위를 식혀줄 시원한 에어컨과 작은 바도 있다. 로파 비에하가 특히 맛있지만, 식사 메뉴 대부분이 중간 이상의 맛을 보장한다. 메인 요리는 별도의 작은 그릇에 담겨 나오고 밥과 야채가 곁들여져 든든하다. 굵게 썰어 깔끔하게 볶은 야채가 맛있다. 좀 더 특별한 요리를 맛보고 싶다면 셰프 추천 메뉴를 고르자. 간혹 손님이 몰릴 때가 있어 기다릴 수도 있다.

Data 지도 066p-C
가는 법 엘 찬추예로 데 타파스 등지고 우측으로 한 블록 반 **주소** Calle Brasil 360 e/ Villegas y Aguacate, Habana Vieja
전화 7860-2916
운영시간 12:00~00:00
가격 로파 비에하 9.5쿡, 쭈꾸미 요리 9.5쿡, 모히토 3쿡

맛집, 멋집, 드라마 〈남자친구〉의 그 집
이반 셰프 후스토&알 카르봉 Ivan Chef Justo&Al Carbon

드라마 〈남자친구〉에 나온 레스토랑이자 윌 스미스, 패리스 힐튼, 조디 포스터 등 유명 할리우드 배우들이 찾아 이미 쿠바에선 유명한 레스토랑이다. 복고풍의 인테리어, 알록달록한 꽃무늬 테이블보 등 빈티지한 멋을 느낄 수 있는 곳이다. 벽면은 오래된 사진으로 가득하고 다양한 모양의 벽시계, 테이블에 놓인 오래된 LP판도 시선을 끈다. 음식 맛이 좋고 양도 푸짐하다. 플레이팅은 개성이 넘친다. 가격이 저렴한 편은 아니지만 음식의 양, 맛, 서비스, 그리고 분위기를 생각하면 가격 이상의 가치를 한다. 가게 앞에 있는 간판에는 알 카르봉이라고 적혀 있지만 이 레스토랑의 또 다른 이름은 오너이자 셰프인 이반 로드리게스의 이름을 따서 이반 셰프 후스토라고 불린다. 이 레스토랑에 간다면 아기 돼지로 요리한 레초나토 아호가도 Lechonato Ahogado는 꼭 맛보길 추천한다.

Data 지도 066p-C **가는 법** 혁명 박물관 야외 전시장을 등지고 올드 아바나 방향 코너의 노란색 건물 **주소** Calle Aguacate 9, esq a Chacon **전화** 7863-9697
운영시간 12:00~00:00 **가격** 레초나토 아호가도 19.35쿡(2인 가능), 포요 아사도(치킨 요리) 13.25쿡

SLEEP

오비스포 거리 부티크 호텔
플로리다 호텔 Hotel Florida

1836년에 지어 1855년에 오픈한 객실 수 25개의 부티크 호텔로 오비스포 거리 가운데 위치하고 있다. 고풍스러운 식민지 풍 건물의 입구는 좁지만 분위기 있다. 로비에 웅장하면서도 아름답게 솟은 기둥을 따라 시선을 올리면 호텔의 2층 테라스와 함께 유리로 된 천장을 통해 하늘이 보인다. 우기엔 떨어지는 빗줄기가 더 운치 있다. 깔끔한 룸과 서비스, 올드 아바나의 주요 관광지와 가까워 여행자들에게 인기다. 호텔 1층의 바 플로리다는 매일 밤 살사를 출 수 있어 아바나 춤꾼들의 발길이 끊이질 않는다.

Data 지도 067p-E
가는 법 오비스포 거리를 걷다 쿠바 거리와 만나는 코너
주소 Obispo No 252, esq a Cuba
전화 862-4127
요금 스탠다드 싱글 190쿡~ (조식 포함)

헤밍웨이가 즐겨 찾은 곳
암보스 문도스 호텔 Hotel Ambos Mundos

총 객실 수는 52개로 1931년에 완공되었다. 헤밍웨이가 『누구를 위하여 종을 울리나』를 집필한 이 호텔의 511호는 작은 박물관이다. 화려하지 않은 호텔 로비, 낡은 건물이지만 매일 많은 관광객들의 발길이 끊이지 않는다. 로비에서 나오는 피아노 선율은 클래식한 호텔의 느낌을 더 살린다. 헤밍웨이의 추억과 찾기 쉬운 위치, 꼭대기 층의 루프톱 바는 이곳을 꼭 들러야 할 이유다. 1930년대에 만들어진 철제 엘리베이터는 마치 영화 속으로 들어온 느낌이다.

Data **지도** 067p-F **가는 법** 오비스포 거리 끝 무렵에 메르카데레스 거리와 만나는 코너 **주소** Obispo No 153, esq. a Mercaderes **전화** 860-9529 **요금** 스탠다드 싱글 150쿡~(조식 포함)

위치와 가격으론 이곳이 최고
카사 오달리스 Casa Odaly's

오래된 아파트의 작은 방 두 개를 카사로 운영하는 곳. 도미토리 형식이므로 낯선 여행자와 방을 같이 사용해야 할 수도 있다. 남녀 2인 도미토리로 된 2개의 방에는 침대가 2개씩 있고 욕실은 방의 가운데에 있어 양쪽의 방이 같이 사용한다. 주인이 거주하지 않아 여행자가 편하게 사용할 수 있는 것은 장점이다. 하루에 2회 깔끔하게 청소를 해주고 빨래도 무료다. 올드 아바나의 중심에 위치하고 있어 밤거리를 다니기에 좋다. 새벽에 시끄럽고 물이 약하게 나오는 것이 단점이나 가격을 생각하면 이보다 나은 곳은 많지 않다.

Data **지도** 067p-D **가는 법** 바카르디 빌딩에서 산후안 데 디오스 골목을 따라 세 번째 블록 좌측 **주소** San Juan de dios No 112, 1er. Piso, Apto. 1B e/ Aguacate y Compostela **전화** 861-72807 / 53818944 **요금** 10쿡(조식 포함) **예약** odalys1961@nauta.cu

아담하고 친절한 카사
카사 이봉 Casa Ivone

올드 아바나 말레콘 반대편의 작은 골목에 있는 아담한 카사다. 2층은 작은 거실과 주방, 방 하나가 있다. 독일인과 쿠바인이 함께 운영하는 곳으로 메일로 예약 시 특별한 사정이 없는 한 회신이 빠르다. 방에는 퀸 사이즈 침대 1개가 있고 깔끔하다. 중앙공원도 도보로 가까워 위치도 나쁘지 않다. 바로 앞에 학교가 있어 아침엔 아이들의 소리를 생생하게 듣게 된다. 보통은 2층의 방 하나를 게스트용으로 이용하는데 인원에 따라 3층의 공간도 대여할 수 있으니 메일로 문의하자. 아침이 포함이다.

Data 지도 066p-E
가는 법 Luz 거리 올드 아바나 방향 두 번째 블록에서 우회전 후 우측 **주소** 2F, Picota 8, Habana Vieja **전화** 861-0155 **요금** 30~55쿡(시즌에 따라 다름) **예약** juan1.1@gmx.de

고급스러운 카사
호스탈 델 앙헬 Hostal del Angel

앙헬 교회 바로 옆 건물 2층에 위치한 호스텔이다. 넓은 거실과 테라스에서 바라보는 올드 아바나의 풍경이 아름답다. 높은 천장, 넓은 거실 그리고 벽면 가득한 사진. 1914년에 지어진 건물로 곳곳에는 세월의 흔적과 함께 고풍스러움이 남아 있다. 넓고 깔끔한 욕실은 현대식으로 만들었지만 변기와 욕조, 세면대는 당시의 것을 그대로 남겼다. 투박하면서도 멋스러운 느낌이 고스란하다. 가격이 비싸지만 위치, 시설 그리고 서비스 면에서 올드 아바나에서 가장 추천하는 호스텔이다. 혁명 박물관이 걸어서 3분 거리, 말레콘도 가깝다. 앙헬 외에도 근처 카사 아바나 101과 카사 프라도를 같이 운영한다.

Data 지도 066p-C
가는 법 앙헬 교회 정면에서 바로 우측 건물 2층 **주소** Calle Cuarteles No 118, A2nd Floor, e/ Avenida y las Misiones **전화** 860-0771 **요금** 75~120쿡 **홈페이지** www.pradocolonial.com **예약** hostalelangel@gmail.com

뮤지션이 운영하는 카사
호스탈 산 크리스토발 데 라 아바나 Hostal San Christobal de la Habana

올드 아바나 골목 1층에 위치한 곳이다. 들어서면 바로 오래된 작은 소파가 있는 거실이 있고 안쪽으로 쭉 들어가면 주인집이다. 작은 계단을 오르면 2층에 게스트용 숙소가 나온다. 주인은 부에나 비스타 소셜 클럽의 엘리아데스 오초아 Eliades Ochoa와 앨범 작업을 함께한 뮤지션으로 2012년 그래미상 수상 트로피가 집안에 있다. 룸은 깔끔하고 에어컨과 기본 시설이 잘 갖추어져 있다. 1층의 안쪽 방은 창이 없는 것이 단점이다. 카사 오달리스와 가깝다.

Data 지도 067p-D
가는 법 바카르디 빌딩에서 산 후안 데 디오스 거리 세 번째 블록 좌측
주소 San Juan de dios No 104 e/ Aguacate y Compostela
요금 35~40쿡(조식 불포함)
전화 786-73216 / 52780241
예약 catycazarin@yahoo.com.mx / geovanismail@gmail.com

깔끔하고 위치 좋은 카사
호스탈 무라야 Hostal Murralla

비에하 광장 라 팍토리아 플라사 비에하 건물을 끼고 우측으로 돌면 2층으로 오르는 계단이 나온다. 낡은 아파트의 좁고 어두운 계단을 오르면 제법 괜찮은 복도가 나오는데 우측의 첫 번째 문이 호스탈 무라야다. 깔끔한 인테리어와 잘 정리된 거실은 이곳이 올드 아바나의 낡은 아파트라고는 상상할 수 없게 한다. 흑백이 조화를 이루는 내부 인테리어는 깔끔하고 세련미가 물씬 묻어난다. 거실이 넓고 복층으로 되어 있다. 2층에 여행자용 방이 있고 침실과 샤워실은 현대식이다. 호스텔 비에하와 붙어 있으니 혼동하지 말 것. 기본 시설을 모두 갖추었고 가격 대비 위치 및 시설이 좋다. 단, 방이 넓지 않다. 밤늦게까지 술을 마실 수 있다는 것은 장점이지만 택시가 들어갈 수 없는 곳이라 트렁크 가방을 끌고 이동하기엔 불편하다.

Data 지도 066p-E 가는 법 비에하 광장의 맥줏집 라 팍토리아 플라사 비에하의 2층 주소 Muralla No 160 e/ San Ignacio y Cuba, Plaza Vieja 전화 52905103 / 54498744 요금 35~40쿡(조식 불포함)
예약 fernan.g@nauta.cu / yoyiloco@nauta.cu

위치와 시설 갑

그란 호텔 만사나 캄핀스키 라 아바나 Gran Hotel Manzana Kampinski La Habana

쿠바 최초 유럽 스타일 쇼핑몰이 있던 건물을 리모델링하여 오픈한 호텔이다. 중앙공원이 한눈에 내려다보이는 뷰가 이 호텔의 자랑이다. 모던한 실내와 거의 손대지 않아 클래식한 외관의 조화가 돋보인다. 1층에는 쿠바에서 보기 힘든 명품 브랜드 숍에 다수 입점해 있는 아케이드 쇼핑몰이 있다. 특히 중정을 둘러싸고 객실이 있어 밝은 자연광이 들어 아름답다. 총 객실 수는 246개다. 숙박료가 비싼 편이지만 편안한 잠자리가 보장되고 좋은 위치에 있는 숙소에서 묵고 싶다면 단연 최고의 호텔이다.

Data **지도** 066p-C **가는 법** 중앙공원 국립미술관 국제관 앞
주소 Calle San Rafael e/ Monserrate y Zulueta, Habana Vieja **전화** 869-9100
요금 400쿡~ **홈페이지** www.hotelmanzana.com

〈트래블러〉의 그곳

카사 라 갈레리아 Casa La Galleria

Jtbc 예능 프로그램 〈트래블러〉에 등장했던 럭셔리한 카사. 1960년에 지어진 4층짜리 건물을 사용한다. 1층은 주방 겸 식당, 2~4층이 객실이다. 층마다 넓은 거실이 있고, 거실 벽에는 그림이 가득해 갤러리를 연상시킨다. 넓은 소파, 미니 주방과 냉장고도 있어 편리하다. 작은 테라스에서는 올드 아바나 골목의 정취를 느낄 수 있다. 1층의 넓은 공간은 갤러리로도 사용되며, 안쪽의 작은 공간이 주방 겸 식당이다. 각 층마다 큰 방이 3개인데 그중 2개는 화장실을 같이 사용한다. 대신 침대가 넓다. 나머지 방은 객실에 화장실이 있고 침대가 조금 작다. 룸은 개별 대여가 불가하고 층별로 대여할 수 있는데, 홈페이지에서는 6인이 적당하다고 소개하고 있으나 5명 정도의 인원이 사용하기에 적합하다. 조식은 불포함이고 6쿡이다.

Data **지도** 066p-C **가는 법** 혁명박물관 야외 전시장에서 올드 아바나 방향 두 블록
주소 Compostela 110, e/ Empedrado y Tejadillo, Habana Vieja
전화 52789684(핸드폰 번호) **요금** 160쿡~ **예약** yaimagodinez@gmail.com

예쁜 쿠바의 카사
카사 얼바나 Casa Urbana

올드 아바나의 위치 좋은 곳에 있는 카사다. 방은 2개로, 각 방마다 싱글 침대 2개가 놓여 있다. 방이 크거나 화려하지는 않지만 거실과 식당, 룸 상태가 깔끔하다. 건축과 디자인에 전문가인 부부가 만들어 인테리어가 돋보인다. 곳곳에서 작은 소품을 발견하는 재미가 있을 것이다. 최소 4명 이상이 묵으면 가장 좋다. 가격이 조금 비싼 편이지만 가격이 아깝지 않을 서비스를 제공한다. 정성이 가득하고 맛있는 조식은 5쿡이다.

Data 지도 066p-C
가는 법 혁명박물관 야외 전시장에서 올드 아바나 방향 한 블록 반
주소 Calle Villegas 62, e/ San juan de Dios y Empedrado, Habana Vieja
전화 212-5023
요금 180~220쿡
예약 info@1traveling.com

아담하고 깔끔한 카사
카사 무라야 스윗 Casa Muralla Suite

인테리어를 새롭게 한 카사로, 오픈한 지 얼마 되지 않았다. 복층 구조로, 1층에 싱글 침대 2개가 있는 방 하나가 있고, 2층에 더블 침대 1개가 있는 방 하나가 있다. 각 층마다 화장실이 따로 있어 편하다. 또 1층에는 간단하게 커피나 식사를 할 수 있는 조리 시절이 잘 갖추어져 있어 좋다. 큰 냉장고엔 물, 맥주, 와인 등도 구비되어 있다. 넓지도 작지도 않은 크기의 거실의 작은 미니 테라스에서는 올드 아바나의 무라야 거리가 한눈에 보인다. 접근성도 나쁘지 않다. 도보 세 블록 에 비에하 광장이 있고, 반대쪽으로 도보 두 블록이면 카피돌리오다. 카사는 일반적으로 집 하나 단위로 렌트를 하는 시스템이기 때문에, 개별 룸을 예약할 경우에 별도로 문의를 해야 한다. 조식은 불포함이다.

Data 지도 066p-E
가는 법 비에하 광장에서 무라야 길을 따라 네 블록 우측 (카피톨리오 방향)
주소 Calle Muralla 620, e/ Compostela y Habana, Habana Vieja
전화 5680-1847 / 52641179(핸드폰 번호)
요금 88쿡~

Habana By Area

02

센트로 아바나
CENTRO HABANA

파세오 데 마르티(구 프라도 거리)를 기준으로 올드 아바나와 센트로 아바나가 나누어진다. 많은 여행자들이 올드 아바나로 몰리지만 센트로의 매력도 만만치 않다. 쿠바의 랜드마크인 카피톨리오를 비롯하여 아바나 대극장과 잉그라테라 호텔, 중앙공원과 말레콘이 여기에 있다. 카피톨리오 앞의 넓은 대로엔 올드 카가 가득하고 중앙공원에 반질반질 윤이 나는 클래식 카가 손님을 기다리고 있다. 투어버스가 출발하는 곳은 늘 잉그라테라 호텔 앞이다. 마차와 꼬꼬택시와 자전거 택시까지 어우러지는 아바나의 중심이 바로 센트로 아바나다. 올드 아바나가 오랜 멋을 간직하고 조용하게 여행자를 맞는다면 센트로는 조금 더 세련되고 활기차게 여행자를 맞는다. 아바나 여행의 또 다른 멋, 센트로 아바나로 떠나보자.

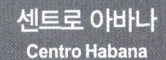

센트로 아바나
Centro Habana

0 — 200m

모로 성
Castillo de los Tres Reyes del Morro

산 살바도르 데 라 푼타 박물관/요새
Museo de San Salvador de la Punta

혁명박물관
Museo de la Revolución&Granma

Ave. Antonio Maceo

말레콘
Malecón

San Lazaro Colón Consulado Agramonte

San Lazaro

Lagunas

카사 메리&미구엘
Casa Mary&Miguel
카페 아르크앙헬
Café Arcangel

엘 비키
El Bicky

Animas

파세오 데 마르티
(구 프라도 거리)
Paseo de Marti

라 과리다
La Guarida

Virtudes

종합병원
Hospital Hermanos Ameijeiras

Concordia

Ave. Italia

텔레그라포 호텔
Hotel telegrafo

이베로스타 파르케 센트랄
Iberostar Parque Central

Neptuno

중앙공원
Parque Central

Marques Gonzaz Lucena Padre Varela

San Miguel

호스탈 라 레헨테
Hostal La regente

잉그라테라 호텔
Hotel Ingratera

아바나 국립미술관(국제관)
Museo Nacional de Bellas Artes de La Habana

Compostela Aguacate

San Rafael

San Nicolás

Lic. Ihovanna y Gerardo

Industria

산 크리스토발
San Cristobal

시오마라 카사
Casa Xiomara

카피톨리오
Capitolio Nacional

알리시아 알론소 아바나 대극장
Gran Teatro de La Habana Alicia Alonso

San Martin

Brasil

Zanja

Dragones

Rayo

Barcelona

Amistad

카사 호아키나
Casa Joaquina

Cristo Bernaza Villegas

Salud

Santiago

Ave. Simón Bolivar

• Iglesia Del Sagrado Corazon de Jesus

Apodaca

Gloria

중앙역
Estacion Central de Ferrocarril

San Carlos Lealtad

파르타가스 시거 팩토리
Partagas Cigar Factory

아바나의 상징

카피톨리오 Capitolio Nacional 🔊 카피톨리오 나시오날

1929년에 완공된 네오 클래식과 아르누보 양식의 건축물. 쿠바의 랜드마크다. 1959년 혁명 이전까지는 국회의사당으로 운영되었고, 이후 2013년까지 인터넷 카페 및 쿠바 국립 과학도서관으로 운영되었다. 미국 국회의사당을 설계한 건축가의 작품이라 미 국회의사당의 축소판으로 부르기도 한다. 2013년부터 시작된 대대적인 리모델링 공사는 2019년 아바나 500주년에 맞춰 끝났다. 1층 로비에는 쿠바의 중심이라 불리는 24캐럿 다이아몬드 모조품이 있다. 공사가 끝난 후 박물관으로 새롭게 오픈했다. 단, 관람은 오디오 가이드를 동반한 단체 투어만 가능하다. 회당 약 30분 정도 소요된다. 투어 시간은 월, 화, 금, 토 10~16시 사이 매 정시(1시엔 투어 없음) / 수, 일요일은 10~12시 매 정시 세 타임이다. 입장권은 건물을 등지고 우측 계단 아래에서 구입하면 된다. 한 그룹당 20명으로 제한한다고 안내하고 있으나 제한 여부는 그때그때 다르다.

Data 지도 109p-F
가는 법 아바나 대극장 좌측 큰 돔형의 건물
주소 Paseo de Martí e/ Industria y San Martín
전화 801-7451 / 801-1135
운영시간 10:00~16:00
요금 10쿡

쿠바 최초의 호텔
잉그라테라 호텔 Hotel Ingratera 호텔 잉그라테라

1875년에 오픈한, 아바나에서 가장 오래된 호텔이다. 유명인들이 투숙했던 것은 물론이고 지금도 가장 좋은 위치에 있는 인기 호텔이다. 안으로 들어서면 화려하지 않지만 고급스러움이 묻어나는 로비, 작은 레스토랑이 있다. 인터넷 카페는 늘 사람들이 붐빈다. 호텔 야외에 있는 바와 카페는 저녁이면 살사 판이 벌어지는 곳이다. 라이브 밴드의 음악에 춤을 출 수 있어 여행자들에게 인기다. 스페인어로 잉그라테라는 잉글랜드를 뜻한다. 그러나 호텔은 영국 스타일이라기보다 신고전주의적 스타일로 다양한 문화가 융합된 것이라 볼 수 있다. 투숙객이 아니어도 한 번쯤 방문해 볼 만하다. 낡고 오래됨이 풍기는 은은한 매력을 가진 호텔이다. 호텔 앞의 와이파이를 사용하는 현지인들로 붐빈다. 1층엔 인터넷 카페와 여행사 부스, 레스토랑, 바가 있다. 호텔 데스크에서는 인터넷 카드를 판매한다.

Data 지도 109p-D 가는 법 알리시아 알론소 대극장 옆 주소 Paseo de Marti No 416

아바나의 람블라스 거리
파세오 데 마르티(구 프라도 거리) Paseo de Marti

프라도 거리로 오랫동안 불려오다 최근 파세오 데 마르티로 이름이 바뀌었다. 200년 넘게 사랑받고 있는 아바나에서 가장 아름다운 길이다. 1830년 바르셀로나의 람블라스 거리를 본떠 만든 것으로 중앙공원에서 시작해 말레콘까지 이어지는 약 2km의 거리다. 우거진 나무가 그늘을 만들어 걷는 것이 즐겁다. 벤치가 있어 쉴 수 있고 거리 주변으로 오래된 건물, 바와 레스토랑, 카페가 즐비하다. 2016년 5월 3일 샤넬의 2017 크루즈 라인 패션쇼가 이곳에서 열려 큰 이슈가 되기도 했다. 샤넬은 이 거리 전체를 쇼의 메인 무대로 이용했다.

Data 지도 109p-D
가는 법 중앙공원에서 말레콘 방향 가운데 길

쿠바 예술의 중심
알리시아 알론소 아바나 대극장 Gran Teatro de La Habana Alicia Alonso
🔊 그란 테아트로 데 라 아바나 알리시아 알론소

센트로 아바나를 지나다 보면 유난히 눈에 띄게 아름다운 건물이 있다. 밤이면 은은한 불빛이 더욱 매혹적으로 만드는 건물, 바로 알리시아 알론소 아바나 대극장이다. 카피톨리오 바로 옆에 있다. 1838년에 지었던 타콘 극장의 자리에 건축가 파울 벨라우가 1915년에 현재의 모습으로 완공하였다. 라틴 아메리카에서 가장 오랫동안 운영하고 있는 대극장으로 바로크 양식으로 건물 외부를 가득 채운 조각이 부드러움과 섬세함을 더한다. 극장의 이름은 스페인 극작가의 이름을 딴 가르시아 로르카였으나 알론소의 제의로 1985년 아바나 대극장으로 바뀌었다가 2016년 1월, 그녀의 이름을 딴 지금의 이름으로 다시 개명되었다. 약 3년간의 보수 공사를 통해 다시 문을 열었다. 알리시아 알론소는 쿠바의 살아 있는 전설적인 프리마 발레리나다. 1500석 규모의 대강당은 발레뿐 아니라 콘서트, 댄스 등 다양한 공연이 열린다. 1960년 이후 국제 발레 페스티벌의 메인 무대기 되어왔고 2016년 3월 미국의 버락 오바마 대통령의 역사적인 연설이 이곳에서 있었다. 관람은 매 30분 단위로 모아 가이드 설명과 함께 가능하다. 공연장 외에도 테라스에서 바라보는 풍경과 화려한 내부 공간을 볼 수 있다.

Data 지도 109p-D **가는 법** 카피톨리오와 잉그라테라 호텔 사이
주소 Paseo de Martí **전화** 862-9473 **운영시간** 09:00~16:00 **요금** 5쿡(공연료 별도)

쿠바의 프리마 발레리나, 알리시아 알론소

1921년 12월생으로 쿠바 발레의 살아 있는 전설이다. 본명은 에르네스티나 데 라 카리다드 마르티네스 호야. 비교적 부유한 가정에서 태어난 탓에 어려움 없이 자랐고 일찍부터 음악과 발레를 시작했다. 그녀가 활동할 당시의 이름은 알론소 마르티네스였다. 1941년 망막에 문제가 있다는 의사의 진단을 받게 된다. 수술을 하고 회복을 기대했지만 몇 번의 수술과 노력에도 불구하고 한쪽 눈의 시력은 다시 정상으로 돌아오지 않았다. 그럼에도 불구하고 눈물겨운 연습을 통해 파트너와의 정확한 호흡을 이어갔고 조명 등을 이용해 완성도 높은 공연을 계속할 수 있었다. 결혼 후 뉴욕에서 살던 그녀는 1948년 다시 아바나로 돌아와 발레단을 만든다. 이후 이 발레단은 쿠바의 국립 발레단이 되었다. 그녀는 러시아의 볼쇼이 발레단을 비롯, 세계의 다양한 팀과 활발한 공연을 이어갔고 수많은 제자를 양성했다. 그녀가 보여준 지젤의 연기는 가장 아름답고 신비하고 관능적인 연기로 남아 있다. 사진 출처:www.balletcuba.cult.cu

아바나 여행의 이정표
중앙공원 Parque Central 파르케 센트랄

아바나 여행의 중심이자 모든 관광이 시작되는 곳이다. 1877년에 완공된 공원으로 주변으로는 오래된 호텔과 박물관, 극장 등의 명소들이 근접해 있다. 구상나무가 무성한 광장에는 호세 마르티의 첫 번째 동상이 있다. 1875년까지 이 공원에는 스페인 여왕 엘리자베스 2세의 동상이 있었다. 그러나 독립 이후 1905년에 호세 마르티 동상으로 바뀌었다. 호세 마르티는 쿠바의 독립 영웅이자 국민 시인으로 쿠바인에게 가장 사랑받는 역사적인 인물이다. 다양한 클래식 카와 투어버스의 시작도 이곳이다. 밤낮으로 공원은 현지인뿐 아니라 여행자의 휴식처가 되어준다.

Data 지도 109p-D
가는 법 잉그라테라 호텔 맞은편

아바나 명물, 핀 홀 카메라 Pin hole Camera

일명 '바늘구멍 사진기'라 불리는 카메라다. 흔히 볼 수 없는 카메라지만 아바나, 특히 카피톨리오 앞에서 많이 볼 수 있었고 핀 홀 카메라맨은 카피톨리오의 명물이었다. 지금은 사진사 아저씨들이 많이 사라졌지만 중앙공원 부근에는 아직 활동하는 몇 명의 사진사가 있다. 아바나 핀 홀 카메라 사진사들은 카피톨리오나 중앙공원 같은 랜드마크를 배경으로 관광객들의 기념사진을 촬영해준다. 여행객에게는 카메라 자체가 신기한 구경거리다. 카메라는 보통 100년 정도 된 것으로 낡을 대로 낡았다. 통처럼 생긴 카메라의 한쪽에는 바늘구멍처럼 작은 구멍이 있고 반대쪽에는 필름이 장착되어 있다. 구멍을 통해 들어오는 빛을 받아 촬영하기 때문에 장시간 노출이 필요하다. 사진을 찍고 현상되기까지의 과정을 보는 것도 재미다. 핀 홀 카메라를 만나면 한 장쯤은 찍어보는 것도 좋겠다.

라틴 아메리카 최고 컬렉션
아바나 국립미술관-국제관
Museo Nacional de Bellas Artes de La Habana
🔊 무세오 나시오날 데 베야스 아르테스 데 라 아바나

1913년에 처음 설립되었다가 1954년 새로운 건물로 이전한 국립박물관&미술관이다. 건축가 피카르도의 작품으로 대리석으로 만든 웅장하고 아름다운 건축물이다. 겉에서 보아도 그 화려함이 돋보인다. 모두 3개의 층에 16세기부터 20세기까지의 유럽의 예술 작품을 전시하고 있다. 쿠바관에 비해 인기가 덜하지만 건축물과 전시물 모두를 보는 재미는 이곳도 만만치 않다. 라틴 아메리카 전역의 작품을 모은 가장 큰 컬렉션이자 카리브해 최고의 미술관으로 손꼽힌다. 쿠바관은 현대적인 건물, 국제관은 오래된 궁전으로 대조적이다.

Data 지도 109p-D **가는 법** 중앙공원에서 아바나 대극장 반대편 방향 길 건너 **주소** Agramonte y San Martin **운영시간** 화~토 10:00~18:00, 일 10:00~14:00 **요금** 5쿡(쿠바관과 동시 관람 시 8쿡)

전망 좋은 박물관
산 살바도르 데 라 푼타 박물관/요새 Museo de San Salvador de la Punta
🔊 무세오 데 산 살바도르 데 라 푼타

올드 아바나에서 말레콘으로 걷다 보면 공원처럼 크게 만들어진 광장과 총포가 보인다. 산 살바도르 데 라 푼타 박물관이다. 스페인 식민지 시절에는 모로 성으로부터 250m의 체인을 이용해 매일 밤 아바나 항을 닫았던 곳이다. 이탈리아인 조반니 바티스타 안토넬리라는 공병이 설계하여 1589~1600년 사이에 지어졌다. 아바나의 4개 요새 중 하나였던 것으로 2002년부터 지금의 박물관으로 사용 중이다. 스페인 식민지 시절의 함대와 관련한 선박 정보 등을 전시하고 있다. 이곳에서 바라보는 바다의 풍경이 특히 아름답다.

Data 지도 109p-B **가는 법** 올드 아바나에서 말레콘이 시작되는 초입 **주소** Paseo de Marti (Prado) y Av. del Puerto **운영시간** 수~일 10:00~18:00 **요금** 6쿡

아바나의 명물
말레콘 Malecon

베다도에서 올드 아바나까지 이어지는 8km에 달하는 아바나의 방파제다. 말레콘은 방파제라는 뜻이다. 해안 파도로부터 도시를 보호하려 만든 것이 지금은 아름다운 해안 도로로 아바나 시민들의 휴식처이자 아바나의 명물이 되었다. 1901년에 공사를 시작해 모든 구간의 공사가 끝난 것은 1952년이라고 한다. 여름 장마철, 바람과 파도가 거셀 땐 높은 파도가 도로까지 덮쳐 도로가 통제되기도 한다. 우기가 끝난 10월에도 간혹 파도가 도로를 덮쳐 물세례를 맞을 수 있으니 늘 긴장해야 한다. 노을이 지는 저녁이 특히 아름답다. 관광객뿐만 아니라 낚시하는 사람, 연주하는 사람, 데이트하는 연인이 많다.

Data 지도 109p-C
가는 법 파세오 데 마르티 거리를 따라 센트로 반대 방면 끝 해안 도로

아담하고 예쁜 카페
카페 아르크앙헬 Café Arcangel

찰리 채플린의 흑백 영화가 작은 삼성 브라운관을 통해 흘러나온다. 아담하게 꾸며진 작은 카페에는 주인아주머니가 여행에서 모은 아기자기한 소품들이 한가득이다. 쿠바에선 보기 힘든 스타벅스 시티 머그컵, 이스탄불과 서울, 런던 등 다양한 시티의 머그컵이 벽면에 장식되어 있다. 부부와 젊은 아들이 함께 운영하는 카페 겸 레스토랑으로 게스트 하우스(카사)도 겸하고 있다. 아침식사와 함께 마시는 진한 에스프레소의 맛을 음미하기 딱 좋은 곳이다. 위치가 찾기 쉽지는 않지만 센트로 아바나를 걸어서 돌아본다면 찾아서 가볼 만한 예쁜 카페다.

Data 지도 109p-C 가는 법 카피톨리오에서 콘코르디아 거리 직진 중 왼쪽 주소 Concordia No 57 e/ Ave de Italia&Aguila 전화 867-7495 운영시간 08:30~22:00 가격 샌드위치 4쿡, 아메리칸 브렉퍼스트 3.5쿡(커피 포함), 아메리카노 1쿡 홈페이지 www.cafearcangel.com

영화 〈딸기와 초콜릿〉의 그곳
라 과리다 La Guarida

1993년 쿠바 영화로는 처음 오스카에 노미네이트된 〈딸기와 초콜릿Fresa y Chocolate〉의 촬영 장소였던 빌딩에 오픈한 레스토랑이다. 식당에 직접 가보면 왜 영화가 이곳을 촬영지로 섭외했을지 이해가 간다. 1900년대 초에 지어진 건물은 오랜 시간이 지나도 멋스러움을 유지한 기품이 느껴진다. 레스토랑의 벽에는 영화의 장면이나 이곳을 다녀간 유명 배우, 스타들의 사진이 가득해 유명세와 세월을 함께 말해준다. 음식과 서비스도 좋지만 특히 압권은 테라스와 루프톱이다. 식당과 같은 높이의 테라스는 저녁 시간에 가장 인기 있는 곳이고, 좁은 원형의 철제 계단을 오르면 만나는 루프톱은 사방 펼쳐지는 아바나의 풍경에 감탄사 절로 나온다.

Data 지도 109p-C 가는 법 종합병원에서 두 블록 반 주소 Concordia No.418 e/ Gervasio y Escobar, Centro Habana, La Habana 전화 7866-9047 운영시간 12:00~23:45(브레이크 타임 16:00~18:00) 가격 메인 요리 15~20쿡, 샐러드 7쿡, 모히토 4쿡 홈페이지 www.laguarida.com

센트로 아바나 맛집
엘 비키 | El Bicky

겉모습은 여느 건물처럼 허름하지만 꽤 유명한 맛집이다. 식사 시간에 예약 없이 간다면 밖에서 줄을 서야 한다. 카페테리아, 제과점, 레스토랑이 한 건물이다. 1층이 제과점과 카페테리아고, 2층이 레스토랑이다. 1층은 캐주얼한 분위기인 반면 2층 레스토랑은 고급스러운 분위기다. 외국인보다 현지인으로 늘 붐비는 곳이니 바쁜 시간을 피하거나 예약 후 가보자. 쿠바 고위 간부의 딸이 이곳의 주인이라는 소문이 있다.

Data **지도** 109p-C 지도 밖 **가는 법** 산 라사로 거리 대로변 코너
주소 e/ San Lazaro y Concordia, Centro Habana **전화** 7879-6406 **운영시간** 12:00~00:00
가격 랍스터 15쿡, 피자 4쿡(추가 메뉴 1.5~7쿡), 스파게티 2.5쿡~ **홈페이지** www.elbiky.com

Data **지도** 109p-C
가는 법 잉그라테라 호텔에서 산 라파엘 거리 아홉 블록(센트로 아바나 방향) **주소** San Rafael 469, e/ Lealtad y Campanario, Centro Habana **전화** 7867-9109
운영시간 월~토 12:00~00:00
가격 스테이크 15쿡, 그릴 랍스터 20쿡, 모히토 3.5쿡

평범한 듯 특별한 듯
산 크리스토발 San Cristobal

평범한 녹색 대문 때문에 겉으로 보기에는 지나치기 쉽지만 식사 시간대에는 예약을 해야 할 정도로 인기 있는 레스토랑이다. 오바마 대통령을 비롯해 많은 유명인들이 들렀던 곳으로 유명하고 쿠반 스타일 베이스라 여행자에게도 특별하다. 20세기 초반에 지어져 높은 천장에 오래된 앤티크 가구들이 돋보인다. 양도 푸짐하고 음식은 맛있다. 가끔 식사 후에 럼과 시가를 서비스로 줄 때도 있다. 화려하게 꾸며진 현대식 인테리어가 식상하다면 산 크리스토발을 추천한다. 쿠바스러움이 물씬 느껴지는 현지인의 인기 레스토랑이다.

아바나 최초의 호텔

잉그라테라 호텔 Hotel Inglaterra

알리시아 알론소 대극장 바로 옆에 쌍둥이처럼 나란히 서 있는 건물이다. 은은한 컬러의 외벽은 촌스러운 듯하지만 분위기 있다. 19세기에 지어진 건물답게 내부는 차분하면서 은은하다. 역사와 전통을 가진 호텔이지만 화려함보다 수수함에 가깝다. 대부분의 여행이 이곳의 맞은편 공원에서 시작한다. 가장 번화하면서 유명한 여행 스폿 중 하나로 83개의 룸을 가진 4성급 호텔이다. 1층에는 여행사 부스 2개, 인터넷 카페와 레스토랑이 있다. 중앙공원이 바라보이는 야외 바는 여행자의 쉼터다. 저녁이면 라이브 살사 밴드의 공연이 있어 살사 판이 벌어진다. 스페인어로 '잉글랜드'라는 뜻의 이름이지만 영국 스타일이지만은 않다. 신고전주의 양식으로 19세기 건축의 아름다움을 느낄 수 있다. 호세 마르티를 비롯하여 많은 유명인이 투숙했었다. 호텔은 와이파이 사용이 가능하여 주변으로 늘 노트북과 스마트폰을 든 현지인으로 붐비고 뒷골목으로 돌아가면 현지인들의 극장과 쇼핑몰도 있다. 아바나의 센트로, 그 중심의 가장 좋은 위치에 있는 호텔이다.

Data 지도 109p-D
가는 법 알리시아 알론소 대극장 옆 주소 Paseo de Marí, No 416 esq. San Rafael
전화 204-9201 요금 싱글 170쿡~ 홈페이지 www.hotelinglaterra-cuba.com

인테리어가 예쁜 부티크 호텔
텔레그라포 호텔 Hotel Telegrafo

잉그라테라 호텔과 나란히 있는 호텔이다. 늘 관광객들로 붐비는 중앙공원 바로 앞이다. 아미스타드 거리에 1860년 처음 오픈 후 1888년에 지금의 자리로 옮겨왔다. 63개의 룸을 가진 4성급 호텔이다. 그중 주니어 스위트룸은 9개다. 잉그라테라가 고급스럽고 화려하다면 텔레그라포는 현대적인 감각의 건물이다. 파란색과 하얀색의 외벽이 눈에 띈다. 로비의 바는 벽돌과 나무를 그대로 인테리어하여 내추럴한 느낌을 발산한다. 의자는 심플하면서도 디자인이 세련됐고 캐주얼하다. 건물을 등지고 왼쪽으로 길을 건너면 베다도 방향으로 가는 마키나 택시(합승 택시)가 많다.

Data 지도 109p-D
가는 법 잉그라테라 호텔 옆
주소 Prado No 408, Esquina a Neptuno
전화 861-1010
요금 싱글 220쿡~
홈페이지 www.hoteltelegrafocuba.com

전망 좋은 5성급 호텔
이베로스타 파르케 센트랄 Iberostar Parque Central

구역상 올드 아바나로 들어가지만 위치상으로는 센트로 아바나에 속한다. 텔레그라포 호텔에서 중앙공원 방향으로 맞은편에 있는 5성급 호텔로 국제 호텔 체인 이베로스타 중 하나다. 건물은 신관과 구관으로 나뉘는데 지하로 연결되어 있다. 구관은 오래전 건물을 그대로 사용하고 신관은 현대적인 감각으로 새로 지어졌다. 넓은 로비와 레스토랑이 있고 특히 옥상의 풀장은 외부인들에게도 인기다. 중앙공원과 카피톨리오, 아바나의 중심가가 파노라마처럼 펼쳐진다. 시설이나 명성만큼 가격도 비싸다.

Data 지도 109p-D 가는 법 중앙공원에서 올드 아바나 방향 코너
주소 Neptuno e/ Prado y Agramonte 전화 860-6627
요금 싱글 240쿡~ 홈페이지 www.hotelparquecentral-cuba.com

오래된 식민지풍 건물의 편안한 카사
호스탈 라 레헨테 Hostal La Regente(아리엘&야디라 Ariel&Yadira)

넓은 거실과 높은 천장의 식민지풍 2층 건물이다. 오래된 부잣집의 멋이 물씬 묻어나는 고급스러운 카사다. 거실의 천장에는 작은 유리가 있어 햇살이 들어온다. 거실의 문을 열면 전망이 좋고 골목이 한눈에 보인다. 1층에 4개의 방이 있고 나무 계단을 오르면 옥상에 3개의 방이 더 있어 방이 모두 7개다. 옥상에는 야외에 미니 테이블이 있어 전망을 보며 쉬기 좋다. 옥상의 방 중에는 1인용 작은 침대가 있는 도미토리도 있다. 시설이 좋고 카피톨리오에서 가깝다.

Data 지도 109p-D
가는 법 파세오 데 프라도 거리에서 세 블록
주소 Neptuno No 215 1er Piso esq. Amistad
전화 864-1758
요금 30~35쿡(조식 5쿡, 석식 10쿡)
예약 yadira55@nauta.cu

한국인에게 인기 있는 도미토리 카사
요반나 Lic. Ihovanna y Gerardo

한국인들이 많이 찾는 카사 중 한 곳이다. 아파트의 1층과 10층을 여행자용 숙소로 이용하고 있다. 도로에서 바로 연결된 문을 열고 들어서면 사무실 같은 거실이 나온다. 넓은 원탁을 중심으로 벽과 책꽂이엔 다양한 여행 정보가 가득하다. 10층은 엘리베이터로 이동하는데 방이 2개다. 아바나 시내가 한눈에 들어오는 전망은 밤이면 더욱 빛을 발한다. 가격이 저렴하여 장기 투숙자도 많다. 방 하나에 보통 1인용 침대 3개씩 놓여 있다. 가능하다면 10층에 묵을 것을 권한다. 다만, 전력 공급에 문제가 생길 시 엘리베이터 운행이 중단되는 경우가 간혹 있다. 예외적으로 이곳은 선불제다. 센트로에서 가깝고 와이파이 공원도 가까워 여러 가지로 인기 있는 카사다. 2019년 11월 기준 잠시 휴업 중이니 반드시 예약 후 가는 것이 좋겠다.

Data 지도 109p-D 가는 법 카피톨리오 뒤편으로 한 블록 반 주소 Calle San Martin No 202, 10mo Piso Apto. 1003 e/ Amistad y Aguila 전화 863-6005/ (53) 5 2420980 요금 도미토리 10쿡, 개인룸 25쿡(조식 포함) 예약 gera_yovi@yahoo.es

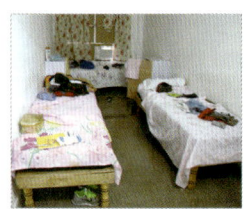

카페가 있는 카사
카사 메리&미구엘 Casa Mary&Miguel

카페 아르크앙헬의 주인이 운영하는 카사다. 카페 왼쪽의 좁은 입구를 따라 들어가면 작은 정원이 나온다. 방은 3개다. 좀 어두운 편이지만 욕실이나 시설이 좋고 주인이 친절하다. 답답한 느낌이 없지 않지만 현대식으로 꾸며진 제법 괜찮은 카사다. 이곳의 강점은 예쁜 카페와 연결된 것과 친절한 주인. 주인 부부 내외와 아들 모두 친절하다. 카페 아르크앙헬은 카사 입구와 연결되어 있고, 아침저녁으로 맛있는 커피와 식사를 하기 좋다.

Data **지도** 109p-C **가는 법** 카피톨리오에서 콘코르디아 거리 직진 중 왼쪽 카페 앙헬 내 **주소** Concordia No 57 e/ Ave de Italia&Aguila **전화** 867-7495 / 268-5451 **요금** 30쿡(조식 3쿡) **홈페이지** www.cafearcangel.com **예약** casamary1913@gmail.com

또 하나의 도미토리 카사
시오마라 카사 Casa Xiomara

한국인과 일본인이 주로 이용하는 도미토리 숙소다. 좁은 아파트 계단을 오르면 넓은 거실이 나온다. 아파트형 복도처럼 된 좁은 통로를 따라 방과 여행자용 주방이 있고 침대는 한 방에 3개씩 있다. 거실의 정보 책에는 다녀간 한국인들의 깨알 같은 정보가 가득하다. 오래된 아파트 2층 테라스에서 바라보는 뷰가 괜찮다. 카피톨리오에서 걸어서 두 블록이라 위치도 좋다.

Data **지도** 109p-F **가는 법** 카피톨리오에서 산 마르틴 거리를 따라 걷다 아귈라 거리와 만나면 좌회전 후 우측 **주소** Calle Águila No 506 e/ San Jose y Barcelona **전화** 863-9398 / 5539-06889(핸드폰 번호) **요금** 10쿡(조식 포함, 도미토리) **예약** xiomarahdiez @gmail.com / yaimaraanahf@gmail.com

배낭여행자를 위한 공간
카사 호아키나 Casa Joaquina

아바나에선 일찍부터 여행자들의 입을 오르내리던 전설의 도미토리 카사가 있다. 그중에서도 대표적인 숙소가 카사 호아키나다. 도미토리로 저렴하게 운영하고 많은 여행 정보가 손에서 손으로 전해 내려오면서 자연스럽게 여행자들에겐 아바나 숙소의 성지순례처럼 된 곳이다. 위치도 카피톨리오 바로 옆이다. 택시 대여, 다양한 여행 정보까지 빼곡하게 채워진 안내문, 여행자들이 남긴 여행 정보 북과 다양한 이야기들로 늘 채워지는 곳이다. 도미토리(남녀공용), 2인룸, 개인룸 등이 있다.

Data **지도** 109p-D **가는 법** 카피톨리오 옆 골목 반 블록 **주소** Calle San Jose 116, e/ Industria y consulado, Centro Habana **전화** 861-6372 / 5253-9442(핸드폰 번호) **요금** 도미토리 10쿡, 개인실 20쿡 **예약** ficopc@nauta.cu

Habana By Area

03

베다도
VEDADO

베다도는 아바나에서 가장 신도시다. 아파트와 시원스럽게 뚫린 도로, 나무가 조성된 길과 덜 낡은 아파트가 새롭다. 서울의 강남과 같은 곳이랄까. 올드 아바나와 비교할 수 없지만 이곳에도 볼거리는 많다. 체 게바라의 부조로 유명한 혁명광장을 비롯하여 아멜 거리와 나시오날 호텔을 둘러보자. 올드 아바나와는 또 다른 매력의 아바나를 만날 것이다.

베다도
Vedado

500m

A B C D E F

나시오날 호텔 Hotel Nacional
코메도르 데 아길라르 Comedor de Aguiar
아멜 거리 Callejón de Hamel
Aramburu Hospital
Calzada de Infanta
Calle 27
Calle 25
Av Universidad
Calle O
카페 TV Café TV
Calle N
Calle M
Calle 23
Calle L
아바나 대학교 Universidad de la Habana
Calle 17
코펠리아 Coppelia
아바나 리브레 호텔 Hotel Habana Libre
엘 폴리네시오 El Polinesio
시에라 마에스트라 Restaurante Sierra Maestra
Av Salvador Allende
비아술 버스 터미널 Viazul Bus Terminal
Av de Carlos de Made Céspedes
Carz de Zapata
혁명광장 Plaza de la Revolución
국립극장 Teatro Naciona
호세 마르티 기념탑&기념관 Memorial José Marti&Museo José Marti

Calzada
Linea
Av de los Presidentes
Calle F
Calle E
Calle D
Calle C
Calle B
Calle A
호텔 프레지덴테 Hotel Presidente
Calle 23
Av Paseo
Calle 21
포르티리아 Porteria
Calle 17
Calle 15
카사 마리카르멘 Casa Maricarmen
시뇨라 마그달리아 Sra. Migdalia
콜론 묘지 Necrópolis de Colón

말레콘 Malecón
재즈 카페 Jazz Café
호텔 멜리아 코히바 Hotel Melia Cohiba
호텔 리비에라 Hotel Riviera
Calle 1
Calle 3
Calle 5
Linea
엘 코시네로 El Cocinero
메손 라 초레라 Mesón La Chorrera
Calle 18
Calle 20
Calle 22
Calle 24
카사 데 알키에르 Casa de Alquiler
Calle 26
카르마 Karma
Calle 22

레스토랑 1830 Restaurante 1830& Club Jardin 1830
쿠바 아트 팩토리 Fábrica de Arte Cubano(F.A.C)
라 파창가 La Pachanga

쿠바의 상징
나시오날 호텔 Hotel Nacional 호텔 나시오날

쿠바의 상징과도 같은 5성급 호텔이다. 유명인이 쿠바를 방문할 때는 대부분 이 호텔에서 묵는다 해도 과언이 아니다. 1930년 12월 30일에 문을 열어 1992년에 리노베이션한 호텔로 올해로 86년째 운영 중이다. 총 426개의 룸을 갖춘 명실공히 아바나 최고의 명물 호텔이다. 쿠바가 한창 잘 나가던 시절엔 이 호텔도 전성기였다. 윈스턴 처칠과 같은 정치인은 물론이고 할리우드 유명 배우, 스포츠 스타 등 셀 수 없이 많은 이들이 이곳에 머물렀다. 그들을 기억하기 위한 호텔의 서비스는 룸에 그들의 이름을 붙인 것이다. 낫 킹 콜Nat King Cole은 218호, 콤파이 세군도Compay Segundo는 224호, 에바 가드너와 프랭크 시나트라Eva Gardner y Frank Sinatra는 225호, 개리 쿠퍼Gary Cooper는 223호 그리고 월트 디즈니Walt Disney는 445호다. 쿠바의 정치와 경제 등 모든 역사를 함께한 의미 있는 호텔이기도 하다. 내부에 걸린 사진들이 화려했던 역사와 전통을 말해준다. 8층 건물의 아르데코 양식으로 외관상 우아한 기품이 느껴진다. 말레콘에서 바라보면 언덕 위의 아름다운 성과 같다. 정원에서 내려다보는 말레콘의 풍경은 최고다. 부에나 비스타 소셜 클럽의 라이브 공연이 있었던 공연장 카바레 파리지엥Cabaret Parisien이 여기에 있다.

Data 지도 125p-C
가는 법 말레콘을 따라 베다도 방향으로 왼쪽 언덕 **주소** Calle 21 y O **전화** 836-3564
요금 싱글 400쿡~ **홈페이지** www.hotelnacionaldecuba.com

아프리칸 룸바 리듬을 만나는 곳
아멜 거리 Callejón de Hamel 카예혼 데 아멜

아프리카 거리 혹은 그라피카(그래픽) 거리라고도 불리는 곳이다. 골목은 쿠바의 예술가 살바도르 곤잘레스의 화려한 벽화와 작품으로 가득하다. 살바도르는 쿠바의 초현실주의, 입체파 및 추상 미술을 추구하는 화가 겸 조각가다. 1948년 카마구에이에서 태어난 그는 1990년 4월부터 이 골목에서 작업을 시작했다. 혼자 힘으로 그림을 그리고 재활용품 등을 이용해 전시물을 만들었다. 쿠바 지역주민과 교감하며 방문객들을 만나는 과정을 통해 지금의 아멜 거리가 탄생했다. 강한 색채, 독특한 조형물과 화려하고 몽환적인 그림들은 아프리칸 쿠바인의 영혼과 산테리아Santeria(쿠바의 토속 신앙)에 바탕을 둔 것이다. 거리의 백미는 일요일 낮에 벌어지는 룸바 공연이다. 12시가 되면 신들린 듯 한판 춤사위가 벌어진다. 노래, 춤이 아프리카 타악기의 리듬에 녹아들면 관객과 공연팀 모두가 몽환적인 분위기에 사로잡힌다. 온몸으로 리듬을 풀어내는 그들, 춤판은 늘 관객들과 하나 된 무대로 아름답게 마무리된다. 공연이 끝난 후 기념촬영과 팁도 그들의 공식 일정 중 하나다. 거리엔 작은 바와 레스토랑이 있다. 룸바 공연은 매주 일요일 12시부터 3시까지다. 그들의 열정 가득한 공연에 대한 성의로 팁을 건네는 것을 잊지 말자.

Data 지도 125p-C
가는 법 말레콘에서 산 라사로San Lazaro를 따라 아바나 대학교 가는 길 중간쯤
주소 e/ calles Hospital y Aramburu **운영시간** 룸바 공연은 일요일 12:00~15:00 **요금** 무료

쿠바 여행의 포토 존
혁명광장 Plaza de la Revolución 🔊 플라사 데 라 레볼루시온

프랑스 파리의 에투알 광장을 모델로 해서 1920년대에 만들어진 혁명광장은 '시민광장'이라는 이름이었다가 1959년 혁명 이후부터 '혁명광장'으로 불리기 시작했다. 넓이 72,000m²로 축구장 3개 정도의 규모며 이는 세계에서 31번째로 큰 광장이다. 노동절(5월 1일) 집회와 혁명기념일(7월 26일) 집회는 대표적인 혁명광장의 행사다. 혁명광장에 여행자가 모이는 이유는 광장의 규모나 의미보다는 두 개의 유명한 철근 부조 때문이다. 바로 체 게바라와 카밀로 시엔푸에고스다. 쿠바의 혁명을 카메라에 담았던 피델 카스트로의 전용 사진가 알베르토 코르다, 그가 촬영한 사진으로 만들어진 체 게바라 부조는 내무부 건물의 외벽에 있다. 혁명광장을 찾는 이들의 필수 인증샷 코스다. 정보통신부 건물의 외벽에 있는 철근 부조는 카밀로 시엔푸에고스로 2009년 10월에 만들어졌다. 체 게바라에 비하면 덜 유명하지만 쿠바인들에게는 체 게바라보다 더 사랑받는 혁명가다. 체 게바라 부조의 '영원한 승리의 그날까지Hasta la Victoria Siempre'는 그의 어록 중 유명한 말이다. 반면 카밀로 시엔푸에고스의 '피델, 잘하고 있어Vas Bien, Fidel'는 피델 카스트로의 질문에 카밀로가 한 답이었다. 이 둘의 공통점은 피델 카스트로와 혁명을 함께했고 피델이 좋아했던 사람이라는 것이다. 그리고 또 하나의 공통점은 젊은 나이에 세상을 떠났다는 것이다. 체 게바라는 39세, 카밀로 시엔푸에고스는 27세의 나이에 세상을 떠났다. 밤이면 두 사람의 얼굴은 빛으로 다시 태어난다.

Data 지도 125p-E **가는 법** 아바나 대학교에서 차로 약 5분 거리

쿠바인에게 사랑받는 혁명가, 카밀로 시엔푸에고스

쿠바 혁명의 4인방은 피델 카스트로, 체 게바라, 카밀로 시엔푸에고스 그리고 라울 카스트로다. 이 중 피델과 라울 형제는 쿠바 평의회 의장을 역임했거나 현재 의장인 사람이고 나머지 둘은 추억 속으로 사라진 이름이다. 카밀로 시엔푸에고스, 우리에겐 다소 생소한 이 이름은 쿠바인에게 지금까지도 사랑받는 혁명가 중 한 명이다. 1932년 아바나에서 태어났다. 젊어서 쿠바 독재자에게 항거하던 혈기 있는 청년이었던 그는 이후 쿠바 혁명을 성공으로 이끄는 4인 중 한 명이 된다. 포근하고 친근한 미소를 가진 소탈한 혁명가였다. 그러나 혁명이 성공하고 채 1년이 지나기도 전에 그는 의문의 비행기 사고로 세상을 떠나고 만다. 1959년 10월 28일, 그의 나이 27세였다. 공식적으로는 비행기 사고로 인한 사망이지만 그의 죽음을 둘러싼 의문이 많다. 피델 카스트로를 의심하는 일부 사람들도 있다. 그러나 카밀로 시엔푸에고스는 이미 세상에 없고 아무도 진실을 알 수 없다. 결국 쿠바인들은 사랑하는 카밀로를 혁명광장의 부조를 통해 만나는 것으로 마음의 위안을 삼고 있는 듯하다. 일부 여행객들은 혁명광장의 부조를 체 게바라와 피델 카스트로라고 생각하지만, 통신부 건물의 모자 쓴 아저씨는 피델 카스트로가 아닌 카밀로 시엔푸에고스다.

쿠바 독립의 아버지
호세 마르티 기념탑&기념관 Memorial José Martí&Museo José Martí
🔊 메모리알 호세 마르티&무세오 호세 마르티

호세 마르티는 쿠바에서 가장 많이 듣는 이름, 가장 많이 보게 되는 동상이다. 본명은 호세 줄리안 마르티 페레스로 아바나에서 태어났다. 그가 태어난 당시는 쿠바가 스페인의 식민지였다. 우리에게 김구 선생이 있었다면 쿠바에는 바로 호세 마르티가 있었다. 그는 아름다운 문학 작품을 남긴 문학가이자 독립 영웅, 시인 그리고 정신적 지도자였다. 그의 작품은 아직도 쿠바인들에게 사랑받고 있다. 우리에게 가장 친숙한 노래 관타나메라Guantanamera는 쿠바의 전래 민요에 호세 마르티의 시를 가사로 한 것이다. 광장에서 가장 눈에 띄는 오각 별 모양의 기념탑은 109m 높이로 꼭대기는 전망대이고 1층이 기념관이다. 호세 마르티 탄생 100주년인 1953년에 착공되어 1958년에 완공됐다. 호세 마르티의 일생과 쿠바 혁명부터 현재에 이르기까지의 과정을 자료를 통해 볼 수 있다. 엘리베이터를 타고 전망대에 꼭 올라보자. 사방으로 펼쳐지는 아바나의 아찔한 뷰가 압권이다. 전망대 근처에 사는 아주 독수리Turkey Vulture를 볼 수 있는데 벼슬의 모양이 칠면조를 닮아 붙여진 이름이다.

Data **지도** 125p-E **가는 법** 혁명광장 내 위치
전화 859-2347, 859-2351 **운영시간** 월~토 09:30~16:30 **요금** 각 3쿡(둘 다 관람 시 5쿡)

쿠바 청춘의 좌표

쿠바 아트 팩토리 Fábrica de Arte Cubano(F.A.C) 🔊 파브리카 데 아르테 쿠바노

쿠바의 유명 뮤지션 X-알폰소는 예술가와 관객이 같이 호흡하고 공감하는 공간을 만들고자 프로젝트를 진행했다. 그리고 코시네로Cosinero라는 브랜드의 올리브 오일 공장이던 건물을 얻어 작업에 들어간다. 프로젝트는 2014년 외부에 공개되었고 공장은 새로운 개념의 복합문화예술 공간으로 재탄생되었다. 겉에서 보면 영락없는 공장 창고지만 안으로 들어서면 '이곳이 정말 쿠바일까' 하고 놀라게 된다.

티켓을 끊고 입구를 들어가면 화려한 조명이 예사롭지 않다. 갤러리에는 다양한 그림과 사진, 시각 전시물이 있고 작품성 높고 톡톡 튀는 아이디어의 창작물들이 시선을 끈다. 야외 테라스에는 음악과 음료를 즐기는 젊은이들로 가득하다. 큰 공연장과 미니 공연장, 바, 극장, 갤러리, 미니 쇼핑몰. 미로처럼 얽힌 공간은 볼거리 즐길 거리 없는 것이 없다. 극장에서 영화를 보다 사진을 구경하고 바에서 모히토 한 잔을 마신 후 콘서트장에서 신나게 춤을 추다 보면 새벽이 온다. 젊은 쿠바 청춘들의 새로운 놀이 공간이자 아바나에서 가장 핫하고 물 좋은 곳이다. 입장을 기다리는 줄은 늘 공장을 한 바퀴 돌 만큼 길다. 입장료 2쿡을 내면 스탬프를 받는 카드를 나누어준다. 음식이나 음료 등을 주문할 때 이 카드에 스탬프를 받고 나올 때 정산하면 된다. 단, 카드를 분실하지 않도록 주의해야 한다. 분실하게 되면 30쿡의 패널티를 물게 된다.

Data 지도 125p-D
가는 법 Calle 11에서 26과 만나는 코너 **주소** Calle 26 esquina 11 **전화** 838-2260
운영시간 목~일 20:00~03:00 **요금** 2쿡 **홈페이지** www.fac.cu

아름다운 묘지
콜론 묘지 | Necrópolis de Colón(Cementerio de Cristóbal Colón)
🔊 네크로폴리스 데 콜론(세멘타리오 데 크리스토발 콜론)

아바나에서 가장 아름다운 묘지다. 1876년에 조성된 곳으로 스페인 건축가 카릭토 데 로이라 Calixto de Loira 가 디자인해 1871년과 1886년 사이에 완성되었다. 묘지의 규모는 평수로 약 17만 평에 달한다. 묘지의 위치와 크기 등은 곧 부를 나타낸다. 부에나 비스타 소셜 클럽의 이브라힘 페레르Ibrahim Ferrer와 그의 아내 카리다드 디아즈Caridad Díaz, 세계 체스 챔피언인 호세 라울 카파브랑카José Raúl Capablanca 및 전직 대통령 등 많은 정치인과 유명인의 묘도 이곳에 있다. 입구에서 안내도를 받으면 주요 묘지의 위치와 설명이 있다.

Data 지도 125p-E 가는 법 혁명광장에서 차로 5분(시티투어 T1 버스로 한 정거장)
주소 Calle 12 전화 832-1050 운영시간 08:00~17:00 요금 5쿡

쿠바의 청춘을 만나다
아바나 대학교 Universidad de la Habana 🔊 우니베르시다드 데 라 아바나

300년의 역사를 가진 대학으로 아메리카 대륙 최초의 종합 대학이다. 도미니카 공화국의 수사인 산 후엔 데 레트란에 의해 1728년에 설립되어 1902년 현재의 위치로 이전되었다. 캠퍼스에는 1874년에 지어진 쿠바에서 가장 오래된 자연사박물관Museo de Historia Natural Felipe Poey이 있다. 쿠바 평의회 의장이었고 혁명을 주도한 피델 카스트로는 이 대학에서 법을 전공했다.

Data 지도 125p-C 가는 법 아바나 리브레 호텔에서 도보 10분
주소 e/ Calle L&San Lázaro 홈페이지 www.uh.cu

EAT

고급스럽지만 비싸지 않은 곳
카르마 Karma

골목 안쪽 푸른색의 인테리어가 인상적인 레스토랑이다. 평범한 가정집처럼 생겼다. 하지만 대문을 들어서면 새로운 느낌의 레스토랑을 만난다. 말끔하게 차려입은 젊은 쿠바 웨이터의 미소가 아름답다. 오래된 타일이 현대적인 벽돌 인테리어와 만나 편안하고 정감 있지만 색다름이 묻어 있다. 비싸 보이지만 생각보다 저렴하다. 안으로 들어가면 룸이 따로 있다. 친절한 서비스도 이 집의 강점. 베다도에 묵는다면 한 번은 들러 식사를 즐겨도 괜찮을 곳이다.

Data 지도 125p-D 가는 법 콜론 묘지에서 Calle 24를 따라 세 블록 직진 후 Calle 21과 23 사이 주소 Calle 24 No 360 e/ 21 y 23 전화 830-1410 운영시간 12:00~00:00 가격 랍스터 요리 13.8쿡, 치킨 커리 5.5쿡, 칵테일 2~3쿡

베다도의 맛집
라 파창가 La Pachanga

작은 정원과 입구의 야외 테이블이 편안하고 친근한 느낌의 레스토랑이다. 실내는 에어컨이 있어 시원하고 야외도 바람이 잘 통한다. 가볍게 식사와 음료를 즐기기엔 야외가 좋다.

Data 지도 125p-D
가는 법 아베니다 21과 23의 사이 골목으로 들어가 왼쪽 주소 Calle 28 No 254, e/ 23 y 21 전화 830-2507 운영시간 월~토 12:00~05:00 가격 피자 파창가 8쿡, 햄버거 6쿡, 칵테일류 3~4쿡

넓은 공간 맛있는 음식
엘 폴리네시오 El Polinesio

1960년대 전형적인 바닷가 오두막의 형태를 가진 독특한 인테리어로, 레스토랑의 작은 기둥과 펜스는 모두 대나무를 이용했다. 튀김 요리도 있으니 식사 후라면 가볍게 맥주에 안주 삼아 먹어보자. 음식이 짠 편이니 주문 시 잊지 말고 "메노스 쌀, 뽀르빠보르(소금 조금만 넣어주세요)."라고 얘기하자.

Data 지도 125p-C
가는 법 아바나 리브레 호텔 1층 주소 Calle L e/ 23 y 25 운영시간 12:00~23:00 가격 랍스터 요리 21쿡, 볶음밥과 새우튀김 6쿡

품격 있는 레스토랑
코메도르 데 아귈라르 Comedor de Aguiar

1930년에 문을 연 이래 여전히 쿠바의 대표 호텔로 명성을 이어가고 있는 나시오날 호텔 1층에 품격 있는 레스토랑 코메도르 데 아귈라르가 있다. 입구에 놓인 메뉴판에서 이곳을 방문한 유명인의 사진과 이름을 볼 수 있다. 5성급 호텔의 레스토랑이라 가격이 우려된다면 걱정은 접어도 좋다. 일반 레스토랑보다 아주 조금 더 비싼 가격이다. 부담 없는 가격으로 수준 높은 피아노 연주나 클래식 음악과 함께 식사를 즐길 수 있다. 단, 랍스터 요리는 다른 곳보다 많이 비싸다.

Data 지도 125p-C
가는 법 나시오날 호텔 로비 입구에서 우측 안쪽
주소 Calle 21 y O, Vedado
전화 7836-3564~7
운영시간 런치 12:00~15:30, 디너 19:00~01:00
가격 랍스터 45쿡, 로파 비에하 14쿡, 파스타 11쿡

가격과 양은 이곳이 갑
카페 TV Café TV

폭사 빌딩Facsa Building은 쿠바에서 가장 높은 빌딩이다. 1956년부터 1958년에 걸친 공사를 통해 완공된 39층 건물로 1층에는 쇼핑몰이 있고 최상층의 바와 레스토랑이 최고의 전망을 자랑한다. 우리가 전쟁의 폐허와 가난에서 채 벗어나지 못하고 허덕일 무렵 쿠바는 이렇게 높은 빌딩을 지을 정도의 나라였음을 단편으로 보여준다. 카페 TV는 폭사 건물 1층 쇼핑몰 입구에 있는 레스토랑이다. 생긴 것도 평범하고 특별할 게 없어 보이지만 나름 유명하다. 가장 큰 장점은 양과 가격이다. 쿠바 샌드위치는 2.75쿡, 모히토 등의 칵테일이 2쿡이다. 더블 사이즈 모히토는 5쿡이다. 2인용 세트메뉴는 양도 푸짐하고 맛도 괜찮다. 셋이 갔다면 삼등분으로 나눠달라고 해도 청을 거부하지 않는다. 밤 10시 이후는 코미디 쇼가 있다. 별도의 입장료를 내야 하니 공연을 원치 않으면 식사 시간에 가는 것이 좋다.

Data 지도 125p-C 가는 법 폭사 빌딩 1층 쇼핑몰 내
주소 esq.Calle N y 19 운영시간 11:00~03:00(22시 이후는 코미디 쇼)
가격 마르 이 티에라(해산물 요리, 2인 세트) 15쿡

아바나 최고의 전망을 찾아
시에라 마에스트라 Restaurante Sierra Maestra

1958년 현대식으로 건설된 아바나 리브레 호텔은 넓은 로비와 좋은 위치로 관광객뿐 아니라 현지인에게도 인기 있다. 호텔의 25층에는 전망 좋은 레스토랑이 하나 있는데, 바로 시에라 마에스트라다. 유리를 통해 바라보는 아바나의 전망은 가히 아바나 최고다. 넓은 유리창 너머로 파도가 넘실거리는 말레콘과 바다, 호텔 나시오날의 고풍스런 자태. 아바나의 시가지 풍경은 밤과 낮을 막론하고 감탄사 연발이다. 사실은 밤이 조금 더 아름답다. 로맨틱한 저녁 식사를 원한다면 이곳을 추천한다. 은은하게 흘러나오는 라이브 연주에 쿠바 칵테일이 한잔 더해지면 이보다 더 좋을 수는 없다. 푸근한 아주머니 웨이트리스의 서비스는 흔히 아는 호텔과 다른 격이지만 친근하다. 이게 바로 쿠바리즘이 아닐까. 식사 후에는 맞은편 클럽에 가보자. 클럽 살롱 투르키노Salon Turquino는 자정 무렵 약 30분 정도 돔형의 지붕이 열려 시원한 바람을 맞으며 밤하늘의 별을 볼 수 있다. 라이브 밴드의 신나는 연주에 살사도 출 수 있다. 호텔 투숙객은 무료지만 외부인은 입장료 10쿡을 내야 한다.

Data **지도** 125p-C **가는 법** 아바나 리브레 호텔 25층
주소 Calle L e/ 23 y 25 **운영시간** 07:30~23:30 **가격** 랍스터 요리 35쿡, 소고기 요리 23쿡, 디저트 7~8쿡

젊은 쿠바를 만나다
엘 코시네로 El Cocinero

F.A.C 바로 옆에 나란히 위치한 레스토랑이다. 2층은 고급 레스토랑, 3층은 분위기 좋은 루프톱 바다. 2, 3층 모두 식사가 가능한데 메뉴는 조금씩 다르다. 낮에도 예쁘지만 특히 밤에 더 근사하다. 2층은 실내가 다소 좁지만 아늑한 테라스가 있고, 분위기 있게 식사를 할 수 있다. 가격이 싸지 않지만 음식의 맛과 서비스 모두 만족할 곳이다. 2층에서 식사를 한 후 3층에서 칵테일을 마셔도 좋겠다. 대신 예약을 하지 않고 간다면 성수기나 식사 시간에 오래 기다릴 수 있다.

Data **지도** 125p-D **가는 법** FAC 정문 등지고 왼쪽 옆
주소 Calle 26 e/ 11 y 13, Vedado **전화** 7832-2355
운영시간 12:00~00:00 **가격** 샐러드 7쿡, 파스타 15쿡, 램 커리 17쿡

고급 저택에서의 식사와 춤
레스토랑 1830 Restaurante 1830&Club Jardines 1830

마치 오래된 저택의 저녁 식사에 초대된 것 같다. 말레콘의 끝부분, 베다도에서 시작한다면 말레콘 초입의 바다 쪽에 있는 레스토랑이다. 외부는 특별하지 않지만 안으로 들어서면 단정하면서도 기품이 느껴지는 아늑한 실내가 나온다. 화려함은 없는 식민지풍 건물이지만 피아노 선율에 와인 잔을 기울이고 싶은 곳이다. 가격도 쿠바의 웬만한 관광객용 레스토랑 정도다. 레스토랑의 정원은 하르디네스 1830(Jardines 1830 또는 Club 1830)이라는 클럽이다. 바다 쪽으로 나 있는 야외무대는 여행자들이 가장 사랑하는 곳. 춤과 음악과 아바나가 있으면 이것으로 최고다. 특히 목요일은 가장 물 좋은 살사 나이트로 아바나 최고의 댄서들이 다 모인다. 살사인이라면 목요일 밤을 놓치지 말자! 남자의 경우 반바지 슬리퍼 차림은 입장 불가다. 요일별로 공연은 다양하다.

Data 지도 125p-D 가는 법 베다도 말레콘의 초입 주소 e/ Ave. Antonio Maceo y Calle 20 전화 838-3091
운영시간 레스토랑 12:00~01:45, 클럽 화~일 10:00~02:00
가격 랍스터 요리 18.95쿡, 생선요리 9.95쿡, 클럽 입장료 5쿡

말레콘의 분위기 좋은 밤
메송 라 초레라 Mesón La Chorrera

말레콘의 끝자락에 위치한 야외 바 겸 클럽으로 1830의 근처다. 말레콘을 달리다 보면 눈에 띄는 요새 중 하나로 역사적인 곳이다. 요새는 1645년에 지어진 것으로 쿠바의 기념물이다. 재밌게도 기념물의 1층은 레스토랑 겸 바이고, 2층은 레스토랑이었으나 현재는 늦은 시간에 오픈하는 클럽이다. 밤바람이 시원한 날 맥주나 칵테일 한잔을 가볍게 마시기 좋다. 쿠바 현지인들도 데이트 장소로 많이 찾는다. 날씨가 좋을 때는 1층의 야외 바가 좋다.

Data 지도 125p-D
가는 법 말레콘 초입 바다에 보이는 요새 건물
주소 Malecón e/ 18 y 20
전화 833-4504
운영시간 12:00~01:00
가격 카마론 알 아히요(갈릭 쉬림프) 4.95쿡, 모히토 2쿡, 쿠바 맥주 1.5쿡

TALK

쿠바에도 한국 식당이 있을까요?

몇 해 전까지 쿠바엔 한국 식당이 없었다. 사회주의 나라인 쿠바에서 외국 식당을 오픈하기란 쉬운 일이 아니다. 현지에 거점을 둘 단체가 아니거나, 쿠바 현지에 살고 있는 현지인이 아니라면 불가능한 일이다. 수 미라마르도 사단법인 한쿠바교류협회에서 운영하는 식당이다. 미라마르 지구에 위치해 여행자들의 일반적인 루트에서 조금 떨어져 있지만 궁금하다면 한 번쯤 들러보자. 현재는 레바논 레스토랑과 협업하고 있어 한국 음식과 레바논 음식을 함께 맛볼 수 있다.

쿠바에서 만나는 한국
수 미라마르 Su Miramar

기와가 얹어진 대문을 통과한 후 너른 정원을 가로지르면 넓은 홀과 바가 나온다. 정원 한쪽엔 야외 테이블이 있다. 대나무로 만들어진 낮은 담벼락이 정감 있다. 2017년 처음 오픈하여 한국 식당으로 운영하다가 2018년부터는 레바논 식당과 협업 중이다. 이전보다 한국 음식 메뉴는 많이 줄었지만 새로운 레바논 메뉴도 맛볼 수 있으니 나쁘지 않다. 시샤(물담배)도 있다. 한국인 매니저가 운영하지만 쿠바 내 업무가 많아 매일 상주하지는 않지만, 운이 좋다면 쿠바에서 일어나는 생생한 삶의 이야기를 전해 들을 수도 있다. 이곳의 매니저는 영화 〈쿠바의 연인〉을 만든, 영화의 실제 주인공이기도 한 정호현 감독이다.

Data 가는 법 플라야 지구 호텔 코파카바나에서 세 블록
주소 Calle 40a #115 e 1ra, Miramar, Playa
전화 7206-3443
운영시간 12:00~00:00
가격 김치볶음밥 10.5쿡, 잡채 13.5쿡, 김밥 8.5쿡

쿠바만의 아이스크림
코펠리아 Coppelia

쿠바의 대표 아이스크림 체인이다. 1966년에 시작한 국영 브랜드로 피델 카스트로가 시작한 프로젝트다. 네덜란드와 스웨덴에서 최고의 기계를 들여 자본주의(특히 미국) 아이스크림에 대적할 강력한 것을 만들어내려던 야심찬 프로젝트였다.

1층은 쿱CUP으로 계산하는 곳, 2층은 쿡CUC으로 계산하는 매장이다. 쿱으로 계산하는 1층이 훨씬 가격이 싸지만 에어컨이 없는 실외고 줄이 길다. 몇 시간 동안 뜨거운 햇빛을 버틸 수 있는 인내심이 있다면 도전할 만하다. 반면 2층은 좁은 공간이지만 에어컨이 있어 시원하고 가격이 비싸다. 현지인용이라고 해서 외국인이 못 가는 것은 아니다. 몇 시간 뜨거운 햇빛을 버틸 수 있는 인내심이 있다면 도전할 만하다.

Data 지도 125p-C 가는 법 아바나 리브레 호텔 대각선 방면 큰 공원
주소 esq Calle 23 y L 운영시간 화~토 11:00~22:15 가격 외국인 전용 1쿡~, 현지인 전용 1쿱~

편안하고 전망 좋은 라이브 카페
재즈 카페 Jazz Café

멜리아 코히바 호텔의 맞은편에 말레콘이 바라다보이는 건물의 3층에 있다. 이른 저녁 시간엔 식사를 즐길 수 있고, 밤 10시가 넘으면 재즈 공연도 볼 수 있다. 저녁 8시 이후에는 입장료 10쿡을 내는데 그만큼의 음식 또는 음료를 마실 수 있다. 공연의 퀄리티가 높아 10쿡 이상의 가치를 한다. 공연은 스케줄에 따라 다르고 시간은 관객의 수에 따라 변동되므로 공연을 보러 가려면 밤 10시 이후에 가거나 주말을 이용하는 것이 좋다. 근처의 다른 공연과 라인업이 겹칠 수도 있다. 미리 확인하는 것도 방법이다.

Data 지도 125p-B
가는 법 멜리아 아바나 호텔 맞은편 큰길을 보고 있는 건물 3층
주소 esq Calle1 y Paseo
전화 838-3302 운영시간 12:00~새벽
가격 입장료 10쿡(저녁 8시 이후, 입장료만큼 음식&음료 주문 가능)

SLEEP

5성급 호텔에서의 특별한 밤
나시오날 호텔 Hotel Nacional

아르데코 양식의 8층 건물로 말레콘이 바라다보이는 아름다운 뷰와 야경을 자랑한다. 레스토랑, 수영장과 바를 비롯한 각종 부대시설과 투숙객을 위한 공연 등이 다채롭다. 야외 잔디밭에서는 매주 일요일 밤이면 쿠바의 전통 공연도 선보인다. 윈스턴 처칠 영국 총리나 프랭크 시나트로 등 많은 유명인사들이 이곳에 묵었다.

Data 지도 125p-C
가는 법 말레콘을 따라 베다도 방향으로 왼쪽 언덕
주소 Calle O esq. 21 전화 836-3564 요금 싱글 400쿡~
홈페이지 www.hotelnacionaldecuba.com

아바나 힐튼의 새로운 이름
아바나 리브레 호텔 Hotel Habana Libre

쿠바 혁명 얼마 전에 오픈한 호텔이다. 원래는 쿠바 대통령 바티스타의 개인 후원으로 아바나 힐튼이라는 호텔로 처음 지어졌다. 혁명 이후 국영화되었다. 532개의 룸을 가진 4성급 호텔로 아바나에서 최고의 야경을 자랑한다.

Data 지도 125p-C
가는 법 말레콘에서 Avenida 23을 따라 5블록
주소 Calle L e/ 23 y 25 전화 834-6100 요금 137쿡~
홈페이지 www.meliacuba.com

장기투숙 혹은 독립적인 공간을 원할 때
카사 데 알키에르 Casa de Alquier

한눈에 띄는 핑크색의 건물이다. 2층에 위치한 카사로 계단을 올라가면 투숙객을 위한 개인 공간이 나온다. 넓은 거실과 테라스, 주방을 겸비한 공간은 개인 공간이 필요하거나 장기로 집처럼 머물 여행객에겐 딱이다. 최근 새롭게 보수 공사를 마쳐 더욱 깔끔해졌다.

Data 지도 125p-D
가는 법 콜론 묘지에서 두 블록 주소 Calle 24 No 365, e/ 23 y 21
전화 833-5679 요금 35쿡(조식 불포함) 예약 irma.peruyera@infomed.sld.cu

럭셔리 카사 여행
포르테리아 Porteria

베다도의 조용한 골목에 눈에 띄는 대문 안으로 들어서면 70년 전 과거의 어느 날로 떠나는 착각을 일으킨다. 럭셔리한 입구를 지나 좁은 길을 따라들어가면 뒷마당에 싱그러움이 가득한 정원이 나온다. 숙소 입구의 거실은 큰 그림으로 가득하고 손님용 객실은 모두 4개다. 객실 크기는 Sibila, Cristal, Ambar, Terraza 순서다. 대리석으로 잘 꾸며진 넓은 방은 웬만한 부티크 호텔 못지않다. 날씨가 좋은 계절엔 정원에서의 아침 식사도 여행의 맛을 더한다. 마이 프라우드 아바나라는 카사 체인 사이트에서 예약을 운영한다. 조식은 불포함이고, 5쿡이다.

Data **지도** 125p-B **가는 법** 멜리아 코히바 호텔에서 걸어서 10분 거리
주소 Calle 4 No 310 e/ 13 y 15, Vedado **전화번호** 833-8670 / 5847-1401(핸드폰 번호)
요금 비수기 55~80쿡, 성수기 80~100쿡 **홈페이지** www.myproudhavana.com
예약 myproudhavana@gmail.com

편안하고 넓은 카사
카사 마리카르멘 Casa Maricarmen

그라시엘라와 후안의 집이자 카사 야라의 1층이다. 넓은 1층에 방은 두 개다. 모두 깔끔하다. 큰 냉장고가 있는 주방, 아담한 거실과 작은 테라스가 있다. 입구 첫 번째 방은 주인과 욕실을 같이 사용해야 하는 번거로움이 있지만 주인이 다른 집에 있어 같이 사용할 일이 많지 않다.

Data **지도** 125p-D **가는 법** 콜론 묘지에서 길 건너 첫 블록 우측 아파트 1층
주소 Calle 18 No 317, Apto 2, e/ 19 y 21 **전화** 831-1796 / 2911612 **요금** 30쿡(조식 불포함)
예약 gracielapantoja@hotmail.com

따뜻한 정이 듬뿍
세뇨라 미그달리아 Sra. Migdalia

아파트 4층의 카사에 들어서면 갤러리를 연상시킨다. 좁은 거실이지만 예술적 감각으로 잘 꾸몄다. 더 놀라운 것은 침실이다. 잘 정리된 방과 좋은 침대는 호텔이 부럽지 않다. 아주 친절한 주인 아주머니가 여행자를 반긴다.

Data **지도** 125p-D **가는 법** 콜론 묘지에서 길 건너 첫 블록 우측 아파트 4층
주소 Calle 18 No 317, Apto 8, e/ 19 y 21 **전화** 830-8055 **요금** 25~30쿡(조식 불포함)
예약 elia@fullprogrammer.com

Habana By Area

04

아바나 근교
AROUND HABANA

아바나에서 조금 떨어져 있지만 어렵지 않게 가볼 만한 곳이 제법 있다. 헤밍웨이의 추억과 발자취를 따라가는 여행은 쿠바에서 가장 쉽게 할 수 있는 일이자 의미 있는 일이다. 그가 20여 년을 살았던 집 핀카 비히아는 지금은 박물관으로 만들어져 매일 수많은 여행자를 불러들인다. 『노인과 바다』의 배경지 코히마르는 평범한 작은 어촌 마을에서 특별한 곳으로 거듭났다. 투어버스를 타고 당일에 다녀오는 산타 마리아 해변은 비용 대비 만족도 높은 곳이다. 하얀 모래에 코발트 빛 바다에서 저렴하면서도 만족도 높은 여행을 할 수 있다. 카사 블랑카는 올드 아바나에서 바라다보이는 곳이다. 배로 5분 거리에 체가 살았던 집과 오랜 성이 있어 둘러보기 좋다. 특히 모로 성에서 바라보는 아바나의 노을 지는 풍경은 한 폭의 그림이다.

카사 블랑카
CASA BLANCA

아바나의 동쪽, 올드 아바나에서 바라다보이는 아름다운 작은 마을이 있다. 아바나에서는 페리로 갈 수 있고 해저 터널을 통과하면 차로도 갈 수 있는 가까운 거리다. 페리를 타고 카사 블랑카에 도착한 후 언덕에 오르면 바다 건너 올드 아바나의 아름다운 풍경이 파노라마로 펼쳐진다. 노을 질 무렵 가장 아름다운 아바나 시의 풍경을 보고 싶다면 모로 성으로 가자. 붉은 노을이 아바나 전체를 물들이면 그림 같은 풍경이 펼쳐진다.

아바나 최고의 전망대
모로 성 Castillo de los Tres Reyes del Morro 🔊 카스티요 데 로스 트레스 레예스 델 모로

말레콘에서 찍는 사진에 어김없이 배경으로 등장하는 아름다운 성이 있다. 바다로 톡 튀어나온 아바나의 맞은편에 섬처럼 떠 있는 성, 모로 성이다. 아바나 항구를 침략하는 자들을 방어하기 위한 목적으로 1589년 짓기 시작해 1630년에 완공했다. 성의 건축법은 르네상스 군사 건축의 좋은 예다. 그러고 보면 두꺼운 외벽의 군사 시설이지만 나름 우아함을 갖췄다. 요새에 높이 솟은 등대는 배의 안내자 역할을 했다. 바라데로 가는 길에 있어 많은 사람들이 들러 아바나를 관망한다. 특히 저녁 무렵 노을 지는 풍경이 예쁘니 시간을 맞출 수 있다면 황금시간을 놓치지 말자. 아바나에서 시내버스로 갈 경우 카피톨리오 맞은편에서 P8 또는 P11번을 타고 해저터널을 지나자마자 바로 하차하면 걸어서 모로 성을 갈 수 있다.

Data **지도** 066p-A **가는 법** 올드 아바나에서 택시로 10분
운영시간 월~금 09:00~17:00, 토·일 08:00~16:00 **요금** 5쿡

바다 건너 또 다른 아바나의 풍경
예수상과 체의 집 Christo de la Habana&Casa Che 크리스토 데 라 아바나&카사 체

올드 아바나의 동쪽 끝 항구에서 바라보면 섬처럼 보이는 작은 마을이 있다. 올드 아바나의 루즈 항에서 페리를 타고 채 10분도 걸리지 않는 거리다. 배에서 내려 언덕을 오르면 거대한 예수상이 나온다. 쿠바의 조각가 힐마 마데라의 1958년 작품이다. 쿠바의 위대한 여성 조각가 중 한 명인 그녀는 1915년 피나르 델 리오에서 태어났다. 예수상의 높이는 약 20m, 무게는 약 320톤에 달한다. 바다 건너로는 올드 아바나의 풍경이 시원스레 펼쳐진다. 예수상에서 우측으로 집 하나가 있다. 'Che'라고 쓰인 것에서 이곳이 '체의 집'임이 짐작된다. 한때 그가 머물렀던 곳으로 지금은 작은 체 게바라의 박물관Museo casa del Che이다. 내부에는 그의 사진과 집기 등이 전시되어 있고 영상을 볼 수 있는 작은 방도 있다. 체 게바라가 혁명 후 약 1년간 거주했던 곳이라는 것에 의미를 부여하지 않는다면 입장료에 비해 볼거리가 많지 않다. 약간 전시물이 부족한 듯한 박물관이지만 체 게바라를 동경하는 이들에겐 이마저도 의미 있다.

Data 지도 066p-D
가는 법 올드 루즈 항에서 페리로 약 5분 후 언덕 걸어서 약 7분
운영시간 10:00~16:00
요금 6쿡

18세기 발포식이 있는 곳

산 카를로스 데 라 카바냐 요새 Fortaleza de San Carlos de la Cabaña
🔊 포르탈레사 데 산 카를로스 데 라 카바냐

거대한 성이다. 그 규모는 쿠바뿐 아니라 아메리카 대륙에서도 손꼽히는 정도다. 1763년부터 1774년에 걸쳐 지어진 거대한 요새는 마차도와 바티스타 집권 시 군사 감옥으로 사용되었고 혁명 이후엔 체 게바라의 집무실로 사용되기도 했다. 아바나 시내를 아래로 내려다보고 있어 적의 공격을 쉽게 감지할 수 있었던 전략적인 위치만큼 지금도 그 전망이 압권이다. 멀리 카피톨리오와 함께 아바나 시내가 한눈에 내려다보인다. 내부는 박물관으로 사용 중이다. 외부에는 당시의 대포 등이 잘 보존되어 있다. 매일 밤 9시면 발포식이 있다. 18세기 복장을 하고 나와 포에 불을 붙여 발포를 하는데 이를 보기 위해 늘 많은 관광객이 늦은 시간까지 기다린다. 요새 안에는 레스토랑이 있고 기념품 숍도 있다. 야외의 넓은 공간은 각종 전시회 행사 등도 자주 열린다. 낮에는 투어버스 T3을 타고 다녀올 수 있지만 밤에는 택시를 이용해야 한다.

Data 지도 066p-A
가는 법 올드 아바나에서 택시로 15분, 모로 성에서 도보 15분 운영시간 10:00~18:00
요금 6쿡(가이드 포함 7쿡), 밤에는 8쿡

TIP 페리로 카사 블랑카 가는 방법
페리 선착장이 한층 수월해졌다. 럼 박물관Museo de Ron에서 말레콘 반대편으로 바다를 따라 쭉 걷다 보면 바다에 면한 유리 건물이 보인다. 새로 지은 건물이라 바로 눈에 띈다. 표를 끊고 카사 블랑카행 페리를 기다리자. 요금은 편도 2쿡이고 운행은 대략 30분 간격이다. 다른 곳으로 가는 배도 있으니 출발 시 목적지를 꼭 확인하자. 워낙 짧은 거리라 출발하면 이내 도착한다. 카사 블랑카 선착장에 내려 큰길을 따라 언덕을 오르면 예수상과 체 게바라 박물관이 보인다. 걸어서 가기엔 가깝진 않지만 카바냐 요새와 모로 성도 이어진다.

핀카 비히아&코히마르
FINCA VIGIA&COJIMAR

헤밍웨이의 발자취는 전 세계 곳곳에 남아 있지만 쿠바에서 헤밍웨이는 더 큰 의미를 부여한다. 여전히 많은 사람들이 그의 흔적을 쫓아 쿠바를 찾고 있다. 아바나 외곽으로 조금 벗어나면 그가 21년간 머물던 핀카 비히아와 소설 『노인과 바다』의 배경지로 유명한 코히마르를 만날 수 있다.

『노인과 바다』의 배경지
코히마르 Cojimar

헤밍웨이의 소설 『노인과 바다』의 배경지로 유명한 곳. 작은 어촌 마을에 불과한 이곳은 많은 여행자들이 찾지만 생각보다 적은 볼거리에 실망하는 곳이기도 하다. 헤밍웨이는 핀카 비히아에 살면서 이곳에서 낚시를 즐겨 했다. 또 소설에 등장하는 카페 '라 테라사La Terraza'에서 다이키리를 즐겨 마셨다. 바닷가에 만들어진 헤밍웨이의 작은 흉상과 고기 잡는 이들의 풍경 외에 큰 볼거리는 없다. 하지만 많은 것을 기대하지 않는다면 조용하게 산책하며 어촌 마을의 한가로운 풍경을 즐기기엔 나쁘지 않다. 라 테라사에선 칵테일 돈 그레고리오Don Gregorio를 마셔보자.

Data 가는 법 올드 아바나에서 택시로 약 25분

TIP 헤밍웨이 투어
여행사를 통해 헤밍웨이 투어 상품을 이용할 경우 헤밍웨이 박물관, 코히마르, 암보스 문도스 호텔 511호 그리고 라 보데기타 델 메디오와 엘 플로리디타를 순서대로 돌아본다. 코히마르에서는 점심 식사와 칵테일이 포함된다. 짧은 일정으로 둘러보는 여행이라면 여행사를 통해 먼저 상품을 소개받은 후 결정하는 것도 좋다.

아바나

헤밍웨이의 그곳
헤밍웨이 박물관(핀카 비히아) Museo Hemingway(Finca Vigia) 🔊 무세오 헤밍웨이

헤밍웨이는 아바나에서 남동쪽으로 약 15km 떨어진 곳에 살았다. 1939년부터 혁명 이후 쿠바에서 추방당하기 전까지 그가 살았던 곳이 바로 이곳 핀카 비히아('전망 좋은 언덕'이란 뜻)다. 공원처럼 잘 꾸며진 입구를 들어서 조금 걷다 보면 하얀색의 예쁜 집 한 채가 나온다. 그가 살았던 흔적 그대로를 간직해 지금은 박물관으로 사용하고 있다. 침실과 식사를 하던 곳, 집무실
등에는 그가 즐겨 하던 아프리카 사냥에서 가져온 동물 박제가 있다. 피카소에게 선물 받은 그림도 벽 한 자리를 차지하고 있다. 뒤뜰로 가면 멀리 아바나 시내가 보인다. 4층짜리 건물의 집무실은 전망대 역할을 해 마을을 내려다볼 수 있다. 안으로는 들어갈 수 없고 밖에서 관람해야 하며 사진 촬영은 허가된다. 산책로를 걸어 바깥으로 나가면 그가 낚시할 때 타던 배인 필라르Pilar 호가 있다. 그의 아내 폴린Pauline의 별명에서 따온 이름이다. 그 옆에는 헤밍웨이가 아끼던 고양이 네 마리의 무덤이 있다. 집 안팎을 둘러보는 것도 박물관 외에 또 다른 재미다.

Data **가는 법** 센트로 아바나에서 택시로 약 30분 **주소** Finca Vigia km. 12½
운영시간 월~토 10:00~17:00, 일 10:00~13:00 **요금** 5쿡(가이드 포함 시 10쿡)

TIP 대중교통으로 헤밍웨이 박물관 가는 방법
센트로 카피톨리오에서 P-7 버스를 타고 버스 기사나 승객에게 '핀카 비히아' 또는 '무세오 델 헤밍웨이'를 말하면 친절하게 목적지에서 내리도록 알려준다. 참고로 요금은 센타보가 없을 경우 1쿱을 내면 된다. 거스름돈은 없다. 버스가 내리는 곳은 산 미구엘 델 파드론San Miguel del Padrón이다. 박물관은 대로변에서 약 200m를 걸어 들어가야 하니 번거롭더라도 사람들에게 한 번 더 길을 확인하자. 관람이 끝나면 골목을 나와 다시 P-7 버스를 타고 센트로 아바나까지 오면 된다. 합승택시로 갈 경우 별도의 합승택시 정거장이 있다. 카피톨리오를 등지고 우측으로 한참을 걸어야 하는데 찾기가 쉽지 않다. 가능하면 카사 주인에게 부탁해 택시를 불러 달라고 하는 것이 시간을 절약하는 방법이다.

산타 마리아 해변
SANTA MARIA DEL MAR

항구 도시 아바나는 주변이 바다로 둘러싸여 있어 언제나 바다를 볼 수 있다. 그러나 쿠바에 와서 카리브 해를 제대로 즐겨보고 싶은 것은 모든 여행자 꿈. 시간이 부족해서 바라데로까지 갈 수 없다면 그 대안으로 가장 적합한 곳이 바로 산타 마리아 해변이다. 투어버스로 갈 수 있고 저렴한 데다 현지인들이 많이 이용해 여행다운 여행도 즐길 수 있다.

쿠바의 카리브 해 깜짝 즐기기
산타 마리아 해변 Santa Maria del mar 산타 마리아 델 마르

산타 마리아는 아바나에서 투어버스로 갈 수 있는 작은 해변이다. 시설이 잘되어 있지 않지만 눈이 부시게 맑은 모래와 바다가 야자수와 어우러져 하루 투어로 다녀오기에 이만한 곳이 없다. 아바나에서 시티투어버스 T3을 타고 아침에 출발해서 쉬고 저녁에 돌아오는 코스로, 바라데로까지 가지 않아도 바다에서의 힐링 시간을 가질 수 있다. 해변에는 선베드 외에 특별히 휴양시설이 없다. 식사를 하려면 조금 걸어 나와 버스 정류장 근처의 작은 바 또는 레스토랑을 이용해야 한다. 가능하다면 직접 준비해 가는 것도 좋다. 해변이 넓지 않지만 마사지 서비스와 간단한 해양 스포츠 정도는 즐길 수 있다. 다시 투어버스를 타고 돌아오려면 버스 티켓을 잘 보관해야 한다. 종점까지 가도 되고 현지인이 많이 찾는 곳을 한번 즐겨보고 싶다면 호텔 트로피코에서 내리면 된다. 샤워 시설이나 탈의실이 없으니 수영복은 미리 입고 가거나 근처 호텔의 화장실을 이용해야 한다.

Data 가는 법 중앙공원에서 투어버스 T3 탑승(요금 5쿡), 약 40분 소요

Theme Page

바라데로 올 인클루시브 호텔 파헤치기

카리브 해의 진주라 불리는 나라 쿠바는 그 이름에 걸맞게 아름다운 해변이 많다. 어느 바다를 가도 하얀 모래와 맑은 바다를 볼 수 있다. 그중에서도 가장 인기 있고 휴양시설이 잘되어 있는 곳은 단연 바라데로Varadero다. 바라데로에는 약 70개가 넘는 호텔이 있다. 마탄사스 주에 있는 리조트 타운으로 쿠바뿐 아니라 카리브 해에서 가장 큰 리조트 타운이다. 수도 아바나에서는 동쪽으로 약 140km 떨어져 있고 바다로 길게 뻗은 지형으로 도시의 양쪽이 바다다. 이곳의 올 인클루시브 호텔All Inclusive Hotel 서비스는 효율적이고 편하게 휴양을 즐기는 보편적인 방법이다. 먹을거리, 잠자리 그리고 마실 거리와 즐길 거리 모두가 포함되었으며 가격도 착하다. 칸쿤과 비교할 수 없지만 비용 대비 이 정도면 쿠바에선 훌륭하다 하겠다. 올 인클루시브 호텔 여행의 매력에 흠뻑 빠져보자.

어떻게 갈까?

아바나에서 약 140km, 차로 약 2시간 거리이다. 비아술 버스를 이용하면 중간에 휴게소를 들르는 시간까지 포함해 3시간 30분이 소요된다. 시간의 여유가 있다면 장거리 시외버스를, 그렇지 못하다면 터미널에서 쉽게 찾을 수 있는 콜렉티보 택시가 가장 무난하다. 여행사의 투어버스를 이용해도 좋다.

1. 비아술 버스

비아술 버스는 아바나에서 약 3시간 30분이 소요된다. 아바나에서는 하루 4차례 출발한다.

※ 비아술 버스 시간표

바라데로로 갈 때

출발 도시명	출발시간	도착시간	요금
아바나	08:00	11:05	10쿡
	10:00	13:05	
	13:00	16:05	
	17:00	19:45	
비냘레스	–	–	–
트리니다드	07:00	13:30	20쿡
	13:55	20:15	
산타클라라	07:50	11:25	11쿡
	16:55	20:15	
시엔푸에고스	08:35	13:30	16쿡
	15:30	20:15	
카마구에이	02:55	11:25	25쿡
산티아고 데 쿠바	20:00	11:25	49쿡

바라데로에서 갈 때

도착 도시명	출발시간	도착시간	요금
아바나	08:00	11:20	10쿡
	12:00	15:15	
	14:00	16:55	
	18:00	21:05	
비냘레스	08:00	15:15	22쿡 (아바나 경유)
트리니다드	07:25	13:45	20쿡
	14:30	20:20	
산타클라라	07:25	10:20	11쿡
	21:45	00:05	
시엔푸에고스	07:25	12:00	–
카마구에이	21:45	06:20	25쿡
산티아고 데 쿠바	21:00	12:15	49쿡

2. 택시

바라데로로 가는 콜렉티보 택시(합승택시)는 구하기 어렵지 않다. 버스 터미널 혹은 카사를 통해 동행을 구하는 것이 좋고 요금은 1인당 요금이 비아술과 동일하다. 바라데로 도착 후 버스 터미널에서 호텔 혹은 카사까지 또 택시를 이용할 경우엔 조금 더 돈을 주고 아예 콜렉티보 택시로 가는 것이 버스보다 편하다.

3. 비행기

바라데로의 국제공항은 산타 마르타Santa Marta에 있는 후안 구알베르토 고메스Juan Gualberto Gomez다. 센트로에서 약 20km 떨어져 있다. 공항에서 택시를 이용할 경우 요금은 20~25쿡이다. 캐나다, 영국, 아르헨티나 등에서 오는 국제노선이 있다.

4. 트란스투르 버스 Transtur Bus

아바나에서는 여행사 예약을 통해 관광버스로 바라데로를 갈 수 있다. 비아술 버스 터미널까지 가지 않고 동일한 요금에 갈 수 있어 더 편하다. 올드 아바나 플라사 호텔Hotel Plaza 1층 쿠바나칸에서 예약이 가능하며 바라데로행은 아침 09:00시에 1회 운행하며 요금은 25쿡이다. 비아술보다 버스가 훨씬 쾌적하고 편안하다. 다만, 여러 호텔을 돌아 승객을 모아오므로 정시 출발이 거의 없다. 주로 대형 호텔마다 들러 픽업하지만 숙소 근처 가까운 출발 호텔을 미리 확인하면 더 편하다.

5. 기차

바라데로를 기차로 가는 것은 권하지 않는다. 가장 가까운 기차역이 42km 떨어진 마탄사스다. 마탄사스에서 바라데로까지는 차로 1시간을 더 가야 하므로 버스나 합승택시보다 불편하다.

올 인클루시브 호텔이란?

여행사 또는 호텔에서 사용하는 전문 용어로 체크인한 고객에게 해당 호텔의 모든 서비스와 시설을 다 이용할 수 있게 허용하는 것이다. 일부 제한된 레스토랑이 있거나 약간의 메뉴 제한이 있긴 하지만 일반적으로 다 이용할 수 있다고 보면 된다. 쿠바의 경우 비용적으로 다른 지역에 비해 저렴하면서도 아름다운 바다와 호텔 시설을 같이 이용할 수 있어 캐나다 등에서 많은 관광객이 찾고 있다.

올 인클루시브 호텔 예약하기

현지에서는 여행사를 통하는 것이 가장 일반적이다. 원하는 호텔의 타입과 비용을 보고 직접 선택할 수 있다. 현지에서 인터넷을 통해 예약하려고 할 경우, 현지 인터넷 사정상 불가능할 수 있으니 여행 출발 전에 예약을 하자. 성수기에 바라데로는 호텔 예약이 거의 어렵다. 전산화가 되어 있지 않아 여행사에서도 일일이 전화로 여부를 확인하기 때문에 정상적인 예약이 불가능한 것이 원인 중 하나다. 숙박비용은 시즌에 따라 달라지나 보통 1박에 70~100쿡이라면 괜찮은 곳을 찾을 수 있다.

바라데로 호텔 예약 사이트
www.cubahotelreservation.com
www.hotelscombined.com
www.varaderohotelbookings.com
www.escapes.ca/all-inclusive-vacations

올 인클루시브 호텔 즐기기

가능하면 4성급 이상의 호텔을 선택하는 것이 좋다. 쿠바의 경우 기본적으로 깔끔하고 직원들도 대부분 친절하지만 국내나 다른 나라와 비교할 수 없는 구조적인 문제가 있다. 시설이 낡아도 보수 자체가 어려운 곳이 많기 때문이다. 고급 서비스를 원하는 경우 호텔에 따라 서비스에 포함하지 않는 메뉴나 레스토랑이 있으니 미리 확인하는 것이 좋다. 호텔이 있는 지역은 대부분 센트로에서 떨어져 있다. 호텔 외에 주변에서 다른 문화를 즐기려면 택시 등의 교통수단을 이용해야 하니 참고하자.

바라데로를 저비용으로 여행하는 법

대부분의 여행자들이 올 인클루시브 호텔 서비스를 찾아 바라데로에 온다. 그러나 바라데로는 메인 거리에서 한 블록만 걸어가도 아름다운 바다다. 센트로와 가까운 저렴하고 깔끔한 카사에서도 올 인클루시브 호텔 못지않은 즐거움을 누릴 수 있다. 또 시티투어버스를 타면 대형호텔을 고루 둘러볼 수도 있다. 요금은 다른 도시와 동일하게 5쿡이다.

바라데로 추천 카사

아침 식사에 반하는 곳
카사 토레스 Casa Torres

작은 골목 안에 있는 카사이다. 2층으로 되어 있고 2개의 방이 있다. 작은 대문을 들어서 화초들이 잘 가꾸어진 시멘트 정원을 지나면 바로 주인집 작은 거실이다. 게스트용 숙소는 우측에 있다. 작은 문이 1층, 계단 위가 2층으로 1층은 더블 침대 1개와 싱글 침대가 있고 2층은 더블 침대 1개가 있다. 에어컨, 냉장고 등 기본 시설이 잘 갖추어져 있다. 1층은 안쪽으로 들어가는 좁은 문이 불편할 수 있으나 방이 넓다. 정성껏 나오는 아침 식사는 이 집의 자랑이다. 주스와 빵 그리고 커피와 오믈렛, 과일 등 푸짐하게 나오는데 맛도 있다. 원하면 더 만들어준다.

Data **가는 법** Calle 41로 들어와 첫 번째에서 우회전 후 우측 **주소** 2da Avenida e/ 41 y 42, No 4104 **전화** 61-3101 **요금** 25~30쿡

여행자용 주방이 있어 좋은 곳
메르시 이 로베 Mercy y Robe

2층은 여행자용, 3층은 가정집으로 사용한다. 3층에 있는 파라솔과 흔들의자가 전망을 보거나 식사하기에 좋다. 2층은 게스트 전용 공간으로 거실, 주방 그리고 3개의 방이 있다. 3개의 방 중 2개는 공동화장실을 사용해야 한다. 방은 깔끔하고 정리가 잘 되어 있으며 주인 부부가 친절하다. 아들이 한국에서 일한 경험이 있어 한국에 대한 애정이 각별하다. 주방은 요리할 수 있는 시설이 잘 갖추어져 있다. 아침 식사를 원하면 옆집 카사 토레스에서 먹을 수 있다. 가격은 동일하게 6쿡이다.

Data **가는 법** Calle 41로 들어와 첫 번째에서 우회전 후 3층에 무지개색 파라솔 보이는 집 **주소** 2da Avenida e/ 41 y 42, No 4106 **전화** 61-2393 **요금** 25~30쿡 **예약** lalo56@nauta.cu / chinea@nauta.cu

Cuba By Area

02

비냘레스
VIÑALES

비냘레스는 피나르 델 리오의 북부 지방에 위치한 작은 마을이다. 시에라 데 로스 오르가노스 산맥의 일부로 바위가 많은 산악 지역이지만 비옥한 평야를 가졌다. 비냘레스 계곡은 1999년 유네스코 세계문화유산으로 지정된 국가기념물이자 국립공원이다. 석회암 동굴, 깎아지른 절벽, 암벽 등 원시적인 자연의 모습 그대로를 담고 있어 클라이밍과 하이킹을 즐기려는 여행자에겐 더할 나위 없이 좋은 곳이다. 이쁜인가, 쿠바 최고의 시가는 비냘레스에서 재배한 담배로 다 만들어진다 해도 과언이 아니다. 진한 흙냄새, 묵직한 담뱃잎 냄새 그리고 자연이 들려주는 갖가지 소리는 비냘레스에서 만나는 특별한 것들이다. 밤이면 이곳에서도 음악과 살사가 빠지지 않는다. 하루 일과를 마친 농부가 살사 댄서로 변신할 수 있으니 놀라지 말길!

Viñales
PREVIEW

눈앞이 확 트인다. 잘 가꿔진 진한 황토색 밭 사이사이에 작은 집들이 장난감처럼 박혀 있다. 모고테Mogote라 부르는 작은 봉우리는 몽글몽글 귀엽게 솟아 마을을 둘러싸고 있다. 비냘레스는 전형적인 쿠바의 시골이다. 이곳에서 놓치지 말아야 할 게 있다면 바로 쿠바 최고의 시가. 쿠바 시가 중 이곳의 담뱃잎의 품질이 가장 좋다. 연보라색의 담배 꽃이 피는 4월엔 그 새로움에 놀란다. 수확이 한창일 땐 푹푹 찌는 밭고랑 사이로 바나나 잎만큼 큰 담뱃잎을 어깨에 멘 농부를 만나게 된다. 밭에선 진한 담배향이 배어난다. 한 모금 빨고 이내 허공에 뿌려내는 향기는 비냘레스의 향이요, 전망 좋은 카사에 앉아 맑은 공기에 온 몸을 맡기고 쉬엄쉬엄 하는 여행은 비냘레스의 맛이리라.

SEE

마을은 오전 반나절이면 다 돌아볼 만큼 작다. 특별히 가볼 만한 박물관이 많거나 하지 않으니 천천히 무엇을 할지 스스로의 여행 스타일에 맡기자. 비냘레스의 강점은 자연이다. 푸른 자연에 여행을 맡겨 조금 덜 움직이고 조금 덜 바쁜 여행을 하면 어떨까. 디지털에서 아날로그로의 여행. 힐링을 하듯 천천히 둘러보자. 소달구지처럼 천천히 말이다.

EAT

최근 팔라다르Paladar라 부르는 개인 레스토랑이 비냘레스에 부쩍 많이 생겼다. 작은 시골 마을의 변화가 반갑지 않은 여행자도 있겠지만 이 또한 여행의 재미다. 깔끔한 인테리어, 세련된 디자인, 화려한 플레이팅을 갖추고, 가격도 비싸지 않은 맛집 레스토랑이 제법 많다. 비냘레스는 어떤 맛일까.

ENJOY

비냘레스에서는 자연을 있는 그대로 즐겨보는 여행을 하자. 전망대에 올라 마을을 둘러보거나, 인디오 동굴에서 그들의 옛 모습과 자연의 위대함을 느껴보거나, 집라인을 타고 자연 속으로 뛰어들어 보거나, 자전거를 타고 시골길을 둘러보고 말을 타고 담배밭을 달려보는 것 말이다. 운이 좋다면 진한 쿠바 커피를 내오는 인심 좋은 농부를 만날지도 모른다. 또 암벽 등반을 좋아한다면 비냘레스가 제격이다.

BUY

비냘레스 지방에서만 나는 향토 주가 있다. 구아야비타 델 피나르Guayabita del Pinar라는 술로 어린 구아바 나무 열매로 만들었다 이곳에서만 구입할 수 있으며 애주가라면 선물용으로 좋다. 그리고 시가. 비냘레스 시가는 쿠바 최고의 품질을 자랑한다. 아바나 기념품 숍에서 더 잘 포장된 것들을 살 수 있다 해도 이곳에서 직접 구입하는 것은 그만큼의 의미가 있지 않을까.

Viñales
GET AROUND

🚙 어떻게 갈까?

아바나에서 비냘레스로 가는 방법은 크게 버스와 합승 택시(콜렉티보 또는 마키나)가 있다. 수도 아바나에서 서쪽으로 약 150km 떨어져 있는 비냘레스는 차로 4시간 거리다. 여행자가 많이 찾는 도시라 합승 택시 찾는 것이 어렵지 않다. 버스 터미널은 가장 번화가의 한길이라 따로 이동할 필요가 없다. 기차를 이용할 경우 피나르 델 리오Piñal del Rio에서 내려 다시 택시를 이용해야 하므로 번거롭다. 아바나에서 당일 투어로 비냘레스를 갈 경우 여행사 상품으로 인당 약 100쿡이며 가이드와 점심, 기본 코스의 입장료를 포함한다.

1. 버스
아바나에서 비아술 버스가 하루 세 차례(09:00시, 11:25분, 14:20분) 운행한다. 09:00시(12:40분 도착), 11:25분(15:15분 도착), 14:30분(18:20분 도착) 출발이다. 바라데로에서는 한 차례(08:00시) 비냘레스로 운행한다. 요금은 둘 다 12쿡이다. 비냘레스에서 아바나로 가는 버스는 두 차례(08:00, 14:00시), 비냘레스에서 시엔푸에고스를 경유해 트리니다드로 가는 버스는 한 차례(06:45분) 운행한다. 트란스투르Transtur 버스를 이용하면 아바나에서 08:00시에 출발하며 요금은 14쿡이다. 쿠바나칸Cubanacan 여행사에서 예매할 수 있다.

2. 택시
합승 택시 요금은 어느 도시나 비아술 버스와 동일하다. 보통 인당 12쿡이다. 택시에 따라 흥정이 된다면 몇 쿡 정도는 깎을 수 있겠지만 성수기엔 대부분 흥정이 어렵다. 언덕을 올라야 하는 시골길이 많으니 차량을 찾을 때 너무 낡은 택시는 피할 것. 고장 나면 낭패를 겪을 수 있다.

3. 투어버스
아바나에서 비냘레스를 당일로 다녀오고 싶다면 여행사의 투어 상품을 이용하는 것도 괜찮다. 보통 아침 7시 30분에 출발해서 아바나로 저녁 6시쯤 돌아온다. 올드 아바나에서는 잉글라테라 호텔 등 여행사에서 미리 예약하자. 시간이 없는 여행자들은 당일 투어가 효율적이다.

어떻게 다닐까?

주로 메인 도로를 중심으로 여행을 하고 테마를 정해 자전거 투어나 말, 혹은 택시를 타고 외곽을 둘러보는 것이 일반적이다. 중심가는 달리 택시나 교통수단을 이용할 필요가 없다. 오전 9시부터 운행하는 시티투어버스는 가장 효율적으로 도시를 둘러보는 교통수단이다.

1. 시티투어버스
아바나의 시티투어와 동일한 시스템이나 버스가 더 작다. 하루 5쿡이면 종일 타고 내리고를 반복할 수 있다. 단, 승차권을 잘 보관해야 한다. 광장 앞에서 오전 9시가 첫 버스이고 오후 4시 30분이 마지막 버스다. 19개의 정거장을 돌아오는데 대략 1시간 30분 간격으로 운행한다.

2. 자전거 투어
보통 4시간 또는 8시간 대여할 수 있다. 일반적으로 카사의 주인을 통해 자전거를 알아보면 된다. 여행사를 통할 경우 보통 반나절에 약 5쿡, 하루 종일 대여 시 10쿡 정도다. 자전거의 상태는 사전에 미리 확인할 것. 가이드 동반 투어에 점심이 포함된 20쿡짜리 상품도 있다. 햇빛이 뜨겁고 길이 좁으니 자전거를 잘 타지 못하는 초보라면 권하지 않는다. 가까운 거리 정도 체험으로 적합하다.

3. 택시 투어
약 20쿡 정도의 투어다. 인원이 3, 4명이면 나눠서 지불할 수 있는데 보통은 정식 여행사가 아닌 개인택시로 영업하는 올드 카가 많다. 유명 관광지를 3시간 정도 돌아보고 온다.

4. 승마 투어
말을 타고 비날레스의 시골길을 천천히 트레킹하는 투어다. 10쿡에 1시간 정도이지만 흥정이 가능하다. 햇빛이 뜨거우니 주의할 것.

인포메이션 Information

관광 안내소
- 인포투르 Infotur
주소 Calle Salvador Cisneros No 63B
전화 79-6263

비아술 사무실 Viazul Ticket Office
주소 Calle Salvador Cisneros No 63
전화 79-3195 **홈페이지** http://www.viazul.com

환전소 Money Exchange/Cadeca
주소 Calle Salvador Cisneros No 92, esq Adela Azcuy **전화** 79-6334
운영시간 월~금 08:00~15:00,
토 08:00~11:00

은행 Bank / Banco
주소 Calle Salvador Cisneros No 58
전화 79-3130
운영시간 월~토 08:30~17:30

여행사 Tour Agency
- 쿠바나칸 Cubanacán
주소 Calle Salvador Cisneros No 63
전화 79-6393 **운영시간** 월~토 09:00~19:00

- 아바나투르 Habanatur
주소 Calle Salvador Cisneros No 65
전화 79-6262 **운영시간** 월~토 09:00~19:00

긴급 전화번호
경찰 106 / 의료 104 / 화재 105

※ 국제전화
119(119+국가코드+지역번호+전화번호)
비날레스 지역번호 48

Viñales
ONE FINE DAY

부지런히 걷기보다 천천히 걸으며 자연을 만끽하는 것이 비냘레스 여행의 포인트다. 쿠바 농촌의 평화로운 풍경은 타임머신을 타고 시간을 30년 전으로 되돌린 듯하다. 아날로그 여행으로 돌아가 자연스럽게 비냘레스 속으로 들어가 보자. 비냘레스는 시티투어버스로도 충분히 다 둘러볼 수 있다.

시티투어버스 탑승 (호세 마르티 공원) → 자동차 6분 → 아기자기한 전망대 라 에르미타 호텔 → 자동차 10분 → 비냘레스 최고의 전망 하스미네스 호텔&전망대 → 자동차 10분 → 특별하지 않지만 한번쯤 들러보는 선사시대 벽화 → 자동차 10분 → 동굴로 들어가 강을 타고 나오는 인디오 동굴 → 자동차 20분 → 호세 마르티 공원 도착

※ 시티투어버스 기준이며 약 90분 간격으로 버스 운행

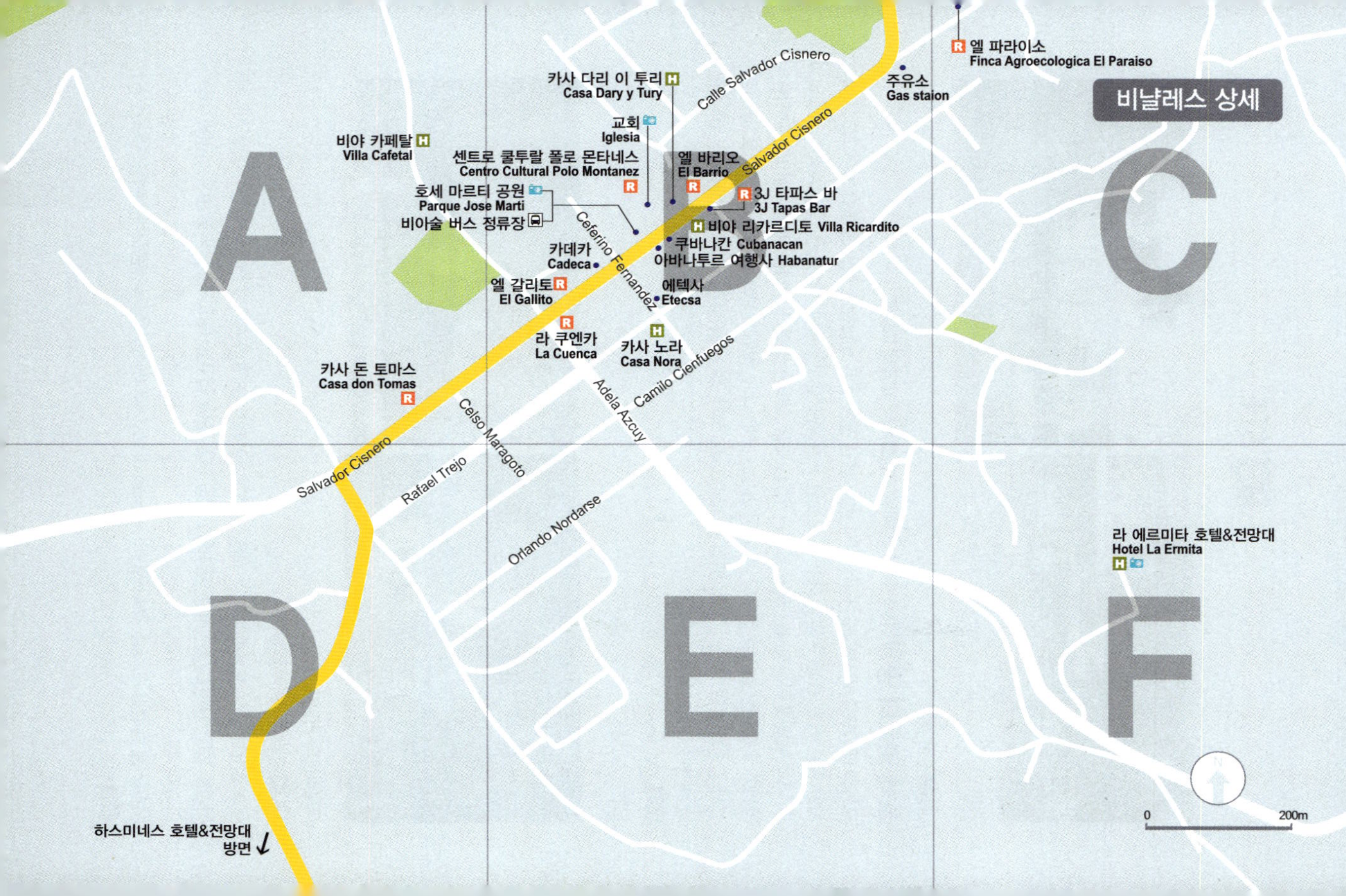

비날레스 상세

C

엘 파라이소
Finca Agroecologica El Paraiso

주유소
Gas station

비야 리카르디토
Villa Ricardito

3J 타파스 바
3J Tapas Bar

엘 바리오
El Barrio

쿠바나칸
Cubanacan

아바나투르 여행사
Habanatur

에텍사
Etecsa

카사 다리 이 투니
Casa Dary Y Tuny

교회
Iglesia

카사 노라
Casa Nora

센트로 쿨투랄 폴로 몬타녜스
Centro Cultural Polo Montanez

세페리노 페르난데스
Ceferino Fernandez

카데카
Cadeca

라 쿠엔카
La Cuenca

엘 갈리토
El Gallito

호세 마르티 공원
Parque Jose Marti

비아술 버스 정류장

Calle Salvador Cisnero

Salvador Cisnero

Adela Azcuy

Camino C Cienfuegos

Orlando Nortarse

A

비야 카페탈
Villa Cafetal

D

카사 돈 토마스
Casa don Tomas

E

F

라 에르미타 호텔&전망대
Hotel La Ermita

Celso Maragoto

Rafael Trejo

Salvador Cisnero

하스미네스 호텔&전망대 방면 →

200m

SEE

비냘레스의 중심
호세 마르티 공원 Plaza de José Martí 플라사 데 호세 마르티

공원을 중심으로 비냘레스 거리는 가장 번화하다. 길게 뻗은 비냘레스 메인 도로의 가운데쯤에 위치한 작은 광장 겸 공원이다. 계단을 오르면 오른쪽엔 빛바랜 파란색의 둥근 종탑 지붕이 크림색의 벽과 예쁘게 어우러지는 작은 교회가 있다. 조금 지나면 밤마다 신나는 라이브 음악과 화려한 공연이 펼쳐지는 센트로 쿨투랄 폴로 몬타네스Centro Cultural Polo Montanez가 있고 바로 옆으로 살사 강습을 받을 수 있는 문화센터Casa de la Cultural가 있다. 공원은 아담하고 깔끔하다. 비냘레스 여행은 이곳에서부터 시작한다.

Data 지도 159p-B 가는 법 비아술 버스티켓 사무실 맞은편

다운타운의 전망대
교회 Iglesia 이글레시아

호세 마르티 공원 오른쪽에 있는 작은 교회다. 1880년대에 지어졌으나 최근 쿠반 스타일로 리노베이션을 했다. 내부는 소박하고 아담하고 깔끔하다. 좁은 입구를 들어서면 나무로 만든 파란색 천장이 눈에 띈다. 입구 우측으로 난 작은 나무 계단을 오르면 종탑이다. 종탑에서는 비냘레스 전망대에서 바라본 풍경과 또 다른 것을 만난다. 종탑을 오르고 싶다면 입구에서 정중하게 허락을 구해보자.

Data 지도 159p-B 가는 법 호세 마르티 공원 우측 입구

아늑한 전망대
라 에르미타 호텔 전망대 Hotel La Ermita

시티투어버스로 가장 처음 도착하는 곳이다. 도심에서 약 2km 떨어진 곳으로 조용한 호텔의 작은 전망대에서는 평화로운 풍경의 비냘레스를 볼 수 있다. 식민지풍으로 지어진 라 에르미타 호텔은 붉은색 지붕에 하얀색 벽, 발코니가 아름다운 부티크 호텔이다. 파란 수영장과 푸른 잔디밭이 호텔과 어우러져 그 자체로도 아름다운 풍경을 만든다. 전망대의 나무 그늘 아래 벤치에서 잠시 쉬거나 야외 수영장 옆 바에서 음료수를 마시는 것도 좋겠다.

Data 지도 159p-F 가는 법 도심에서 남쪽으로 약 2km 주소 Carretera de la Ermita Km 1.5

비냘레스 최고의 전망
하스미네스 호텔&전망대 Hotel Jazmines

비냘레스 최고의 전망을 자랑하는 곳. 비냘레스 사진에 가장 많이 보이는 풍경이 바로 이곳에서 촬영한 것이다. 도심에서 약 4km 떨어져 있으며 시티투어버스로 갈 수 있다. 모고테와 푸른 비냘레스 계곡의 그림 같은 풍경이 파노라마로 펼쳐진다. 전망대 주변에는 스낵바와 기념품 가게가 있고 라이브 밴드가 연주로 여행객을 맞는다. 전망대 옆으로 야외 수영장을 갖춘 핑크색 건물의 하스미네스 호텔이 있다. 야외 수영장도 풍경에 한몫한다. 호텔 수영장은 외부인도 이용할 수 있다. 2층 레스토랑에서 보는 전망도 좋다.

Data 지도 158p-B 가는 법 도심에서 남쪽으로 약 4km 주소 Carretera de Viñales km 25 전화 79-6411

CUBA BY AREA 02
비냘레스

Data 지도 158p-A 지도 밖
가는 법 도심에서 북쪽으로 약 7km
운영시간 09:00~18:00
요금 3쿡(음료 포함)

현대에 그린 선사시대의 벽화
선사시대 벽화 Mural de la Prehistoria 무랄 데 라 프레히스토리아

이곳에 대한 정보 없이 간다면 아마도 '우와, 선사시대에 어떻게?' 하고 놀랄지 모르겠지만 알고 간다면 사정은 달라진다. 도심에서 서쪽으로 약 4km 떨어진 지점에 도착하면 높이 170m, 폭 약 120m의 절벽에 그려진 컬러풀한 그림을 보게 된다. 우리에겐 선사시대 벽화로 알려진 이 그림은 1961년 피델 카스트로의 명령 아래 화가 레오비힐도 곤잘레스가 주민들과 함께 4년에 걸쳐 완성한 그림이다. 벽화 자체는 의미가 없지만 과정을 생각하면 한편으로 당황스럽고 한편으로 대단하다는 생각을 하게 된다. 시티투어버스를 타면 내려서 사진을 찍을 수 있도록 입구에 잠시 정차한다.

최고의 시가를 찾아
담배농장 투어

비냘레스 담배가 최고의 시가를 만드는 재료라는 것은 이미 널리 알려진 사실이다. 도심에서 조금만 벗어나면 쉽게 담배밭을 볼 수 있다. 시기를 잘 선택하면 담배 꽃을 볼 수 있거나 수확하는 모습을 볼 수 있다. 11월 성수기 무렵엔 담배가 10cm 정도의 어린잎이다. 농가에선 직접 시가 만드는 과정을 시연하고 판매도 한다. 투어 상품을 이용하면 담배와 럼 공장을 다 거친다. 담배농장에서는 보통 10개들이 시가를 30~40쿡에 판매하고 있다. 포장이나 품질의 정도는 보장할 수 없다는 점은 염두에 두자. 투어 상품을 이용하지 않고 자전거나 도보로 이동해도 쉽게 담배농가를 발견할 수 있다. 농가에 시가를 볼 수 있냐고 물어보면 시가를 말아 보여주고 판매도 한다. 시티투어버스의 4번째 정거장 카사 데 베게로 Casa de Veguero는 관광객들이 담배농장 투어를 하는 곳이다.

쿠바 최고의 시가를 만드는 비냘레스 담배

쿠바는 세계 최고의 품질 좋은 시가를 생산하는 나라다. 시가 애호가로 유명한 쿠바의 유명 가수 콤파이 세군도, 윈스턴 처칠, 체 게바라 그리고 어니스트 헤밍웨이는 모두 쿠바의 시가를 사랑했다. 쿠바의 시가는 콜럼버스가 유럽으로 전파하면서 알려지기 시작했다. 1492년 신대륙 발견 당시, 쿠바 및 카리브 해 섬의 원주민들은 담배를 신성한 종교의식에 사용했고 담뱃잎은 치료용으로도 사용했다. 담뱃잎을 씹어 즙을 짜서 마시거나 잎을 태운 연기를 코로 들이마시기도 했다. 정복자들 사이에 담배 연기를 마시는 것이 점점 유행처럼 번지게 되고 콜럼버스는 이것을 스페인으로 가져갔다. 이후 스페인은 담배 무역을 통해 상당한 부를 축적했다. 쿠바 하면 가장 먼저 떠오르는 키워드 시가는 이렇게 세상에 알려졌다. 품질 좋은 쿠바 담배는 부의 상징이 되기도 했다. 지금도 쿠바의 고급 시가는 아주 비싼 값에 판매되고 있다.

Theme Page

비냘레스에서 즐기는 짜릿한 액티비티!

자연과 더불어 사는 도시 비냘레스는 자연을 즐길 수 있는 액티비티가 많다.
자전거 하이킹, 클라이밍, 카노페라 불리는 집라인 등이 그것이다.
오직 이곳에서만 느낄 수 있는 특별한 무언가를 찾는다면 Go, Go!

천천히 페달을 밟다
자전거 투어 Bicycle Tour

비냘레스는 도로가 번잡하지 않고 자연을 벗 삼아 달릴 수 있어 자전거 여행을 하기에 천국과 같은 도시다. 여행사 투어 상품을 이용할 수 있는데 카사에서 자전거를 대여해주는 경우도 있다. 여행시를 찾아기는 수고를 덜려면 키시를 이용하는 것도 나쁘지 않다. 단, 카사의 경우 자전거 대여 가격은 흥정하기 나름이다. 보통 시간당 1쿡 정도를 예상하면 된다. 자전거는 상태가 좋지 못한 것이 많으니 타기 전 반드시 점검을 하지 않으면 뙤약볕에서 자전거를 끌고 와야 하는 엄청난 고생을 감수해야 한다.

자연 속으로 뛰어들다
카노페 Canope

특별한 액티비티를 즐기고 싶다면 카노페다. 영어 캐노피Canopy의 스페인어 버전으로 창공을 날아 자연을 즐기는 집라인을 말한다. 총 길이 1km를 네 개의 구간으로 나누었다. 사무실에서 먼저 간단한 교육을 받고 헬멧 등의 장비를 갖춘 후 5분 정도 걸어가면 타워가 나온다. 1인당 3명의 가이드가 동행하고 한 명이 먼저 내려가서 여행자를 받아준다. 소요 시간은 약 30~40분 정도다. 선사시대 벽화에서 약 2km 거리에 있으며 시티투어버스로 갈 수 있다. 단 내려 달라고 하지 않으면 그냥 지나치므로 전 정거장에서 반드시 카노페에 간다고 말해야 한다.

Data 가는 법 선사벽화에서 2km 요금 15쿡

천연 동굴체험
인디오 동굴 Cueva del Indio 쿠에바 델 인디오

1920년대 발견된 것으로 도심에서 북쪽으로 약 7km 떨어진 곳에 위치해 있다. 입구에서는 움막에 살던 인디오의 옛 생활 모습을 재현하고 있다. 좁은 동굴 입구를 따라 약 300m 정도를 걷다 보면 동굴 안에 흐르는 강이 나온다. 거기서부터는 강을 따라 보트로 이동한다. 가이드는 동굴 속 다양한 모양의 종유석의 위치를 알려준다. 동굴 깊이는 깊지 않아 무언가 기대하고 있을 쯤 투어가 끝나면서 동굴 밖으로 나온다. 밖에는 작은 카페테리아가 있고 기념품을 판매한다. 동굴 속 보트 이동은 생소하나 우리나라의 화려한 동굴에 비하면 다소 밋밋하기 때문에 입장료 5쿡이 아깝게 느껴질 수 있다.

Data 지도 158p-B 지도 밖 가는 법 도심에서 북쪽으로 약 7km 운영시간 09:00~17:30 요금 5쿡

EAT

블랙&화이트의 세련된 인테리어
라 쿠엔카 La Cuenca

비냘레스와 어울리지 않지만 이젠 익숙해져야 할 모습 같다. 오픈한 지 1년이 조금 넘은 개인 레스토랑 라 쿠엔카는 블랙과 화이트로 심플하면서 현대적인 세련됨을 강조했다. 외관이나 인테리어는 전혀 쿠바스럽지 않다. 그러나 그 안에 있는 사람과 음식은 쿠바다. 젊고 친절한 바텐더, 상냥한 직원들의 미소가 손님을 편안하게 하는 곳이다. 작은 공간이지만 깔끔하고 오픈된 주방도 인상적이다. 야외 테이블은 저녁 무렵 밤공기와 칵테일이 섞여 로맨틱한 밤을 만든다.

Data 지도 159p-B
가는 법 교회에서 길 건너 우측으로 직진 후 대로변 코너
주소 Salvador Cisnero No 97
전화 69-6968
운영시간 12:00~01:45
가격 생선요리 9.15쿡, 스파게티 4.95쿡, 다이키리 3쿡

정원이 아름다운 곳
카사 돈 토마스 Casa don Tomas

중심가에서 조금 떨어진 곳에 위치한 오래된 레스토랑이다. 잔디가 있는 작은 정원을 지나 2층의 아담하고 예쁜 식당이 있다. 〈론리 플래닛〉 소개와 오랜 역사가 이곳의 인기를 말해준다. 음식 맛은 유명세에 비해 특별하진 않다. 밤에는 테라스가 예쁘고 분위기 있지만 어둡고 모기가 많아 식사에 방해받을 수 있다. 오래된 집의 분위기를 고스란히 느낄 수 있는 곳이다.

Data 지도 159p-A
가는 법 교회에서 우측으로 두 블록 정도 직진
주소 Salvador Cisnero No 97
전화 79-6330
운영시간 10:00~22:00
가격 델리시아스 데 돈 토마스 9.9쿡, 랑고스타 엔칠라다 10.95쿡, 칵테일 2쿡

가격과 맛 두 마리 토끼를 잡은
엘 바리오 El Barrio

살바도르 메인 스트리트에 있는 또 하나의 개인 레스토랑 겸 바다. 3년 전 오픈한 이곳은 독일에서 오래 요리를 배운 주인이 만들었다. 바로 옆에 있는 카사 푸리Casa Purry는 〈론리 플래닛〉에 소개되면서 유명해진 곳인데 이곳 주인의 처가에서 운영하는 카사다. 레스토랑은 아담하고 깔끔하다. 작은 테라스가 있고 친절한 주인과 직원의 서비스, 맛있는 음식이 고루 조화를 이룬다. 음식의 맛이나 플레이팅도 신선하다. 구아바 나무로 만든 피나르 델 리오의 특산품 술 구아야비타 델 피나르Guayabita del Pinar도 맛보자.

Data **지도** 159p-B **가는 법** 교회에서 왼쪽으로 쭉 직진, 대로변에 위치 **주소** Salvador Cisnero No 58A **전화** 69-6927 **운영시간** 10:00~23:00 **가격** 양고기 요리 8.5쿡, 스파게티 5쿡, 쿠바 리브레 2.7쿡

세련된 바, 세련된 메뉴
3J 타파스 바 3J Tapas Bar

1년 전 오픈한 새로운 바&레스토랑이다. 오래된 집을 감각적으로 개조해 젊은이와 외국인에게 인기 있는 곳이다. 깔끔한 인테리어에 분위기가 좋다. 직원은 친절하고 칵테일도 맛있으며 기본 안주가 나온다. 늘 손님으로 가득 차 자리를 잡기 힘들다. 실외에 작은 테라스가 있다. 살바도르 메인 로드에 위치해 있어 찾기 쉽다. 가게 이름 3J는 주인 진Jean과 두 아들의 이름에서 따온 것이다.

Data **지도** 159p-B **가는 법** 교회에서 길 건너 왼쪽으로 직진, 대로변에 위치 **주소** Salvador Cisnero No 45 **전화** 79-3334 **운영시간** 07:00~03:00 **가격** 3J 타파스 10쿡, 치즈 샌드위치 3쿡, 모히토 3쿡

TIP 비냘레스에 팔라다르Paladar(개인 레스토랑)가 제법 늘었다. 깔끔하게 단장하고 손님을 맞는 각양각색의 레스토랑이 여행자에겐 여간 반가운 게 아니다. 세련된 플레이팅과 젊은 직원 그리고 그들의 친절함이 더해져 비냘레스 여행이 한층 더 즐겁다.

전망 좋은 호텔 레스토랑
레스토랑 베라 Restaurante Vera

하스미네스 호텔 2층의 레스토랑이다. 푸른색의 테이블이 비냘레스의 초록과 잘 어울리는 곳이다. 전망이 좋아 테라스에 나가면 수영장과 어우러진 비냘레스의 모고테가 그림처럼 펼쳐진다. 시원한 바람이 넓은 레스토랑을 돌아 나간다. 직원은 친절하고 무엇보다 가격이 저렴하다. 호텔의 수준 높은 서비스를 기대하면 실망하겠지만 가격대비 전망과 분위기가 좋은 곳이다. 전망대 관람 후 점심 식사 장소로 좋다.

Data 지도 158p-B
가는 법 하스미네스 호텔 2층
주소 Carretera de Viñales km 25
전화 79-6411
운영시간 07:00~22:00
가격 랍스터 요리 11.95쿡, 로파 비에하(쿠바 전통스타일 소고기 요리) 5.25쿡, 커피 1쿡

도심에 있는 편안한 식당
엘 갈리토 El Gallito

후세 마르티 공원에서 우측으로 직진하다 보면 길옆에 있는 레스토랑이다. 테라스에 마련된 야외 테이블에서 점심 식사를 하기에 딱 좋다. 가격도 비싸지 않고 음식도 깔끔하고 맛있다. 특별한 식사보다 편안하게 먹고 싶은 곳을 찾는다면 이곳을 추천한다. 가볍게 목을 축이며 도심에서의 여유를 즐겨도 좋다.

Data 지도 159p-B
가는 법 효세 마루티 공월에서 우측으로 직진, 대로변
주소 Salvador Cisnero No 88
전화 79-6124
가격 파스타 4.15쿡, 생선 스테이크 7쿡, 포크 스테이크 6.45쿡

비냘레스의 불타는 밤
센트로 쿨투랄 폴로 몬타네스
Centro Cultural Polo Montanez

피나르 델 리오에서 태어난 쿠바 출신의 가수 겸 작곡가, 전설적인 포크가수 폴로 몬타네스의 이름을 딴 곳으로 교회 옆 코너에 있다. 밤 9시에 문을 열고 라이브 음악과 공연을 시작한다. 공연이 끝나면 한판 춤판이 벌어지고 이는 밤늦게까지 이어진다. 비냘레스의 여행자는 이곳에서 모두 만난다 해도 과언이 아니다. 입구를 들어서면 넓은 마당과 작은 무대가 있고 가운데에 공연이 열리는 공간이 있다. 주변으로 테이블과 의자가 있어 자유롭게 음료를 마시면서 공연을 즐기면 된다. 테이블이 많지만 모여드는 사람도 많다. 조금 더 일찍 가서 기다리다가 좋은 자리를 잡고 즐기는 것도 방법이다.

Data 지도 159p-B
가는 법 호세 마르티 공원의 정면 우측 코너 운영시간 21:00~02:00 요금 입장료 1쿡

자연과 함께하는 식사
엘 파라이소 Finca Agroecologica El Paraiso

비냘레스 계곡이 한눈에 내려다보이는 언덕 위에 지어진 식당이다. 겉보기에는 소박해보이지만 직접 기른 농작물로 음식을 만들고 무료 웰컴 드링크 칵테일을 주는 곳, 낙원이라는 이름이 어울리는 곳이다. 에어컨은 없고 자연 바람과 나무 그늘로 더위를 식혀야 해서 여름에는 매우 덥다. 그러나 날씨가 좋은 계절에 찾으면 천국이다. 정해진 메뉴는 따로 없고 같은 음식을 테이블에 앉은 사람과 나눠 먹는 시스템이다. 샐러드, 수프, 닭, 돼지고기, 생선 요리 등이 나온다. 계절에 따라 곁들여지는 채소는 달라지고, 후식은 진한 커피와 파파야 마멀레이드다. 양이 많아 4명 정도 가서 먹으면 적당하다. 단체를 위해 특별한 돼지고기 바비큐를 예약할 수도 있다. 예약은 문의를 해야 하며, 가격은 인당 20쿡(음료 불포함)이다.

Data 지도 159p-C 가는 법 도심에서 북동쪽으로 약 1.3km 주소 Carretera al cementerio kilometro 1/2, Viñales 전화 535-818-8581(핸드폰 번호) 운영시간 10:30~21:00 가격 15쿡(인당, 돼지고기 바비큐는 20쿡)

SLEEP

전망 좋은 부티크 호텔
라 에르미타 호텔 Hotel La Ermita

도심에서 약 2km 떨어진 곳에 아담하게 위치한 부티크 호텔이다. 붉은 벽돌색의 지붕이 푸른 잔디, 파란 하늘과 잘 어우러져 싱그러움을 더한다. 객실 수 62개의 3성급 호텔로 하스미네스보다 낮은 부지만 나름 운치 있다. 잔디밭 가운데 위치한 작은 수영장이 있고 수영장 옆에는 작은 미니 바가 있다. 조금 더 안쪽으로 들어가면 작은 전망대가 있다. 2층으로 된 아담한 호텔은 테라스가 있어 조용한 여행을 즐기기에 좋다. 시티투어 버스로 갈 수 있다.

Data 지도 159p-F
가는 법 도심에서 동쪽으로 약 2km
주소 Carretera de la Ermita Km 1.5
전화 79-6250
요금 싱글 70쿡~(조식 포함)
홈페이지 www.hotel-la-ermita-cuba.com

비냘레스 최고의 전망대가 있는
하스미네스 호텔 Hotel Jazmines

약간은 촌스러운 핑크색의 식민지풍 건물에 78개의 룸을 가진, 비냘레스 최고의 전망을 자랑하는 3성급 호텔이다. 도심에서 남쪽으로 약 4km 떨어진 곳으로 전망대 바로 옆에 위치하고 있다. 레스토랑과 넓은 수영장 그리고 테라스, 별채 방갈로가 있다. 2층 레스토랑의 작은 테라스와 1층 수영장에서 보는 푸른 비냘레스의 풍경이 아름답다. 시티투어 버스로 갈 수 있다. 방이 모두 마운틴 뷰. 해 뜰 무렵 테라스 창을 열면 새소리와 함께 떠오르는 태양이 비냘레스 계곡을 비추는 풍경이 압권이다. 시간이 있다면 하루 정도 꼭 머물러 이 풍경을 즐겨보자.

Data 지도 158p-B
가는 법 도심에서 남쪽으로 약 4km
주소 Carretera de Viñales km 25
전화 79-6411
요금 싱글 100쿡~(조식 포함)

넓은 테라스가 매력적인
카사 노라 Casa Nora

메인 스트리트에서 한 블록 안쪽에 위치해 있어 조용한 카사다. 두 개의 집이 같은 주인으로 방이 많고 기본 시설을 잘 갖춘 괜찮은 카사다. 시원스럽게 만들어진 2층에는 테라스가 있다. 넓고 깔끔해 전망을 보거나 휴식을 취하기에 좋고, 식사나 차, 술을 마시기에도 안성맞춤. 총 4개의 방이 있다. 아침 4쿡, 저녁은 10쿡이다.

Data 지도 159p-B
가는 법 교회 맞은편 우측 골목으로 직진한 다음 우회전한 후 좌측
주소 Caffe Rafael Trejo, No 77-A **전화** 79-6058 / 52239811 **요금** 25쿡(조식 불포함)
예약 sixtom@princesa.rpi.sld.cu

커피 농장과 정원이 예쁜 카사

비야 카페탈 Villa Cafetal

센트로에서 골목으로 한참 들어가면 넓은 정원을 가진 예쁜 집이 나온다. 집 주변에는 망고나무, 오렌지나무, 커피나무가 가득하다. 커피나무는 집 앞 작은 터에 바나나무와 함께 있다. 담배농장도 가까워 산책 겸 투어를 하기에도 좋다. 골목을 걸어 나오기 좀 힘들긴 해도 그만큼의 매력이 있고, 주인아주머니도 친절하다. 방은 2개로 더블 침대와 싱글 침대가 각 방마다 있다. 조용한 비냘레스의 정취를 느끼기엔 이곳이 그만이다.

Data 지도 159p-A
가는 법 교회 광장에서 우회전 후 골목 끝에 정원이 넓은 카사
주소 Calle Adela Azcuy
전화 5-331-1752
요금 20~25쿡(조식 불포함)
예약 elcafetal@gmail.com

TIP 비냘레스에서 카사 찾기는 어렵지 않다. 문제는 성수기다. 이 작은 도시로 몰려드는 여행객들로 인해 카사뿐 아니라 호텔도 예약이 어렵다. 미리 예약하지 않으면 정거장에서 기다리는 주인을 만나 검증되지 않은 곳에서 자야 하는 수가 있다. 그러나 걱정은 말자. 대부분의 카사는 깔끔하고 가격이나 시설이 비슷한 수준으로 나쁘지 않다. 다만 센트로에서 조금 더 떨어져 있거나 아주 조금 불편할 뿐이다.

여행자를 위한 배려가 좋은 곳
카사 다리 이 투리 Casa Dary y Tury

넓은 정원을 가진 2층 건물의 카사. 야외 테이블로 레스토랑 겸 카사의 특징을 잘 살렸다. 2층의 테라스가 분위기 있다. 입구에서 보면 커 보이지 않지만 안으로 들어가면 놀랄 만큼 넓다. 침대며 방도 깔끔하고 주인은 친절하다. 밤이면 카사 안에서도 와인이나 칵테일을 마실 수 있어 멀리 가지 않고도 충분히 분위기를 낼 수 있다. 총 4개의 방이 있으며 세련된 감각의 인테리어가 돋보인다.

Data 지도 159p-B
가는 법 교회에서 왼쪽으로 직진 큰길가
주소 Salvador Cisnero No 48
전화 79-6022
요금 25~30쿡(조식 불포함)
예약 daymita71@nauta.cu

깔끔한 카사
비야 리카르디토 Villa Ricardito

1층과 2층에 각 하나씩 게스트룸이 있는 카사다. 전형적인 쿠바 가정집 스타일의 거실을 지나면 방이 나온다. 방은 깔끔하고 사용하기에 불편함이 없지만 2층 방이 뷰가 더 좋고 침대가 2개라 편하게 사용할 수 있다. 세련된 감각의 인테리어도 아니고 특별한 것이 있지는 않지만 작은 정원과 야외 테이블, 넓고 아담한 거실이 돋보인다. 아침은 4쿡, 저녁은 8~10쿡 정도다. 메인 거리에 있어 이동하거나 찾기 쉽다.

Data 지도 159p-B
가는 법 레스토랑 3J 타파스 옆
주소 Salvador Cisnero No 46
전화 79-3269
요금 20~25쿡(조식 불포함)
예약 79-3269

Cuba By Area
03

트리니다드
TRINIDAD

트리니다드는 상크티 스피리투스 주에 속한 작은 도시로, 쿠바 섬 중부에 위치하고 남쪽으로 카리브 해를 바라보고 있다. 1514년에 건설된 유서 깊은 도시로 스페인에서 건너온 쿠바 초대 총독 디에고 벨라스케스 데 케야르에 의해 세워졌다. 예부터 쿠바 경제를 떠받치고 있는 주인공은 사탕수수다. 쿠바는 사탕수수로 설탕과 럼을 만들어 세계 각지로 수출했다. 사탕수수 농업이 가장 호황을 누렸던 때는 18~19세기다. 그 시절의 풍요로운 분위기를 고스란히 간직한 도시가 바로 트리니다드다. 1988년 유네스코 세계문화유산으로 지정되었으며 수도 아바나 다음으로 많은 관광객이 찾는다. 근사한 레스토랑, 아기자기한 골목길, 도심 외곽의 아름다운 자연과 공원. 사랑에 빠질 수밖에 없는 매력이 넘쳐난다.

Trinidad
PREVIEW

오랫동안 머물면서 자세히 보면 그 매력이 포도알처럼 알알이 박혀 있음을 알 수 있다. 더 오래 걷고, 더 오래 머물며 찬찬히 훑어보면 떠나기 싫을 정도로 정이 든다. 여행자의 때가 묻고 또 묻어 식상하고 때로는 얄밉지만 그래도 아직 정이 남아 있다. 밤새 살사를 추고 밤새 수다를 떨면서 지구상의 여행자가 모두 모인 듯 즐거운 여행의 추억을 만들기엔 쿠바 최고의 여행지, 트리니다드다.

SEE

유네스코 문화유산으로 지정된 도시의 한적한 골목을 걸어도 좋다. 사탕수수 산업이 활발했던 그 옛날, 그들이 일하던 농장의 모습을 보는 잉헤니오스 계곡의 투어는 어떨까. 마요르 광장 근처의 산 프란시스코 교회에 올라 도시를 내려다보는 것도 좋다. 밤이면 카사 데 라 무시카에서 한판 벌어지는 살사까지. 카리브의 맑은 바다와 자연을 즐기는 트레킹, 인디오의 노동의 아픔이 남아 있는 기차여행 그리고 조용하고 소박한 모습까지 여러 개의 얼굴을 가진 도시, 트리니다드의 매력은 끝이 없다.

EAT

최고의 관광 도시답게 맛있고 색다른 레스토랑이 많다. 독특한 콘셉트의 훌륭한 박물관 같은 식당도 많다. 18~19세기에 지어진 오래된 건물에 잘 꾸며진 레스토랑은 쿠바의 어느 도시보다 세련되면서도 멋스럽다. 마요르 광장 주변에 특히 괜찮은 레스토랑이 많다. 어디를 들어가도 기본은 하기 때문에 크게 걱정할 일이 없다. 100년이 훌쩍 넘은 분위기 있는 고택에서의 여유 있는 한 끼는 어떨까.

BUY

플라사 데 마요르로 가는 길 작은 골목에는 손으로 직접 수를 놓은 앞치마 등의 수공예품이 많다. 럼과 시가는 일반적이니 이곳에서는 기념품으로 수공예품을 사보자. 인형, 깡통으로 만든 장난감과 아기용품까지 손재주가 남다른 그들의 작품을 감상하는 것도 재미다. 여기서 흥정은 덤!

SLEEP

다른 어느 곳보다 카사가 많은 도시다. 200년이 넘은 오래된 식민지풍의 카사 건물은 마치 박물관을 연상시킬 정도로 멋있어서 그 자체만으로 볼거리이다. 가격대가 다른 도시보다 높은 편이지만 그만큼의 가치를 한다. 마유르 광장에서 멀어질수록 가격대가 저렴해진다. 카사에 비해 상대적으로 호텔은 거의 없다시피 하나, 호텔에서보다 더 멋진 경험을 카사에서 할 수 있다. 유난히 특별한 카사가 많은 트리니다드. 카사 여행은 트리니다드의 새로운 여행이다.

Trinidad
GET AROUND

🚗 어떻게 갈까?

아바나에서 트리니다드까지는 비아술 버스가 가장 일반적이다. 또는 여행사를 통해 승차권을 예매하고 호텔에서 탑승하는 트란스투르 버스를 이용한다면 더 편안하게 갈 수 있다. 올드 아바나의 경우 플라사호텔Hotel Plaza에서 오전 8시 30분에 출발하고 요금은 27쿡이다. 호텔에 들러 여행객을 태워서 오는 데 시간이 좀 걸리므로 정시 출발은 어렵다. 그러나 버스가 쾌적하고 경유지가 없어 편하다. 휴게소는 들린다. 예약은 쿠바나칸 여행사에서 가능하다.

1. 버스

비아술 버스를 이용하면 아바나에서 약 6시간이 걸린다. 에어컨 바람이 추울 수 있으니 긴소매 옷이나 얇은 담요는 늘 준비하는 게 좋다. 아바나에서 트리니다드를 경유하는 버스는 티켓을 구하기 쉽지 않으니 트리니다드에서 출발하는 버스를 타는 것을 권한다. 비아술 버스가 많이 낡아 쾌적함은 예전 같지 않다. 비아술 버스 터미널 업무 시간이 오후 2시 30분까지다. 이후에는 문을 닫으니 일찍 가야 한다.

※ 비아술 버스 시간표

본 시간표는 비아술Viazul 버스 홈페이지(www.viazul.com)와 다를 수 있으니 사전에 반드시 확인 바람

트리니다드로 갈 때

출발 도시명	출발시간	도착시간	요금
아바나	07:00	13:25	25쿡
	10:45	17:50	
바라데로	07:25	13:45	20쿡
비냘레스	06:45	16:15	37쿡
산타클라라	10:30	13:45	8쿡
	17:15	20:15	
시엔푸에고스	08:00	09:35	6쿡
	11:40	13:25	
	12:00	13:45	
	14:30	16:15	
	16:05	17:50	
	18:55	20:15	
카마구에이	02:25	07:15	15쿡
산티아고 데 쿠바	19:30	07:15	33쿡

트리니다드에서 갈 때

도착 도시명	출발시간	도착시간	요금
아바나	07:45	14:05(직행)	25쿡
	10:00	–	
	14:30	20:50(히론 경유)	
바라데로	07:00	13:30	20쿡
	13:55	20:15	
비날레스	–	–	–
산타클라라	07:30	11:15	8쿡
	13:55	16:50	
시엔푸에고스	07:00	08:30	6쿡
	07:30	09:30	
	07:45	09:45	
	13:55	15:25	
	14:30	16:00	
카마구에이	08:00	13:40	15쿡
	09:50	15:35	
산티아고 데 쿠바	08:00	20:50	33쿡

2. 택시
합승 택시 요금은 어느 도시나 비아술 버스와 동일하다. 아바나에서 출발할 경우 택시 하나당 4인 기준으로 해도 약 25쿡이다. 성수기엔 어렵지만 비수기엔 흥정을 할 수 있다면 20쿡까지는 가능하다. 6시간의 장거리이므로 택시의 상태를 반드시 확인해야 한다. 낡은 택시일수록 가격이 저렴하다. 택시가 많이 낡은 경우 가다가 고장 날 수 있으니 상태를 잘 살피자.

3. 비행기
트리니다드에는 국제공항이 없다. 국내공항Aeropuerto Alberto Delgado이 있지만 현재 운항하는 비행기는 없다.

4. 투어버스 TransTur bus
호텔에서 출발하는 트란스투르 버스는 시엔푸에고스를 경유해 트리니다드까지 간다. 호텔의 위치에 따라 다르지만 보통 8~9시 사이에 출발하고 요금은 인당 27쿡이다. 중간에 휴게소에 한 번 들러 점심 식사를 한 후 시엔푸에고스에서 손님을 내리고 태우다 트리니다드 도착 시간은 보통 오후 3시 전후다.

어떻게 다닐까?

마요르 광장과 카리요 광장(구 세스페데스 공원)은 걸어서 충분히 이동할 수 있는 거리다. 유네스코 세계문화유산으로 지정된 도시답게 옛길 그대로라 돌길이 많다. 자전거도, 말도 그리고 차량도 모두 덜컹거리니 참고하자. 인포투르Infotur에서는 무료 안내 자(지도)를 받을 수 있다. 천천히 걸어서 지도대로 찾아보는 것도 재미다. 2쿡에 시내를 돌 수 있는 시티투어버스와 같은 미니버스가 있지만 트리니다드는 걸어서 다니길 권한다. 여기저기 골목마다 느껴지는 맛을 버스로는 느낄 수 없다.

인포메이션 Information

관광 안내소
- **인포투르** Infotur
주소 Gustavo Izquierdo No.101 e/ Simón Bolivar y Piro Guinart **전화** 99-8257

비아술 사무실 Viazul Ticket Office
주소 Calle Piro Guinart No.224
전화 99-4448 **운영시간** 08:30~17:00
홈페이지 www.viazul.com

환전소 Money Exchange/Cadeca
주소 José Martí No.164 e/ Parque Céspedes y Camilo Cienfuegos **전화** 99-6262
운영시간 월~토 08:30~16:00, 일 08:00~11:00

이민국 Immigration office
주소 Calle Prolongación de Julio Cuevas Díaz
전화 6650 / 6950
운영시간 월~수 08:00~17:00,
토 08:00~12:00(목 · 금요일은 휴무)

은행 Bank / Banco
- **Banco de Crédito y Comercio**
주소 José Martí No.264
운영시간 월~금 09:00~15:00

여행사 Tour Agenc
- **쿠바투르** Cubatur
주소 Antonio Maceo No.447
전화 99-6314 **운영시간** 09:00~20:00

- **파라디소** Paradiso
주소 Calle Lino Pérez No.306
전화 99-6486 **운영시간** 10:00~18:00

- **쿠바나칸** Viaje Cubanacán
주소 Calle Colon esq. del Carme
전화 99-4199/4981 **운영시간** 10:00~18:00

- **아바나투르** Habanatur
주소 Calle Lino Pérez No.368 e/ Francisco Cadahía
전화 99-6317

- **에코투르** Ecotur
주소 Simón Bolívar No.424
운영시간 10:00~22:00

우체국 Post Office
주소 Antonio Maceo No.418 e/ Colón y Zeroquera
운영시간 월~토 09:00~18:00

병원 International Medical Service
주소 José Martí No.164 e/ Parque Céspedes y Camilo Cienfuegos
운영시간 월~토 08:30~20:00, 일 09:00~18:00

에텍사 Etecsa
와이파이용 카드는 에텍사 또는 대형 호텔에서만 구입이 가능하다. 트리니다드는 대형 호텔이 많지 않아 에텍사에서 구입해야 한다. 카드를 구입하면 와이파이 존에서는 1시간에 1쿡이다.
주소 esq General Lino Pérez y Francisco Pettersen
운영시간 08:30~19:00

긴급 전화번호
경찰 106 / 의료 104 / 화재 105

※ 국제전화
119(119+국가코드+지역번호+전화번호)
트리니다드 지역번호 41

Trinidad
TWO FINE DAYS

마요르 광장을 중심으로 도심은 하루 동안 즐기고 잉헤니오스 계곡과 앙콘 비치는 시간의 여유가 있다면 조금 더 여유 있게 즐기면 좋을 곳들이다. 식민지 역사의 흔적과 아름다운 자연, 살사와 음악이 어우러진 트리니다드를 즐겨보자.

1일차

트리니다드 여행의 시작
마요르 광장

→ 도보 1분

마요르 광장의 상징
산티스마 트리니다드 교회

→ 도보 1분

19세기로 떠나는 여행
낭만주의 박물관

↓ 도보 1분

작은 전망대가 있는
트리니다드 지역박물관

← 도보 3분

트리니다드 랜드마크
혁명역사박물관

← 도보 3분

보는 재미가 쏠쏠
건축박물관

↓ 도보 10분

생활과 여행이 만나는
카리요 광장

2일차

옛 사탕수수 농장으로
떠나는 로스 잉헤니오스 투어
(09:30~15:00, 약 6시간 소요)

→ 자동차 30분

여유를 만끽하는
앙콘 비치

트리니다드의 랜드마크
트리니다드 혁명역사박물관 Museo Nacional de la Lucha Contra Bandidos
🔊 무세오 나시오날 데 라 루차 콘트라 반디도스

트리니다드 사진에 빠지지 않고 등장하는 노란 파스텔 톤의 수도원 건물이다. 1986년부터 박물관으로 사용되고 있지만 원래는 산 프란시스코 아시스의 수도원이었다. 전시장에는 주로 혁명과 관련한 자료와 무기, 의료품이 전시되어 있다. 하지만 정작 이곳에 여행객의 발길이 끊이지 않는 이유는 바로 전망대 때문이다. 전시장을 둘러본 후 좁은 계단을 따라 종탑에 올라보자. 붉은 지붕에 골목골목 잘 만들어진 예쁜 도시 트리니다드가 한눈에 들어온다. 낡은 계단은 순서를 기다렸다가 조심스레 올라야 한다. 종탑의 종은 1853년에 만들어졌다고 쓰여 있다. 낡은 종에 세월의 무게가 고스란히 담겨 있다. 중간에 직원이 순서를 위해 잠시 대기시키기도 하는데 그 틈을 타 손수 만든 기념품을 여행자에게 판매하기도 한다. 건물 안 정원에는 쿠바가 격추한 미국 U-2 정찰기의 동체가 전시되어 있다. 쿠바 동전 25센타보에 그려진 그림이 바로 이곳이다.

Data 지도 182p-B
가는 법 마요르 광장에서 왼쪽 Calle Fernando Hernández를 따라 한 블록
주소 Echerri No 59
운영시간 화~일 09:00~17:00
요금 1쿡

또 하나의 랜드마크
산티시마 트리니다드 교회 Iglesia Parroquial de la Santísima Trinidad
🔊 이글레시아 파로키알 데 라 산티시마 트리니다드

트리니다드를 대표하는 사진에 빠지지 않고 등장하는 또 하나의 건물이다. 마요르 광장 북쪽 우측에 크게 자리한 교회다. 17세기에 지어졌지만 사이클론으로 파괴된 후 1892년에 다시 지어졌다. 교회 안에는 나무로 된 예수의 동상이 있다. 처음에 이 동상은 멕시코의 베라 크루즈에 있는 어느 교회로 가던 중이었다. 그러나 악천후로 선박이 트리니다드에 묶였고 세 번이나 다시 멕시코로 향하려 했지만 모두 실패한다. 결국 나무 동상을 포함한 화물의 일부를 내리고서야 겨우 배가 출항할 수 있었다고 한다. 이후 동상은 이곳에 보관되었다고. 내부의 나무로 된 장식과 조각이 볼 만하다. 단, 교회가 잠깐 동안 오픈하므로 시간을 잘 맞춰야 한다. 오후에 도착하면 늘 닫힌 교회만 보게 된다.

Data 지도 182p-B
가는 법 마요르 광장 낭만주의 박물관 우측 큰 교회 운영시간 월~토 10:30~13:00 요금 무료

트리니다드 여행의 시작
마요르 광장 Plaza de Mayor 🔊 플라사 마요르

광장이라 부르지만 실은 아담하고 작은 공원이다. 특별할 게 없는 이 작은 공원이 여행자들에겐 트리니다드 여행의 기준이다. 하얀 기둥에 푸른 잎사귀를 축 늘어뜨린 키 큰 야자수 나무가 있는 공원에는 작은 벤치와 조각이 전부다. 조금만 더 올라가면 밤마다 축제가 벌어지는 카사 데 라 무시카가 있다. 트리니다드에서 어디로 가야 할지 모르겠다면 무조건 이곳으로 가라. 이곳에 시부다는 이디를 기도 블기리기 지친이디. 광장 주변을 둘러보면 식민지 시대에 지어진 100년을 훌쩍 넘은 건물이 모두 박물관이고 교회다. 찾기 쉬우므로 박물관 투어를 해보는 것도 좋다.

Data 지도 182p-B 가는 법 비아술 버스 터미널에서 Piro Guinart 길 방향에서 북동쪽으로 두 블록 직진 후 우회전해서 다시 한 블록

여행과 일상이 만나는 곳
카리요 광장(구 세스페데스 공원) Plaza Carrillo(Parque Céspedes)
🔊 플라사 카리요(파르케 세스페데스)

마요르 광장이 여행자로 붐빈다면 이곳은 여행과 일상이 만나는 곳이다. 이전까지 세스페데스 공원이라 불렸다. 트리니다드에서 '센트로'라고 말하면 여기다. 공원은 와이파이가 된다는 이유로 아침저녁 인터넷을 사용하는 현지인들로 가득하다. 주변으로 인터넷 카드를 살 수 있는 에텍사 Etecsa와 우체국, 호텔 그리고 교회 등이 다 모여 있다. 넓은 공원에는 벤치가 많고 식물이 우거진 그늘이 많아 한가롭게 쉬기에 좋다. 콜렉티보 택시가 이곳에서 출발하고 내리는 경우가 많으니 택시를 탄다면 참고하자. 광장에 있는 작은 교회 산 프란시스코 데 파울라는 일요일마다 미사가 있다. 외부인도 들어갈 수 있으니 시간이 맞으면 미사를 보는 것도 좋다.

Data 지도 182p-E
가는 법 마요르 광장에서 시몬 볼리바르를 따라 아래로 걷다 마르티 거리와 만나면 좌측으로 약 세 블록
주소 Calle Martí

트리니다드 여행의 묘미
음악의 집 Casa de la Música 카사 데 라 무시카

그저 평범한 계단과 오래된 건물이지만 밤이 되면 아주 특별한 곳으로 변신한다. 매일 밤 8시 무렵이면 사람들은 이곳으로 향한다. 아니 향해야 한다. 트리니다드에 가면 사람들이 여행자를 모두 이곳으로 보내기 때문이다. 낮과 밤 모두를 봐야 그 변신을 실감할 수 있다. 성수기엔 계단에 약 천 명 정도가 꽉 찬다. 밤 10시에 공연이 시작하지만 일찍 가서 분위기를 잡거나 좋은 자리를 맡아도 좋다. 무대 앞 작은 공간이 춤을 추는 공간이다. 바닥이 고르지 못하고 넓지 않지만 그 좁은 공간이 사람들로 가득 차니 그 또한 볼거리다. 자리에 앉아 있으면 웨이터가 주문을 받으러 다닌다. 직접 음료를 산 후 앉아도 된다.

Data **지도** 182p-B
가는 법 마요르 광장에서 교회 우측으로 올라가면 계단 위 **주소** Calle Cristo **운영시간** 20:00~02:00 **요금** 1쿡

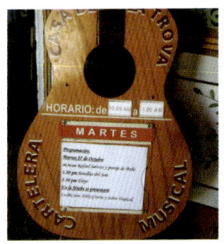  

살사와 음악을 제대로 즐기는 곳
카사 데 라 트로바 Casa de la Trova

카사 데 라 무시카가 여럿이 즐거운 곳이라면 이곳은 조금 더 '우리끼리' 즐거운 곳이다. 높은 대문을 열고 들어서면 넓은 거실이 나온다. 그 공간을 지나 야외로 나가면 음악과 춤이 있는 메인 무대다. 약간은 좁은 감이 있지만 분위기가 무르익으면 사람들은 입구에서부터 춤을 추기 시작한다. 이곳은 1974년 처음 대중들에게 문을 열었다. 쉰이 넘은 아저씨의 발놀림은 이십 대 청년보다 빠르다. 라이브 밴드의 수준 높은 음악이 더해지면 이보다 좋을 수 없다. 트리니다드 춤꾼들이 카사 데 라 무시카 공연 전 이곳에 들러 몸을 풀고 이동한다. 분위기는 카사 데 라 무시카, 음악을 제대로 즐기기엔 카사 데 라 트로바다. 단체 손님들의 예약이 많으니 서둘러 자리를 맡는 것이 좋다.

Data 지도 182p-B **가는 법** 카사 데 라 무시카 계단 앞에서 우측 방향 끝 건물
주소 Fernando Hernandez Echerri No 29 **운영시간** 21:00~02:00 **가격** 입장료 1쿡

전통 공연과 연주가 있는 곳
팔렝케 데 로스 콩고스 레알레스 Palenque de los Congos Reales

매일 밤 10시든 룸바 공연이 있는 곳이다. 룸바 외에 라이브 밴드의 공연과 타악기 연주도 볼거리다. 아프리칸 노예들의 춤을 표현하는 룸바가 이곳의 하이라이트지만 콩가 연주도 눈을 뗄 수 없다. 조금 더 조용하게 그리고 아늑하게 룸바와 타악기 공연을 즐기려면 이곳이 좋다. 널찍한 야외 무대는 무대라고 할 것도 없이 조촐하지만 그들이 뿜어내는 에너지는 어떤 곳보다 뜨겁다. 카사 데 라 트로바 맞은편에 있어 찾기 쉽다. 현재 내부 공사 중으로 2016년 12월 이후 재오픈 예정이다.

Data 지도 182p-B **가는 법** 카사 데 라 트로바 맞은편 우측
주소 e/ Fernando Hernandez Echerri y Jesús Menéndez **가격** 1쿡(음료 불포함, 음료 1~3쿡)

소소한 볼거리
고고학 박물관 Museo de Arqueología Guamuhaya 🔊 무세오 데 아르케로지아 과무하야

광장의 모퉁이에 있는 작은 박물관이다. 이름대로 동물의 뼈나 오래전 사용하던 주방 등을 볼 수 있다. 많은 것을 기대하지 않는다면 둘러볼 만한 곳이다. 대부분의 박물관은 시설이나 내용이 기대보다 못하다.

Data 지도 182p-B
가는 법 마요르 광장에서 교회를 등지고 우측 아래 방향
주소 Simón Bolívar No 457
운영시간 화~토 09:00~17:00
요금 1쿡(사진촬영 시 5쿡)

19세기 생활용품 집합소
낭만주의 박물관 Museo Romántico
🔊 무세오 로만티코

마요르 광장에서 북쪽 방면으로 보면 성 트리니다드 교회 옆에 노란색의 아치형 기둥이 눈에 띄는 2층 건물이 있다. 낭만주의 박물관이다. 지상 1층은 1740년에 지어졌고 나머지는 1808년에 지어졌다. 19세기의 가구와 조각 등이 전시된 박물관으로 최근 리노베이션 했다.

Data 지도 182p-B
가는 법 마요르 광장 북쪽 정면 왼쪽 노란색 건물
주소 Echerri No 52 **운영시간** 화~일 09:00~17:00
요금 현재 리노베이션 중

작은 전망대
트리니다드 지역박물관
Museo Municipal de la Trinidad
🔊 무세오 무니시팔 데 라 트리니다드

마요르 광장에서 내려다보면 사람들로 가득 찬 사방이 트인 낮은 전망대가 보인다. 고고학 박물관의 전망대다. 혁명역사박물관보다 낮지만 사방이 트여 있어 전망하기 좋다. 트리니다드의 역사와 관련한 전시물을 모아두었다.

Data 지도 182p-B **가는 법** 마요르 광장에서 교회를 등지고 우측 아래로 한 블록 반 내려오면 우측 코너
주소 Simón Bolívar No 423 **운영시간** 화~토 09:00~17:00 **요금** 2쿡(사진촬영 시 5쿡)

이즈나가 대부호의 옛 집
건축박물관 Museo de Arquitectura Triniaria 무세오 데 아키텍투라 트리니다드

광장을 바라보고 우측 정면에 파스텔 톤의 하늘색이 눈에 띄는 집이 있다. 다양한 건축방식과 건축자재를 전시한 박물관이자 19세기 트리니다드의 엄청난 사탕수수 농장주 이즈나가 패밀리가 살던 집이다. 이곳의 또 다른 이름이 이즈나가 가족의 집Casa de los Sánchez Iznaga인 이유다. 입구를 들어서면 각 방에는 오래전 이즈나가 패밀리가 사용하던 가구 등과 문살의 모양, 문고리 그리고 집 지을 때 사용하던 목재까지 나름 흥미롭다. 마요르 광장 주변에는 박물관이 많지만 생각보다 제대로 된 곳은 별로 없다. 이곳도 시설이나 전시가 아주 잘 된 곳은 아니지만 그나마 가장 볼 만하다. 안쪽 정원으로 들어가면 100년이 넘은 샤워기와 화장실도 있다. 물을 받아 정원수로 사용하던 도구와 주방까지 두루 둘러보면 재미있는 소소한 것들이 제법 많다.

Data 지도 182p-B
가는 법 마요르 광장 동쪽 하늘색 단층 건물 주소 Ripalda No 83 운영시간 목~화 09:00~17:00
요금 1쿡(사진촬영 시 5쿡)

수공예품 많은 곳
기념품 시장 Market

트리니다드 지역박물관 주변의 볼리바르 거리에는 기념품 숍이 많다. 마요르 광장으로 올라가는 길에도 하얀 천이 나풀거리는 골목을 만날 수 있다. 유난히 수공예품이 많은 곳이 트리니다드. 손으로 직접 뜨개질해 만든 아기 신발부터 옷, 주방용품, 캔을 재활용해 만든 장난감까지. 체 게바라 티셔츠와 모자 정도는 여기서 특별하지 않다. 강한 색채가 인상적인 그림부터 시작해 살 것이 수두룩하다. 조금 더 정성이 들어간 선물을 사고 싶다면 이곳에서 골라보자.

Data 가는 법 Calle Simón Bolívar 따라 마요르 광장 방면으로 올라간 후 지역 박물관 주변
주소 Calle Simón Bolívar
운영시간 화~토 09:00~17:00

엉덩이 들썩이는 이색 체험
말 타기 투어 Horse Riding

약 3시간 정도 말을 타고 외곽을 돌아오는 코스다. 가이드 한 명 외에는 다른 포함 내역이 없다. 도심 외곽의 조용한 마을을 지나 산속을 달린 후 폭포를 돌아온다. 산을 오르내리는 코스라 평탄하지 않다. 말은 온순하지만 정신을 바짝 차리지 않으면 다칠 수 있다. 오전 9시쯤 출발하면 해가 뜨거워지기 전인 12시쯤 돌아온다. 6시간짜리 투어도 있지만 말 타는 것에 익숙하지 않다면 3시간 정도로 조절하는 것이 좋다. 투어의 공식적인 금액은 약 25쿡(식사 및 음료 미포함)이지만 길에서 표를 파는 호객꾼을 만나면 15~20쿡도 가능하다. 수영복을 준비하면 산속의 작은 폭포 아래서 물놀이도 즐길 수 있다. 단 수심이 약 3m 정도로 깊으니 조심해야 한다(안전 요원이 없다). 중간에 레스토랑과 작은 카페가 있어 휴식도 취할 수 있다. 식사를 원하지 않을 경우 가이드에게 말하면 된다.

Data 요금 15~25쿡(공원 입장료 포함, 가이드 포함, 식사 불포함)

카리브 해 즐기기
앙콘 비치 Playa de Ancón 플라야 데 앙콘

쿠바 섬의 남쪽 해안에 위치한 앙콘 해변은 하얀 모래와 맑은 바다로 많은 이들의 사랑을 받고 있다. 트리니다드 도심에서 약 12km 떨어진 곳으로 차로는 약 15분, 자전거로는 약 40분 거리다. 다양한 해양 레포츠를 즐길 수는 없지만 스노클링과 스쿠버 다이빙을 할 수 있다. 2쿡이면 선 베드를 빌릴 수도 있다. 한 곳뿐인 노천 식당에서는 적당한 가격에 맛있는 식사를 할 수 있고 시원한 음료수도 판매한다. 편의시설이 딱히 없어 불편하기도 하지만 오히려 그래서 한적하다. 앙콘 호텔의 레스토랑을 이용할 수도 있다. 대부분의 휴양지에서 갖춘 시설을 쿠바에서는 기대할 수 없다. 앙콘 역시 마찬가지다. 샤워 시설은 앙콘 호텔 입구에 있는 수도가 전부다. 화장실 역시 호텔을 이용해야 한다. 스노클링은 한다면 파도가 높지 않은 오전이 좋다.

Data 지도 180p-A 지도 밖
가는 법 트리니다드 중심에서 남쪽 방향, 차로 약 10~15분
주소 Carretera Maria Aguiar, Playa Ancon
요금 선 베드 2쿡(하루 종일), 스노클링 15쿡(약 45분 소요)

TIP 버스 왕복 요금 2쿡, 버스 운행시간 09:00, 11:00, 14:00 출발(지도 182p-E)-18:00(앙콘 호텔에서 출발하는 막차)

과거 사탕수수 농장 여행
잉헤니오스 계곡 기차 투어 Valle de Los Ingenios 🔊 바예 데 로스 잉헤니오스

사탕수수는 트리니다드의 주산업이었다. 과거 그 많던 사탕수수 농장의 흔적을 낡은 기차로 돌아보고 오는 투어이다. 아침 9시 30분, 페로카리레스Ferrocarriles 역을 출발하는 기차는 마나카 이스나가Manaca Iznaga를 들른 후 설탕공장 박물관Museo del Azugar de Fnta에서 잠시 휴식한다. 다시 기차는 아시엔다 과치낭고Hacienda Guachinag로 향하는데 그곳에서 점심 식사 후 기차역으로 돌아오면 오후 3시쯤이다. 왕복 요금은 15쿡으로 식사는 포함되지 않는다. 표는 직접 기차역에서 당일에 구입(9시 10분부터 티켓 판매)하거나 여행사를 통해 살 수 있다. 마나카 이스나가는 과거 사탕수수 농장주인 산체스 이스나가의 대저택이 있는 곳이다. 저택 옆에는 높이 47m, 약 134개 계단의 감시탑이 있다. 사탕수수 농장의 노예들을 감시하기 위해 만들어졌다. 좁은 계단을 올라 탑의 꼭대기에 다다르면 오금이 저림과 동시에 그림처럼 펼쳐지는 끝없는 농장에서 감시받으며 땀 흘려 일했을 노예들이 보이는 듯하다. 과거에는 약 50여 개의 사탕수수 농장이 있었다고 한다. 설탕공장 박물관 입구를 지나 왼쪽 계단을 오르면 작은 미니 박물관이 나온다. 예전 설탕공장에서 쓰던 책들과 도구들을 전시했다. 매연과 경적 소리가 심한 편이라 기차를 탈 때는 앞자리보다는 뒤를 추천한다. 갈 때는 해가 우측에 든다. 가이드가 따로 없고 기차의 출발 시간만 이야기하니 정확히 몇 시에 다시 출발하는지 잘 확인하자. 2019년 여름부터 아시엔다 과치낭고의 레스토랑이 새롭게 단장해서 오픈했나. 깔끔하게 보수된 오래 된 농장의 집은 근사한 레스토랑이 되었고 식사도 깔끔하다. 이젠 기차 여행을 위한 식사를 따로 준비하지 않아도 된다.

Data 기차역 Estacion de Ferrocarril
가는 법 카리요 광장에서 General Lino Perez 길을 따라 남쪽으로 약 7블록 정도 직진 **요금** 투어 15쿡(식사 불포함, 가이드 없음), 버스 투어 35쿡(식사 포함, 영어 가이드 포함), 마나카 이스나가 감시탑 1쿡

EAT

박물관이야 레스토랑이야
레스토랑 무세오 1514 Restaurante Museo 1514

레스토랑 이름의 1514년은 트리니다드 도시가 만들어진 해를 말한다. 500년이 된 도시의 역사만큼 레스토랑이 있는 자리의 역사 또한 예사롭지 않다. 1760년대 지어진 건물의 레스토랑은 오래된 찻잔과 그릇 등이 한 공간을 가득 채우고 있다. 마리안 루이스 타파네스 가족이 살아왔던 집을 몇 해 전 개인 레스토랑으로 오픈한 것으로 집기는 모두 집안의 큰 행사에 사용하거나 사탕가게를 하면서 사용하던 물건들이다. 분위기 있는 식사를 위해서라면 여기가 딱이다.

Data 지도 182p-B
가는 법 마요르 광장에서 Simón Bolívar 길을 따라 북쪽으로 조금 가다 왼쪽
주소 Simón Bolívar No 515 e/ Juan Manuel Márquez y Fernando Hernandez Echerri
전화 99-4255
운영시간 12:00~00:00
가격 메인 요리 14쿡~, 커피 2쿡, 모히토 3쿡

망고 나무 아래서 맛있는 커피를
카페 돈 페페 Café Don Pepe

트리니다드의 커피 맛집으로 소문났다. 큰 망고 나무 아래 듬성듬성 테이블이 놓여 있어 여유를 느낄 수 있다. 오랜 모습을 그대로 간직한 동네 커피숍으로 여행 중 휴식이 필요할 때 들르기 좋다. 갈 때마다 엽서를 쓰고 싶어지는 곳이다. 더운 여름 시원한 아이스 커피 한 잔에 벽을 타고 오르는 도마뱀을 구경하고 있노라면 행복한 기분을 느낄 수 있다. 쿠바에서 즐기기 어려운 다양한 메뉴들이 있으니 트리니다드에서 커피 생각이 간절할 때 찾자.

Data 지도 182p-B
가는 법 혁명 투쟁 박물관 입구에서 공원 방향 대각선 정면
주소 Piro Guniart, Frente al Museo de Lucha contra Bandidos
전화 99-3573 **운영시간** 08:00~00:00 **가격** 아메리카노 1.5쿡, 카푸치노 2.5쿡, 모히토 2.5쿡

스파게티 맛집
엘 히구에 El Jigüe

마요르 광장에서 한 블록 떨어진 곳에 있다. 1514년 돈 디에고 벨라스케스의 첫 번째 크리스마스 미사가 있었던 히구에 광장 터에 자리하고 있다. 넓은 실내와 아담하게 자리한 작은 야외 테이블이 있다. 야외 테이블에서 바라보이는 풍경이 한적하고 조용하면서 평화롭다. 18세기에 지어진 오래된 집을 레스토랑으로 만들었고 멋스러움이 고스란히 남아 있다. 이 집에서 가장 유명한 요리는 치킨 스파게티인 포요 알 히구에 Pollo al Jigue다.

Data 지도 182p-B
가는 법 마요르 광장 아래에서 두 번째 블록
주소 Rubén Martinez Villena No 69 esq Piro Guinart
전화 99-6476
운영시간 12:00~22:00
가격 세프 스페셜 6.95쿡, 포요 알 히구에 4.95쿡, 카마론 알 아히요(갈릭 새우) 7쿡

클래식 카가 있는 정원
라 누에바 에라 La Nueva Era

식민지풍의 아름다운 건물에는 넓은 정원이 있고 하얀 고급 클래식 카 한 대가 떡하니 자리하고 있다. 1743년에 지어진 건물에 만들어진 개인 레스토랑으로 내부에서는 18세기부터 19세기까지의 가구 등도 볼 수 있다. 노을 지는 저녁 2층 테라스에서 일몰을 바라보며 모히토 한 잔 마시기 딱 좋은 곳이다. 다양한 메뉴의 음식이 있고 맛도 괜찮다.

Data 지도 182p-B
가는 법 레스토랑 무세오 1514 좌측 대각선 맞은편
주소 Simón Bolívar No 518 e/ Juan Manuel Márquez y Fernando Hernandez Echerri
전화 5-35-2903791 **운영시간** 09:00~00:00 **가격** 메인 요리 10쿡~

비틀즈와 라이브의 만남
바 예스터데이 Bar Yesterday

비틀즈가 최근 쿠바에서 인기다. 큰 도시마다 바 예스터데이를 만들어 관광 상품으로 이용하고 있는 쿠바 정부 덕이다. 덕분에 연세 지긋하신 캐나다와 유럽의 단체 관광객들은 이곳에서 추억을 회상하며 맥주잔을 기울인다. 밤 10시부터 젊은 밴드의 라이브 공연이 시작되는데, 그 전에 큰 스크린을 통해 비틀즈의 라이브 공연을 보여준다. 조용히 비틀즈의 음악을 감상하고 싶다면 공연 전에 가는 것을 추천하고 싶다.

Data 지도 182p-B
가는 법 마요르 광장에서 Simón Bolívar 거리를 따라 아래로 두 블록 내려오다 우측 주소 Guestavo Izquierdo e/ Piro Guinart y Simón Bolívar
운영시간 16:00~00:00 가격 쿠바 맥주 2쿡, 콜라 1.5쿡

콘셉트가 독특한 곳
레스토랑 솔 아난다 Restaurante Sol Ananda

오래되었지만 고급스러움이 물씬 묻어나는 침대가 식당에 떡하니 있다. 누구의 침실을 훔쳐보는 듯 호기심에 자꾸만 들여다보게 된다. 호텔인가? 하고 의심하는 순간 알게 된다. 레스토랑이다. 잘 세팅된 포크와 나이프, 물 잔과 장미가 하얀 테이블보 위에서 빛난다. 레스토랑 솔은 독특한 콘셉트를 가지고 있다. 한 건축가가 오래된 식민지풍 건물을 사 앤티크 침대와 가구 그리고 장식품으로 가득 채웠다. 마치 18세기 누군가의 집에 초대받은 것 같다. 레스토랑은 2011년 1월에 오픈했다. 테이블보와 테이블 냅킨 모두 수작업으로 만든 것들이다. 하나하나 정성이 가득하다. 햇살 좋은 한낮 분위기 있게 식사하기에 가장 추천하는 레스토랑이다.

Data 지도 182p-B
가는 법 마요르 광장 바로 아래 왼쪽 코너
주소 Rubén Martínez Villena No. 45 e/ Simón Bolívar
전화 99-8281
운영시간 11:00~23:00
가격 랍스터 칵테일 5.95쿡, 버섯 커리 10.95쿡, 페스카도 마리아치(대구 요리) 10.5쿡

음식 맛있고 라이브 좋은 곳
트리니다드 콜로니알 Trinidad Colonial

콜론 거리를 따라 남쪽으로 내려오다 보면 코너에 있는 핑크색의 식민지풍 건물이다. 안으로 들어서면 노란색 벽과 벽에 걸린 그림이 편안하고 따뜻한 느낌을 준다. 나무 의자에 하얀 테이블보가 화려하지 않지만 깔끔하다. 야외의 작은 바에서는 라이브 밴드의 공연이 열린다. 저녁이면 조용한 골목 멀리까지 들리는 라이브 음악이 시작되는 곳이 바로 여기다. 음식 맛도 간이 잘 맞다. 가격이 좀 비싸지만 단체 여행객이 많이 찾는다. 마요르 광장에서 조금 떨어져 있는 게 흠이지만 조용하게 식사를 즐길 수 있다는 것이 강점.

Data 지도 182p-E
가는 법 콜론 거리와 안토니오 마세오 거리가 만나는 코너
주소 Calle Antonio Maceo No 55
전화 53-419-6473
운영시간 12:00~22:00
가격 믹스토 테소로 델 마르(랍스터&쉬림프 믹스요리) 18쿡, 세르도 아 라 살사 데 이에르바 부에나(민트를 가미한 돼지고기 요리) 6쿡

쿠바 전통 칵테일을 맛보는 곳
타베르나 라 칸찬차라 Taberna La Canchánchara

모히토가 외지인들 사이에 유명해진 쿠바의 대표 칵테일이라면 트리니다드엔 예부터 쿠바인들이 즐긴 칵테일 라 칸찬차라가 있다. 흙으로 빚은 둥근 토기에 담겨 나오는 이 칵테일은 럼과 꿀(트리니다드는 꿀이 유명하기도 하다), 라임 즙과 얼음을 섞어 만든 것으로 달콤하고 상큼하다. 이 칵테일에 주로 쓰는 럼은 쿠바의 유명한 럼인 아바나 클럽이 아니라 아구아르디엔테Aguardiente다. 꿀이 바닥에 가라앉으니 막대기로 잘 저어서 마셔야 한다.

Data 지도 182p-B
가는 법 마요르 광장 아래에서 왼쪽으로 두 블록 후 우측
주소 e/ Rubén Martinez Villena y Ciro Redondo
운영시간 10:00~00:00
가격 라 칸찬차라 3쿡

점심 뷔페 맛있는 집
레스토랑 플라사 마요르 Restaurante Plaza Mayor

정부가 운영하는 트리니다드 최고의 레스토랑이다. 마요르 광장 아래 코너에 위치하여 찾기 쉽고 넓고 시원시원하다. 점심 뷔페가 특히 인기다. 10쿡에 샐러드와 다양한 고기 메뉴까지 먹을 수 있어 든든하게 한 끼 식사를 하고 싶다면 이곳이 좋다. 야외 정원, 라이브 뮤직 등 가격 대비 만족할 식당이다. 밤 10시 이후엔 식당 한쪽의 공간은 클럽이 된다. 쿠바 젊은이들의 밤 문화가 궁금하다면 10시 이후에 다시 들러보자. 화려한 조명과 음악 사이 쿠바 청춘들의 밤이 익어간다.

Data 지도 182p-B
가는 법 마요르 광장 아래에서 왼쪽으로 한 블록 후 우측 코너
주소 e/ Rubén Martínez Villena y Zerquera
전화 419-3180
운영시간 12:00~00:00
가격 점심 뷔페 10쿡, 슬라이스 소고기 요리 7.25쿡, 랍스터 요리 12쿡

한국인에게 특별한 곳
마린 비야푸에르테 Marin Villafuerte

샐러드, 음료 그리고 메인 요리에 디저트까지. 이 모든 것이 단돈 8쿡! 돈을 낼 때 손님들이 미안해진다는 곳이다. 게다가 서비스도 좋고 위치도 좋다. 200년은 된 식민지풍 건물에 조용한 식당이다. 그런데 이 집이 특별한 건 한국인만 랍스터 요리를 6쿡에 먹을 수 있다는 거다. 사연인 즉, 쿠바 여행자가 많지 않았던 오래 전, 어느 한국인이 6쿡에 랍스터 요리를 맛있게 먹고 블로깅을 했다. 정보가 많지 않은 쿠바인지라 그 정보를 본 한국인 여행객들이 그곳을 찾기 시작했다. 시간이 지나고 식당은 음식 값을 더 올렸지만 계속 그 블로그를 보고 한국인 여행자들이 오자 식당 주인은 한국인에게만 그 가격으로 특별 판매하기로 결정했단다. 지금은 가격이 8쿡으로 인상되었다. 다른 외국인들에게는 비밀이다. 언제까지 이 특가가 유효할지는 모르겠지만 아직은 유효하다.

Data 지도 182p-B **가는 법** 마요르 광장 아래에서 왼쪽으로 두 블록 후 우측
주소 Rubén Martínez Villena No 90 e/ Piro Guinart y San José
전화 (01)5353-1155 **운영시간** 11:00~00:00 **가격** 랍스터 요리 8쿡(한국인 스페셜 가격, 정상가격은 12쿡)

분위기에 취하는 곳
로스 콘스피라도레스 Los Conspiradores

마요르 광장과 카사 데 라 무사카는 인터넷도 되고 맛집, 공연을 즐길 수 있는 곳이 몰려 있어 여행자들이 가장 많이 찾는다. 그중에서도 분위기가 좋은 곳이 로스 콘스피라도레스다. 2006년 예술가 야미 마르티네스Yami Martínez가 스튜디오와 갤러리를 겸한 레스토랑으로 오픈했다. 좁지만 작고 예쁜 테라스가 있고, 라이브 음악까지 들을 수 있어 쿠바에서의 완벽한 밤을 약속한다. 가격은 비싼 편이지만, 음식이 맛있고 분위기를 생각하면 충분히 가치가 있다. 건물 안쪽에서는 작가가 만든 다양한 모카포트 작품을 감상할 수 있다.

Data **지도** 182p-B **가는 법** 카사 데 라 무시카 계단 바로 아래 **주소** Cristo 38 esq. La Escalinata, Plaza Mayor **전화** 5574-4372 **운영시간** 11:00~00:00 **가격** 토마토소스 해산물 요리 11.9쿡, 양고기커리 11.9쿡, 새우 요리 11.95쿡 **홈페이지** losconspiradores.com

생맥주가 생각날 땐!
팍토리아 산타 아나 트리니다드 Factoria Sta. Ana Trinidad

2018년에 오픈했다. 정원을 둘러싸고 레스토랑, 바, 카페가 있고 쿠바에선 보기 어려운 미니 포켓볼 테이블도 있다(유료로 사용 가능). 하지만 이 가게의 자랑은 생맥주. 비싸지 않은 가격에 간단한 음식과 제대로 된 생맥주를 먹을 수 있다. 야채와 고기를 꼬치에 꽂아 구운 브로체타 데 세르도, 혹은 베헤탈레스가 추천 메뉴다. 숯불에 구운 돼지고기가 생맥주와 환상의 궁합을 자랑한다. 맥주는 취향에 따라 선택 가능하다.

Data **지도** 182p-F **가는 법** 플라사 산타아나 바로 옆 노란색 큰 건물 **주소** Calle Camilo Cienfuegos esq. a José Mendoza **전화** 99-6423 **운영시간** 10:00~00:00 **가격** 맥주 500ml 2쿡, 300ml 8쿡, 음식 3.5쿡

SLEEP

5성급 부티크 호텔
이베로스타 그랜드 호텔 Iberostar Grand Hotel

이베로스타 호텔 그룹이 운영하는 트리니다드 체인이다. 5성급 부티크 호텔로 카리요 광장에 바로 면하고 있다. 부드러운 민트색과 옅은 노란색의 2층 건물은 아담하고 평범하다. 그러나 입구를 들어서면 화려한 타일 장식과 예쁘게 꾸며진 로비에 반하게 된다. 작은 분수와 천장으로 솟은 기둥을 따라 시선을 올리면 맑은 하늘의 햇살이 그대로 들어온다. 19세기 건물을 리모델링한 것으로 4개의 주니어 스위트, 36개의 더블룸이 있다. 그중 18개는 발코니가 있다.

Data 지도 182p-E 가는 법 카리요 광장(구 세스페데스 공원) 교회 맞은편
주소 José Martí No 262 esq Lino Perez 전화 99-6070 요금 싱글 160쿡~
홈페이지 www.iberostar.com 예약 comericial@iberostar.trinidad.co.cu

Data 지도 182p-E
가는 법 이베로스타 그랜드 호텔 옆
주소 José Martí No 242 e/ Lino Perez
전화 99-6138
요금 싱글 125쿡~
예약 reservas@cuevas.co.cu

아담한 부티크 호텔
호텔 라 론다 Hotel La Ronda

이베로스타 그랜드 호텔과 붙어 있다 싶을 만큼 가깝다. 옆에 있어 비교될 수밖에 없지만 아담하고 괜찮은 부티크 호텔이다. 2012년에 새롭게 호텔을 다시 꾸몄다. 아담한 호텔 로비에는 감성적인 사진이 장식되어 있다. 깔끔하고 세련미가 넘친다. 카리요 광장에 있어 위치가 좋다. 호텔이 많지 않은 트리니다드에서 이베로스타 호텔의 가격이 부담된다면 대안으로 딱 좋을 호텔이다.

앙콘 해변을 가장 잘 즐길 수 있는 곳
앙콘 호텔 Hotel Club Amigo Ancón

앙콘 비치에서 가장 눈에 띄는 올 인클루시브 호텔로 총 객실 수는 279개다. 조용한 앙콘 비치의 여유를 느끼고 싶다면 이곳에서 머무는 것도 괜찮다. 현재 호텔 수영장은 오픈하고 있지 않다. 호텔과 바로 연결된 해변은 투숙객이 아니어도 사용할 수 있다. 화장실과 레스토랑도 사용할 수 있어 호텔 근처 해변에 자리 잡으면 편하게 즐길 수 있다. 트리니다드 시내에서 택시로 갈 경우 약 7~10쿡, 버스를 이용할 경우 2쿡이다. 출발 전 반드시 가격을 확인하자.

Data 지도 180p-A 지도 밖
가는 법 트리니다드 중심에서 남쪽 방향, 차로 약 10~15분
주소 Carretera Maria Aguiar, Playa Ancon
전화 99-6127
요금 70쿡~(조식 포함)
홈페이지 www.hotelancon-cuba.com

한국인에게 인기 카사
카사 엘 셰프 Casa El Chef

한국인 여행객 사이에 요리 잘하는 집으로 알려진 곳. 몇 년 전 방송에서 소개되면서 더 유명해졌다. 호텔만큼 깔끔하고 친절한 서비스를 제공한다. 일류 호텔 요리사 출신의 주인이 만들어주는 랍스터 코스 요리는 이 집에서만 먹을 수 있다. 낮은 식민지풍 건물을 최근 현대식으로 바꿨다. 2층 건물로 게스트룸은 모두 5개다. 침대의 상태가 좋고 방은 깨끗하다. 작은 테라스의 흔들의자에 앉아 바라보는 트리니다드의 석양이 예쁘다. 저녁은 미리 주문하면 되는데 랍스터가 인기 메뉴다.

Data 지도 182p-E
가는 법 카리요 광장(구 세스페데스 공원)에서 콜론 거리를 따라 한 블록 반 내려오면 우측 현대식의 건물
주소 Colon No 179 e/ Frank Pais y Miguel Calzade
전화 99-6890
요금 20~25쿡(조식 불포함)
예약 hostal_el_chef@yahoo.com

탐스러운 망고나무가 눈에 띄는
호스탈 로스마르 Hostal Rosmar

오렌지색의 건물에 큰 간판이 눈에 띄어 찾기 쉽다. 건물 중 2층이 호스탈 로스마르다. 계단을 오르면 작은 거실이 나오고 안쪽에 게스트룸이 있다. 방은 모두 2개인데 좁은 감이 없지 않지만 깔끔하다. 안쪽 작은 테라스의 큰 나무에 주렁주렁 달린 망고가 먹음직스럽다. 친절한 주인과 예쁜 테라스가 있는 평범하지만 괜찮은 카사다. 저녁은 10쿡, 채식주의자 메뉴는 7쿡이다. 아침 식사는 4~5쿡이다.

Data 지도 182p-E
가는 법 카리요 광장(구 세스페데스 공원)에서 콜론 거리를 따라 세 블록 이동 후 좌측 핑크색 건물
주소 Colon No 158 e/ Frank Pais y Miguel Calzda
요금 25쿡(조식 불포함)
전화 99-4777
예약 marluis@myrck.net

박물관처럼 잘 꾸며진 카사
카사 폰트 Casa Font

200년이 된 거실을 지나면 작은 정원이 나온다. 미국산 낡은 피아노와 냉장고, 만돌린은 19세기 것으로 주인집의 누군가가 사용하던 것이란다. 투박하지만 느낌 있는 19세기의 변기와 샤워기 등은 흔하게 볼 수 없는 것들. 세월의 흔적이 낡음이 아닌 세련미와 고풍스러움으로 다가오는 것들이 이 집에 가득하다 거실에서부터 방까지 가는 길은 박물관을 둘러보는 느낌이다. 방은 모두 2개이고 침대도 2개씩이다. 친절한 젊은 부부와 잘 꾸며진 카사는 여행의 맛을 두 배로 만든다. 아침은 5쿡, 저녁은 10~15쿡이고 주인은 영어가 가능하다.

Data 지도 182p-B
가는 법 마요르 광장에서 남쪽으로 한 블록
주소 Guestavo Izquierdo No 105 e/ Simón Bolívar y Piro Guinart
전화 99-4169
요금 25쿡(조식 불포함)
예약 galinkapuig@gmail.com

오래된 카메라가 있는 곳
호스탈 카사 에체멘디아 Hostal Casa Echemendia

카사 폰트와 대문이 붙어 있는 또 하나의 카사다. 넓은 거실 한쪽에 장식된 오래된 카메라가 가장 먼저 눈에 들어온다. 50년도 더 된 카메라인데 아직도 작동을 한다. 방은 모두 2개이고 침대는 각 2개씩이다. 화려하게 꾸미지도 않았고 특별한 볼거리도 없지만 식민지풍 건물의 넓은 거실과 오래된 가구가 깔끔하게 정리된 편안한 카사다. 아침 5쿡, 저녁은 10~15쿡이다. 젊은 주인은 영어가 가능하다.

Data 지도 182p-B
가는 법 카사 폰트의 바로 옆집
주소 Guestavo Izquierdo No 105A e/ Simón Bolívar y Piro Guinart
전화 58219553
요금 25쿡(조식 불포함)
예약 hostalechemendia@gmail.com

앤티크 가구점 같은 카사
카사 로헤리오 Casa Rogelio Inchauspi Bastida

1700년대 지어진 집이다. 문을 열고 들어서면 화려한 타일 바닥 위로 오래된 가구와 장식이 잘 정리되어 있다. 벽에는 100년도 더 된 각종 증명서들이 액자에 걸려 있다. 스페인 식민지였던 때 스페인에서 받았던 서류들이다. 장신구들은 세월의 무게를 고스란히 담고도 새것마냥 깨끗하다. 주방은 주인아줌마의 성격이 잘 나타나 있다. 식탁이며 냉장고 모두 낡았지만 반질반질 윤이 날 정도로 깨끗하다. 흔히 볼 수 없는 찻잔과 식기들을 사용하고 있다. 마치 앤티크 가구점 같다. 좁은 계단을 오르면 2층이 게스트용 숙소다. 오래된 집이라 화장실이 바로 붙어 있지 않은 구조가 흠이지만 창을 열면 뷰가 좋고 넓은 방은 가족이 사용하기에 좋다. 옥상에서 바라보는 트리니다드의 풍경은 그림 같다. 아침 식사는 5쿡, 저녁 식사는 제공하지 않는다.

Data 지도 182p-B
가는 법 마요르 광장에서 Simón Bolívar 따라 두 블록 반
주소 Simón Bolívar No 312 e/ José Martí y Antonio Maceo
전화 99-4107 **요금** 30쿡(조식 불포함)
예약 rginch@yahoo.es

음악인이 운영하는 카사
카사 코프라디아 Casa Cofradia

노란색 파스텔 톤 벽에 하얀 대문을 열고 들어서면 넓은 거실이 나온다. 1779년에 지어진 집을 최근에 리노베이션했다. 거실에는 나무 소파와 의자, 테이블이 있다. 벽은 18세기 무늬 그대로다. 한편에 그림과 악기가 아담하게 자리한 이 카사는 음악인의 집이다. 파치와 리아는 기타리스트와 싱어로 둘은 해외 공연도 자주 한다. 바쁜 부모님 덕에 카사 운영은 두 아들의 몫이다. 거실 안쪽에 주방이 있고 야외로 나가면 게스트 룸이 따로 있다. 야외 테이블에서 휴식을 취할 수 있고, 가끔 부부 가수의 공연도 열린다. 마요르 광장에서 가깝고 유럽에서 온 젊은 여행객들이 주로 찾는다.

Data 지도 182p-B
가는 법 마요르 광장 아래에서 Ruben Martinez Villena 따라 왼쪽으로 조금 가다 우측
주소 Calle Ruben Martinez Villena No 60 e/ Simón Bolívar y Piro Guinart **전화** 53938702
요금 30쿡(조식 불포함, 5쿡) **홈페이지** casa-cofradia.com **예약** cofradiadecuba@gmail.com

아기자기 잘 꾸며진 카사
카사 마리아&엔디 Casa Maria y Endy

화려한 바닥 타일과 넓은 거실, 깔끔하게 정리된 테이블과 오래된 가구. 주방의 정리장에 가지런히 정리해둔 찻잔과 접시에서 눈을 뗄 수 없다. 오래된 멋과 현대식 감각을 제대로 살린 카사다. 야외 정원에는 게스트 전용 미니바가 있다. 침실에서 옛날 침대가 주는 심플하면서도 오묘한 멋이 그대로 묻어난다. 정리가 잘 되어 있어 구경하는 것만으로 행복한 집이다. 젊은 주인의 감각이 고스란히 담겨 있다. 아름답고 젊은 카사의 주인은 카사 로헤리오 아줌마의 딸이다. 엄마 집 못지않게 딸의 집도 볼거리가 많다. 아침 식사 5쿡, 저녁은 10~15쿡이다.

Data 지도 182p-A
가는 법 비아술 버스 터미널에서 한 블록 반
주소 José Martí No 407, e/ Fidel Claro y Santiago Escobar
전화 99-3597
요금 30쿡(조식 불포함)
예약 enddymar@yahoo.es

알록달록 동화 속 집 같은
호스탈 카사 세가르테 Hostal Casa Segarte

1749년에 지어진 집이다. 은은한 노란색 벽, 녹색 문과 짙은 색의 가구가 오래된 조명과 어우러져 안락하다. 안으로 들어서면 작은 정원이 나온다. 마치 동화 속의 집처럼 알록달록 색감이 예쁘다. 게스트용 식탁은 정원이 보이는 곳에 있고 작은 테이블과 파라솔이 있어 쉴 공간이 많다. 누구나 들어서면 바로 발길을 돌리긴 쉽지 않을 곳이다. 다른 곳보다 가격이 좀 비싸긴 하지만 그 정도의 가치는 있는 집이다. 게스트용 방은 2개, 더블침대 1개(25~30쿡), 더블 침대 2개(30~35쿡)이고 아침 5쿡, 저녁은 10~15쿡이다.

Data 지도 182p-B 가는 법 카사 데 라 트로바를 등지고 위로 직진하여 왼쪽
주소 Jesús Menéndez No 213 e/ Fernando Hernández Echerri y Juan Manuel Márquez
전화 99-2311 요금 30쿡~(조식 불포함) 홈페이지 www.casasegarte.com 예약 casasegartel@gmail.com / jorgepuerta@nauta.cu

구아바 나무 정원이 예쁜 카사
카사 메예르 호스탈 Casa Meyer Hostal

넓은 거실에는 낡은 나무의자와 탁자가 조심스레 놓여 있다. 앉으면 금방이라도 무너져 내릴 듯 오래된 것들이다. 18세기에 지어진 카사로 원래의 건물을 거의 고치지 않고 유지하고 있다. 거실 하나를 더 지나면 구아바 나무와 싱그러운 꽃과 풀이 가득한 정원이 나온다. 정원 주변으로 게스트용 방이 2개 있다. 방에는 깔끔한 침대가 2개씩 있으며 시설이 잘 갖추어져 있다. 세월의 손때를 그대로 담은 피아노는 건반이 낡을 대로 낡아 박물관에라도 갈 판이지만 살포시 놓인 악보가 생명력을 불어넣고 있다. 고서적들이 쌓인 책장, 높은 천장의 식민지풍 집안이 역시 박물관을 연상시킨다. 이 정도면 근사하지만 워낙 멋진 카사가 많은 트리니다드에선 평범할 정도. 아침 5쿡, 저녁은 10~15쿡이다.

Data 지도 182p-B
가는 법 마요르 광장에서 Simón Bolívar를 따로 두 블록 내려온 후 Gustavo Izquierdo 길에서 우회전 후 왼쪽
주소 Gustavo Izquierdo No 111 e/ Piro Guinart y Simón Bolívar
전화 99-3444
요금 25~35쿡(조식 불포함)
홈페이지 www.hostalcasameyer.com
예약 meyer_cuba@yahoo.es / jorgepuerta@nauta.cu

사진작가의 집
카사 무뇨스 Casa Muñoz

사진작가 겸 주인인 훌리오 무뇨스의 집이다. 〈론리 플래닛〉의 톱 초이스로 소개되면서 외국인 게스트가 많아졌다. 거실이 넓고 실내부터 정원까지 방이 모두 7개며 2층에 더 많은 방을 지으려고 구상 중이다. 저렴한 서비스에 저렴한 가격보다는 제대로 된 집에 제대로 된 가격을 받는 것이 본인의 원칙이라고 당당히 말하는 주인 무뇨스. 모든 방에는 개인 금고, 손님용 우산까지 준비되어 있을 정도로 호텔 못지않은 서비스를 제공한다. 스위트룸은 복층 구조라 가족 또는 단체용으로 적합한데 가격은 사람 수에 따라 다르다. 1~2명은 50쿡부터 시작이다. 일반형은 2인 기준 35쿡, 심플 룸은 2인 기준 30쿡이다. 아침 식사는 5쿡, 저녁 서비스는 없다.

Data 지도 182p-A 가는 법 카리요 광장(구 세스페데스 공원) 등지고 왼쪽 Jose Marti 따라 6블록째 코너 주소 Jose Marti No 401 e/ Fidel Claro y S. Escobar 전화 99-3673 요금 35쿡~(조식 불포함) 홈페이지 www.trinidadphoto.com 예약 trinidadjulio@yahoo.com

예술적 감각이 돋보이는
호스탈 데보라&호세 Hostal Deborah y José

널찍하고 깔끔한 거실을 지나면 야외 테이블이 놓인 정원이 나온다. 정원 주변으로 게스트용 룸이 있다. 카사의 포인트는 아름답고 고풍스런 거실이다. 예술적 감각이 물씬 묻어나는 거실은 파스텔 톤 벽에 걸린 아름다운 그림과 오래된 가구의 조합이 좋다. 주인의 말대로라면 그림은 200년 전의 것이란다. 침실 벽은 예전의 무늬를 그대로 살렸다. 가격은 다른 곳보다 조금 비싸지만 시설을 생각하면 그 정도 가치는 할 만한 곳이다. 방은 모두 4개이고 2층은 가격이 더 비싸다. 넓고 창을 열면 전망이 좋은 것이 특징이다. 아침 식사는 5쿡이다.

Data 지도 182p-E 가는 법 마요르 광장에서 볼리바르 거리를 따라 내려오다 마르티 거리와 만나면 좌회전 주소 José Martí No 321 e/ Francisco J Zerquera y Mario Guerra 전화 99-3432 요금 30~35쿡, 2층은 40쿡(조식 불포함) 예약 deborahyjose321@gmail.com

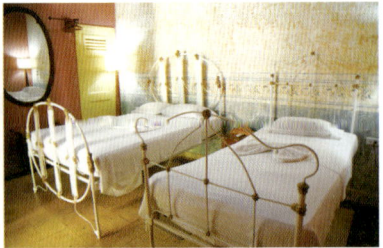

독특하고 뷰가 멋진 카사
디아넬리스&리카르도 레온 Dianelys y Ricardo Leon

멀리서도 옥상에 놓인 작은 테이블이 보인다. 샛노랗게 칠해진 벽면에 성의 꼭대기처럼 솟아 있는 작은 테이블. 카사는 마치 작은 성의 미로처럼 꾸며져 있다. 1층에서 2층으로, 다시 2층에서 3층으로. 꼭대기에 서면 좁은 공간에 딱 두 사람이 앉을 수 있는 테이블 하나가 있다. 바람 부는 날은 마치 흔들릴 듯 위태롭지만 보이는 풍경에 가히 탄성이 나온다. 아래 더 넓은 테이블은 대여섯 명이 함께 앉을 수 있을 정도로 공간이 넉넉하다. 방은 모두 3개이고 깔끔하고 기본 시설을 다 잘 갖추고 있다.

Data 지도 182p-E **가는 법** 카리요 광장을 바라보고 왼쪽 Francisco Peterssen 길을 따라 두 블록 후 좌회전하면 왼쪽 **주소** Francisco Javier Zerquera No 170 e/ Frank Pais y Francisco Peterssen **전화** 99-6647 **요금** 30~35쿡(조식 불포함) **예약** dianeric2008@yahoo.es

여행자를 위한 카사
호스탈 이다 Hostal Ida

큰 그림이 한 벽을 다 채우고 있는 넓은 거실을 지나면 큰 정원이 나온다. 게스트를 위한 공간이 꽤 넓다. 야외 해먹과 작은 테이블, 의자들이 정원을 가득 채우고 있다. 곳곳에 여행자를 배려한 흔적이 보인다. 깔끔하고 시원스레 넓은 카사는 편안함 그 자체이다. 총 5개의 방이 있고 아침 식사는 5쿡, 저녁은 10~15쿡이다.

Data 지도 182p-E
가는 법 카리요 광장을 바라보고 우측 끝에서 우회전 후 아래로 세 번째 블록
주소 General Lino Perez No 170 e/ Frank Pais y Pedro Zerquera
전화 99-4007
요금 25~30쿡(조식 불포함)
예약 arlettysgarcia@gmail.com

Cuba By Area
04

시엔푸에고스
CIENFUEGOS

색으로 기억되는 도시가 있다. 파란 하늘, 푸른 바다, 쨍하게 맑은 날씨를 자랑하는 시엔푸에고스를 두고 하는 말이다. 시엔푸에고스에서는 아침이면 리드미컬한 말발굽 소리가 잠을 깨우고 거리에선 경쾌한 베니 모레의 노래가 귀를 즐겁게 한다. 아직까지 여행객에게 잘 알려지지 않은 곳이지만 며칠만 머물면 정이 들어 떠나고 싶지 않아지는 도시다. 시엔푸에고스는 1819년 프랑스 이민자에 의해 만들어진 항구 도시다. 쿠바 섬 남부 가운데에 위치했으며 인구는 15만 명이 조금 넘는다. 프랑스 문화의 영향을 받아서일까, 이곳은 쿠바의 다른 도시에서 느끼지 못하는 특별함이 있다. 세련미일까. 인기 있는 관광지는 아니지만 깔끔한 정장을 멋들어지게 차려입은 프랑스 신사 같은 도시다.

Cienfuegos
PREVIEW

베니 모레 노래의 경쾌한 리듬처럼 밝고 상쾌한 도시다. 깔끔하게 정비된 골목과 푸른 가로수, 친절한 사람들과 예쁘게 지어진 프랑스풍 건물들은 도시를 더욱 빛나게 한다. 다른 도시에 비해 관광객이 덜 모이는 곳이지만 숨어 있는 매력이 은근히 많은, 푸른 물의 도시 시엔푸에고스다.

SEE

시엔푸에고스는 크게 두 지역으로 나뉜다. 호세 마르티 광장을 중심으로 둘러보는 센트로 지역과 말레콘을 지나 바다와 접해 있는 푼타 고르다 지역이다. 센트로의 거리는 이름이 따로 없이 그저 숫자만으로 정해져 있어 길을 찾기가 참 수월하다. 널찍하게 뻗은 골목길에는 푸른 가로수가 많다. 호세 마르티 광장을 둘러싼 갤러리와 박물관, 성당 그리고 프라도 거리. 말레콘을 따라 걷다 보면 보이는 푼타 고르다는 팔라시오 데 바예와 클럽 시엔푸에고스, 파란 바다에 하얀 돛을 단 요트 선착장 등이 볼거리다. 호객 행위를 하는 사람도 없고 그저 그들의 일상을 함께하는 여행. 며칠 지나면 떠나기 아쉬울 만큼 정이 듬뿍 들어버릴지도 모른다.

EAT

개인 식당이 조금씩 늘어나면서 독특하고 괜찮은 콘셉트의 팔라다르Paladar가 많이 생기고 있다. 다른 관광도시에 비해 다양하지 않지만 곳곳에 시엔푸에고스의 분위기를 담은 곳이 많으니 음식의 맛보다 분위기에 취해보자.

SLEEP

센트로와 푼타 고르다 모두 깔끔하고 저렴하면서도 친절한 카사가 많다. 센트로는 보다 저렴하고 도심과 가까운 반면 푼타 고르다는 조금은 비싸지만 바다를 끼고 있어 전망이 좋다. 창만 열면 코앞에 바다가 펼쳐지고 몇 걸음 나가면 마당과 바다가 연결되는 카사는 이곳의 매력. 비용 부담이 없다면 센트로에서 조금 떨어져 있는 것이 단점이긴 해도 시설과 전망이 좋은 푼타 고르다에서 카사를 찾아보자. 비싸지 않으면서 은근 매력 있는 호텔도 더러 있다.

Cienfuegos
GET AROUND

어떻게 갈까?

아바나에서 시엔푸에고스까지는 비아술 버스가 가장 일반적이다. 아바나에서 갈 땐 주로 비아술 버스를, 트리니다드나 바라데로 또는 산타 클라라에서 갈 때는 마키나(합승 택시)를 더 많이 이용한다. 거리가 가깝기 때문에 차를 잡기 쉽고 원하는 시간에 일행만 있다면 바로 갈 수 있는 장점 때문이다.

1. 버스

아바나에서 비아술 버스를 이용하면 약 5시간 걸린다. 비아술 버스가 많이 낡아 여행사를 통해 트란스투르 버스를 이용하는 것을 추천한다. 하루 한 번 출발이지만 버스가 쾌적하고 편하다. 아바나에서는 올드 아바나 플라사 호텔에서 출발하는 버스가 아침 8시에 있다. 요금은 22쿡이다.

※ 비아술 버스 시간표
본 시간표는 비아술Viazul 버스 홈페이지(www.viazul.com)와 다를 수 있으니 사전에 반드시 확인 바람

시엔푸에고스로 갈 때

출발 도시명	출발시간	도착시간	요금
아바나	07:00	11:45	20쿡
	10:45	16:00	
	13:30	18:15	
바라데로	07:25	12:00	16쿡
비냘레스	06:45	14:25	32쿡
산타클라라	10:30	12:00	6쿡
	17:15	18:55	
트리니다드	07:00	08:35	6쿡
	07:30	09:45	
	07:45	09:20	
	13:55	15:30	
	14:30	16:05	
	–	–	
카마구에이	–	–	–
산티아고 데 쿠바	–	–	트리니다드 또는 상티 스피리투스에서 갈아타야 함

시엔푸에고스에서 갈 때

도착 도시명	출발시간	도착시간	요금
아바나	09:20	14:05(직행)	20쿡
	16:05	20:50(히론 경유)	
바라데로	08:35	13:30	16쿡
	15:30	20:15	
비냘레스	–	–	–
산타클라라	09:45	11:15	6쿡
	15:30	16:55	
트리니다드	08:00	09:35	6쿡
	11:40	13:25	
	12:00	13:45	
	14:30	16:15	
	16:05	17:50	
	18:55	20:15	
카마구에이	–	–	–
산티아고 데 쿠바	–	–	–

2. 택시

거리가 제법 멀어 일행 구하기가 쉽지는 않지만 3, 4명 정도의 일행이 있다면 카사 주인에게 혹은 버스 정거장 근처에서 흥정하기 수월할 수 있다. 요금은 약 12쿡(인당) 정도이나 더 많이 요구할 수 있다. 택시의 상태를 잘 살피고 흥정 후 이용하자. 요금은 늘 후불제다.

3. 비행기

시엔푸에고스 공항은 하이메 곤잘레스 공항Jaime González Airport으로 도심에서 북동쪽으로 약 5km 떨어져 있다. 국제항공은 있지만 아바나에서 가는 국내선은 없다.

어떻게 다닐까?

센트로인 호세 마르티 광장에서 푼타 고르다까지 걷기엔 뜨거운 날씨에 힘들 수 있다. 택시나 버스 혹은 말 택시를 이용하는 것이 좋다. 차로는 멀지 않은 거리라 천천히 주변을 즐기며 갈 수 있어 좋다. 시엔푸에고스의 거리명은 단순해서 찾기 쉽다. 세로는 카예Calle이고 가로는 아베니다Avenida, Av인데 그 다음에 숫자만 붙이면 된다. 다른 도시처럼 긴 이름이 없으니 지도도 단순하고 외우기도 쉽다. 숫자가 순서대로 나열되어 있어 찾기도 쉽다. 지도를 들고 찾아다니는 재미가 쏠쏠하다.

1. 버스

센트로에서 푼타 고르다 지역까지는 버스로 이동하기 쉽다. 1번 버스는 프라도 거리에서 푼타 고르다 구간을 운행한다. 번호판이 없는 루테로Rutero 버스는 조금 더 돌아가는 버스다. 시간이 여유 있고 여기저기 둘러보고 싶다면 루테로 버스를 이용하면 된다. 가격도 저렴하고 버스 시설도 깨끗하며 이용자도 많지 않다. 버스 요금은 쿱(CUP/MN)으로 준비하면 된다. 한 번 탈 때마다 20센타보이고 거스름돈을 주지 않으니 잔돈을 늘 준비하자. 잔돈이 없어서 거스름돈을 받지 못하더라도 아까워하지 말자. 1쿱을 내도 우리 돈 50원이다.

2. 말 택시 Horse Taxi

말 뒤에 여러 명이 마주보고 앉아서 타는 이동수단이다. 현지인의 주 교통수단으로 저렴하면서 여행의 재미도 겸할 수 있다. 목적지를 말하고 탄 후 원하는 곳에서 내리면 된다. 현지인들은 1쿱으로 타지만 여행자들에겐 1쿡을 원하는 경우도 있으니 타기 전에 확인하거나 잘 아는 것처럼 1쿱을 당당하게 내는 자세가 필요하다.

인포메이션 Information

관광 안내소
• 인포투르 Infotur
불리바르 거리에서 호세 마르티 광장 한 블록 전에 있는 사무실이 가장 찾기 쉽다.
주소 Ave54
운영시간 월~토 09:00~18:00

비아술 사무실 Viazul Ticket Office
주소 Calle 47 e/ 56 y 58
운영시간 08:30~17:00
전화 51-8114 **홈페이지** www.viazul.com

기차역 Terminales de Ferrocarriles
주소 Calle 49 e/ 58 y 60 **전화** 52-5495

하이메 곤잘레스 국제공항
International Airport Jaime González
주소 Road to Caonao, km 3 **전화** 55-2098

스쿠터 렌탈 Scooter Rental
주소 Calle 37 e/ 16 y 18 **전화** 55-1560

환전소 Money Exchange / Cadeca
주소 Av 56 No.3316 e/ Calle 33 y 35
운영시간 월~금 09:00~17:00 **전화** 55-2221
주소 Av 64 esq. 59
운영시간 월~금 09:00~17:00 **전화** 55-2164
주소 Calle 39 e/ 14 y 12
운영시간 월~금 09:00~17:00 **전화** 51-1053

은행 Bank / Banco
• Banco de Crédito y Comercio
주소 esq Av 56 y Calle 31
운영시간 월~금 09:00~17:00

우체국 Post Office
주소 Av 56 No.3514 e/ Calle 35 y 37
운영시간 월~금 09:00~17:00 **전화** 55-1416

병원 International Medical Service
푼타 고르다에 있는 인터내셔널 의료센터다. 24시간 전화 또는 방문으로 치료가 가능하지만 일정 비용이 발생한다. 정도에 따라 다르지만 기본 25쿡 정도다.
주소 Av 10 e/ Calle 37 y 39, Punta Gorda
전화 55-1622 **운영시간** 24시간

• Hotel La Unión Phamacy
센트로에 위치한 호텔 라 유니온 내에 있는 외국인용 약국이다.
주소 Esq Calle 31 y Av 54
전화 55-1020 **운영시간** 24시간

에텍사 Etecsa
주소 Calle 31 No.5402 e/ 54 y 56
전화 51-5253 **운영시간** 08:30~19:30

이민국 Immigration Service
주소 Av 46 esq 29 **전화** 55-3644 / 55-4437

여행사 Tour Agency
• 쿠바투르 Cubatur
주소 Calle 37 No.5399 e/ 54 y 56
전화 55-1242 **운영시간** 09:00~18:00
• 파라디소 Paradiso
주소 Av 54 No.3301 e/ 33 y 35
전화 51-1879 **운영시간** 09:00~18:00
• 쿠바나칸 Viaje Cubanacán
주소 Calle 37 e/ 50 y 52
전화 55-1677 **운영시간** 09:00~18:00
• 아바나투르 Habantur
주소 Av 54 No.2906 e/29 y 31
전화 51-1150 **운영시간** 09:00~18:00

긴급 전화번호
경찰 106 / 의료 104 / 화재 105

※ 국제전화
119(119+국가코드+지역번호+전화번호)
시엔푸에고스 지역번호 43

CUBA BY AREA 04
시엔푸에고스

Cienfuegos
ONE FINE DAY

파란 나라처럼 맑고 깨끗한 느낌의 도시 시엔푸에고스는 물의 도시이기도 하다. 사방으로 보이는 파란 바다는 하늘과 맞닿아 그림 같은 풍경을 만든다. 거기에 프랑스식 아름다운 건물이 곁들여진 풍경이란. 사람들은 친절하고 호객꾼도 거의 없어 여행이 편안하다. 아바나만큼의 다양한 재미는 없어도 잠시 들러 편하게 쉬어 가기엔 쿠바에서 이만한 도시도 없다.

여행의 시작
호세 마르티 광장

말 택시 5분 →

아름다운 조각 공원
왕비의 무덤

말 택시 7분 →

만인의 쉼터
말레콘

↓ 도보 10분

궁전처럼 예쁜
팔라시오 데 바예

← 도보 10분

하얀 요트와 요트 정박장
(마리나 마릴린)

← 도보 1분

이색 놀이터
클럽 시엔푸에고스

↓ 도보 3분

칵테일을 즐길 수
있는 라 푼타

214 | 215

시엔푸에고스
Cienfuegos

C37(Paceo de Prado)

센트로 216p

- 기차역
- 버스터미널
- 호세 마르티 광장 Parque José Martí
- 왕비의 무덤 Cementerio de Reina
- 하이메 곤잘레스 공항 Jaime González Airport

A

B

- 말레콘 Malecon
- 팔라시오 데 바예 Palacio de Valle

푼타 고르다 217p

0 1km

SEE

시엔푸에고스 여행의 시작
호세 마르티 광장 Parque José Martí 파르케 호세 마르티

오래된 아름다운 건축들에 둘러싸인 시엔푸에고스의 중심 광장이다. 세계문화유산으로 지정된 시엔푸에고스의 역사 지구에 있다. 쿠바인에게 사랑받는 시인이자 독립 운동가 호세 마르티의 동상과 아름드리 세이바 나무가 아름답다. 넓고 깔끔하고 잘 꾸며진 공원은 쿠바인과 여행객이 하나가 되는 중심 역할을 톡톡히 한다. 공원 주변으로 갤러리, 성당, 극장, 정부청사와 레스토랑등 오래된 건물들이 자리하고 있다. 물의 도시, 파랗고 맑은 시엔푸에고스의 느낌을 꼭 닮은, 다른 어느 도시의 공원보다 아름답다. 공원과 가까운 곳에 호텔과 쇼핑몰, 레스토랑 등이 즐비해 있어 여행의 시작은 이곳에서 하는 것이 좋다. 관광객을 태운 버스가 매일 바쁘게 움직이고 여행자를 위한 인포메이션 센터도 한쪽에 있다.

Data 지도 216p-B
가는 법 비아술 버스 터미널에서 차로 약 7분

쿠바의 개선문
개선문 Arco de Triunfo
🔊 아르코 데 트리운포

호세 마르티 광장의 서쪽, 호세 마르티 동상 뒤에 있다. 크지 않고 아담하게 지어진 예쁘장한 개선문이다. 쿠바의 어느 도시에서도 찾아보기 힘든 것이 개선문이다. 이 개선문은 1902년 5월 20일 노동자들에 의해 자발적으로 만들어졌다. 유럽의 것과 닮았지만 쿠바만의 성격을 살려 만들었다. 이들에게 자부심과 긍지를 심어주는 건축물이다.

Data 지도 216p-B **가는 법** 호세 마르티 광장 서쪽

호세 마르티 광장의 상징
정부청사 Palacio de Gobierno
🔊 팔라시오 데 고비에르노

호세 마르티 광장의 상징처럼 빛나는 건물이다. 선명한 색상이 유독 눈에 띄고 둥근 아치형의 지붕은 멀리서도 보일 정도로 크고 웅장하다. 작은 발코니는 카스트로가 연설했던 곳이다. 현재 사용하고 있는 건물로 내부는 구경할 수 없다. 멀리서도 눈에 띨 만큼 수려함을 뽐내는 건물로 외관상 보존이 아주 잘 되어 있다.

Data 지도 216p-E
가는 법 호세 마르티 광장에 위치

소박하고 정감 있는 성당
대성당 Catedral de la Purisima Concepcion
🔊 카테드랄 데 라 푸리시마 콘셉시온

호세 마르티 광장의 북동쪽 코너에 위치한 오래된 대성당이다. 크림색 건물에 빨간 큐폴라 지붕이 귀엽지만 아바나의 대성당이나 다른 곳에 비하면 화려함이 부족한, 다소 밋밋한 느낌이다. 1869년에 지어진 네오 클래식 건물로 프랑스에서 가져온 컬러풀한 스테인드글라스가 인상적이다. 세월의 무게를 이기지 못하고 현재 내벽 등 군데군데 공사 중이다. 공사하다 만 채로 한편에 쌓인 자재들도 보인다. 성당 오픈 시간엔 언제든 방문이 가능하다. 미사는 화~금 07:15, 토요일 08:00, 15:00, 일요일은 09:00다.

Data 지도 216p-B **가는 법** 호세 마르티 광장 북동쪽 코너
주소 Av 56 No.2902 **운영시간** 월~금 07:00~12:00 **요금** 무료

예술가가 사는 곳
갤러리 Gallery

호세 마르티 광장 주변으로 유난히 갤러리가 많다. 몇몇 갤러리는 작가가 사무실과 작업실로 사용하면서 작품 판매도 한다. 화가 이르빙 토레스Irving Torres는 쿠바를 닮은 색인 노랑, 빨강, 검정을 주로 많이 사용한다. 정부청사 맞은편 건물 1층에 그의 작은 작업실이 있고 한쪽에서 판매를 한다. 토레스뿐 아니라 다양한 작가의 작품을 광장 주변에서 볼 수 있다.

Data 지도 216p-B
가는 법 호세 마르티 광장 주변 1층
주소 Av 56, No 2513 e/ 25 y 27, Plaza José Martí

120년 역사를 가진 극장
토마스 테리 극장 Teatro Tomas Terry
🔊 테아트로 토마스 테리

베네수엘라인 설탕 사업가 토마스 테리에 의해 1819년 지어진 극장이다. 1895년 베르디의 〈아이다Aida〉를 처음 공연하면서 오픈했으니 약 120년의 역사를 가진 곳이다. 입구에는 이탈리안 아티스트가 이탈리아산 대리석으로 작업한 토마스 테리의 동상이 있다. 3층으로 된 극장은 접이식 나무 의자가 역사를 말해준다. 규모는 작아 보이지만 좌석은 750석 정도다. 무대는 정면에서 보면 폭은 좁지만 깊다. 콘서트나 댄스 퍼포먼스 등 다양한 공연이 열린다. 1957년 쿠바 민중 봉기 때는 피난처로도 사용되었다. 사진 촬영 시 조명을 꺼달라고 요청할 수 있다. 공연을 보고 싶다면 극장 입구의 스케줄을 참고하면 된다.

Data 지도 216p-B **가는 법** 호세 마르티 광장의 북쪽 정부청사 맞은편
주소 Av 56 e/ 27 y 29 **전화** 55-1772 **운영시간** 09:00~18:00
요금 2쿡(사진촬영 시 5쿡)

시엔푸에고스의 역사
카사 델 푼다도르 Casa del Fundador

시엔푸에고스에서 가장 오래된 빌딩이다. 프랑스 이민자에 의해 1817년부터 시작된 이 도시의 역사를 간직하고 있다. 지금은 기념품 숍으로 운영 중이고 벽 한 면에 기록된 안내문만이 역사를 말해준다. 건물 앞에는 인포투르 여행 안내코너가 있다.

Data 지도 216p-B
가는 법 호세 마르티 광장의 동남쪽 코너 **주소** esq. Calle 29 y Ave 54

아름다운 묘지
왕비의 무덤 Cementerio de Reina 세멘테리오 데 레이나

1837년에 만들어진 오래된 무덤이다. 섬세하게 빚어진 조각들은 무덤이라는 생각을 잊게 만든다. 묘지 입구에서 노파가 친절하게 설명을 도와주나 스페인어만 가능하다. 스페인어가 가능하다면 그와 동행해서 묘지를 둘러볼 수 있다. 묘지 안에서 왼쪽으로 난 통로를 지나면 또 다른 묘지와 연결된다. 센트로에서 찾아갈 경우 걸어가기엔 먼 거리이므로 말마차를 이용하자(1쿡). 묘지 앞에 달리 다른 교통수단이 없으므로 말마차에게 왕복 요금을 내고 기다려 달라고 말한 후 묘지를 구경하는 것이 좋다.

Data 지도 216p-D **가는 법** 호세 마르티 광장에서 서쪽으로 끝 지점
주소 esq. Ave 50 y Calle 7 **전화** 52-1589 **운영시간** 08:00~17:00 **요금** 무료

시민들의 휴식처
말레콘 Malecon

아바나가 그렇듯 여기도 마찬가지다. 말레콘은 센트로와 푼타 고르다의 연결지점이자 시민들의 휴식처다. 사람들은 이곳에서 아침저녁 낚시를 즐기고 저녁이면 노 지는 풍경을 보며 하루를 마무리한다. 프라도 거리 끝에서 우측으로 쭉 이어진다. 한낮에는 태양이 뜨겁고 해를 피할 곳이 없지만 저녁에는 노을을 감상하기에 좋다. 아바나의 말레콘보다 거리는 짧지만 느낌은 또 다르다.

Data 지도 217p-A
가는 법 프라도 거리를 따라 남쪽으로 이동하면 말레콘과 연결됨

석양 보기 좋은 곳
무에예 레알 Muelle Real

호세 마르티 광장에서 Calle 29번을 따라 말레콘 방향으로 계속 걷다 보면 바다와 마주한다. 뒤로는 푼타 고르다의 풍경을, 눈앞으로는 선착장의 배와 저무는 해를 볼 수 있는 최고의 자리다. 철재 벤치에 앉아 있으면 까르르 함박웃음 지으며 다이빙하는 소년들의 모습과 방금 낚시를 마치고 온 어부가 능숙한 손놀림으로 고기를 다듬는 풍경이 함께한다. 말레콘보다 더 아름다운 석양을 이곳에서 볼 수 있다. 입구 우측의 작은 바에서 케밥(브로체타)과 맥주 한 캔 사는 것을 잊지 말자. 바에서는 가끔 무료 플라멩코 공연도 열린다.

Data 지도 216p-E
가는 법 호세 마르티 광장에서 Calle 29번 따라 직진 주소 esq. Av 46 y Calle 25

걷기 좋은 길
프라도 거리 Paseo del Prado 파세오 델 프라도

센트로에서 말레콘을 잇는 길이다. 아바나의 프라도 거리와 비슷하다. 넓고 잘 만들어진 길에는 시엔푸에고스 사람들의 일상이 담겨 있다. 여행자들은 저무는 해를 보며 여행을 마무리한다. 센트로에서 이 길을 따라 말레콘을 지나면 푼타 고르다로 이어진다. 길 중간에선 시엔푸에고스가 낳은 천재 음악가 베니 모레의 동상을 만나게 된다.

Data 지도 216p-E
가는 법 호세 마르티 광장에서 동쪽으로 네 블록 후 만나는 Calle 37

여행자의 거리
불레바드 거리 El Boulevard 엘 불레바드

센트로에서 프라도 거리까지 이어지는 걷기 좋은 거리다. 레스토랑, 호텔, 은행, 쇼핑몰 그리고 상점 등 각종 편의시설이 있다. 베니 모레의 음악이 흐르는 길을 구경하며 걷는 것이 즐겁다. 바닥도 잘 정비되어 있고 깔끔하다. 다양한 숍을 둘러보며 구경하는 재미는 프라도 쪽에서 시작하는 입구부터 호세 마르티 광장까지 이어진다. 천천히 구경하며 시엔푸에고스가 만들어내는 도심의 느낌을 찾아보자. 시엔푸에고스는 쿠바의 다른 도시와 느낌이 다르다는 것을 이곳에서부터 발견하게 된다.

Data 지도 216p-E
가는 법 호세 마르티 광장에서 프라도 방향 Ave 54

시엔푸에고스의 상징
베니 모레 동상 Estatua de Benny Moré
🔊 에스타투아 데 베니 모레

시엔푸에고스의 상징이자 쿠바가 사랑하는 가수 베니 모레. 일찍 세상을 떠난 그를 기억하고자 사람들은 프라도 거리 가운데에 그의 동상을 만들었다. 센트로에서 프라도 거리를 따라 말레콘 방향으로 걷다 보면 실물 크기로 만들어진 동상을 만날 수 있다. 서글서글하고 인상 좋은 그의 얼굴은 언제나처럼 웃으며 사람들을 반긴다. 시엔푸에고스에서는 격년으로 베니 모레 음악 축제가 열린다. 그의 음악은 아직도 쿠바의 음악인들과 쿠바 사람들 사이에 아름다운 추억으로 남아 있다.

Data 지도 216p-E
가는 법 프라도 거리를 따라 말레콘 방향

TALK

쿠바가 사랑한 음악가, 베니 모레 Benny Moré

베니 모레는 1919년 8월 24일, 시엔푸에고스 주의 산타 이사벨라 데 라스 라하스라는 곳에서 태어났다. 여섯 살에 처음 기타를 배우기 시작했고 기타를 직접 만들기도 했다. 혼자 음악을 공부하던 그가 유명해진 건 라디오 프로그램의 경연대회였다고 한다. 이후 오케스트라 밴드를 만들어 몬투노, 맘보, 과라차, 볼레로까지 다양한 음악을 소화해낸 천재 음악가였다. 멕시코와 카리브 해의 여러 나라에서 활발한 활동을 하던 그는 안타깝게도 1963년 43세의 나이로 세상을 떠났다. 음주로 인한 간경변이 원인이었다. 젊은 천재 음악인을 잃은 쿠바 사람들은 몹시 슬퍼했고 그의 장례식에는 팬 100만 명이 왔다고 한다. 그가 세상을 떠난 지 50년이 지났지만 그의 노래는 여전히 쿠바인들과 함께하고 있다. 불레바드 거리의 레스토랑 테 케다라스Te Quedaras에선 늘 그의 음악이 흘러나온다. 애절하면서도 편안하고 꾸밈없는 하이톤의 목소리를 듣는 순간 '아, 베니 모레다'라고 생각할 것이다. 베니 모레의 도시 시엔푸에고스에서는 격년으로 9월마다 베니 모레 축제 Interational Beny Moré Festival가 열린다. 로스 반 반을 비롯한 유명 뮤지션들이 모여 베니 모레를 기리는 축제다. 베니 모레 사진 출처 : http://www.cienfuegoscity.org

화려했던 과거의 단면
클럽 시엔푸에고스 Club Cienfuegos

1920년대 지어진 요트 클럽으로 지금은 기념품 숍과 레스토랑, 테니스 코트, 요트 정박장과 수영장으로 운영되고 있다. 화려했을 과거가 건물 외부에서부터 느껴진다. 통유리로 된 레스토랑 마리네스의 점심 뷔페는 단체 손님의 단골 코스다. 수영장은 식사 포함 8쿡이며, 5쿡 안에서 음식 주문이 가능하다. 오후 2시 이후 입장은 음식 포함 없이 3쿡이다. 수영장 이용 시간은 오전 11시부터 오후 6시까지다. 건물을 구경하는 것에 입장료를 내는 것이 아까울 수 있지만 전망이 좋고 내부 인테리어가 아름다워 1쿡 정도면 들러볼 만하다. 2층은 숍과 야외 카페가 있고 2층은 분위기 있는 레스토랑이다.

Data 지도 217p-C
가는 법 말레콘을 따라 푼타 고르다 방향으로 직진하다 보면 우측 녹색 지붕 주소 Calle 37 e/ 8 y 12, Punta Gorda 전화 51-2891 운영시간 10:00~18:00 요금 1쿡(음료 주문 시 0.5쿡 할인)

시엔푸에고스의 보석 같은 건물
바예 저택 Palacio de Valle 팔라시오 데 바예

1913년에 짓기 시작해 1917년에 완공된 것으로 처음엔 유지의 저택이었다가 지금은 레스토랑과 테라스 바로 이용하고 있다. 땅의 주인 중 한 명의 이름이 바예여서 바예 저택이라고 부르기도 한다. 건축은 이탈리아노 건축가인 알프레도 콜리가 맡았다고 한다. 고딕, 로마네스크, 바로크 그리고 스패니시 무어리시 양식으로 만들어진 아름다운 바예 저택은 시엔푸에고스의 보석과 같은 상징적 건물이자 국립문화유산 기념물이다. 목재와 대리석 등 대부분의 자재를 다 유럽에서 수입했다. 막대한 돈을 들여 예술적 감각을 최대한 살렸으니 어찌 아름답지 않으랴. 현관을 들어서면 아치형의 벽과 기둥, 천장의 조각과 대리석 계단 등에서 눈을 뗄 수 없다. 8개의 침실과 2개의 욕실이 있었고 각 층마다 있는 테라스는 부드럽고 화려하면서도 간결하다. 하구아 호텔 쪽에서 보는 전경도 예쁘지만 반대편에서 바라보는 건물은 또 다른 느낌이다. 1층은 레스토랑, 2층에는 기념품과 엽서를 파는 작은 코너가 있고 3층으로 오르면 확 트인 전망이 있는 루프톱 바가 있다. 식사를 하지 않을 시 입장료를 내야 한다.

Data 지도 217p-E
가는 법 말레콘을 따라 푼타 고르다 방향으로 직진 후 끝 지점
주소 Calle 37 esq. a Ave 0, Punta Gorda
운영시간 09:30~02:00
요금 없음

시엔푸에고스의 끝
라 푼타 레저 센터 Centro Recreativo la Punta 센트로 레크레티보 라 푼타

시엔푸에고스 남쪽 끝에 위치한 작은 공원이다. 바다와 접하는 공원은 이 도시의 끝 지점임을 알린다. 센트로에서 걷거나 자전거로 올 수 있는 거리다. 걷기에 좀 무리라면 자전거나 자전거 택시, 말마차 등을 이용해보자. 특별한 것은 없지만 땅 끝에 왔다는 것에 의의를 두고 반나절 바다 구경하기에 좋다. 공원에 있는 야외 바는 피냐 콜라다가 맛있으니 시원한 바람과 함께 칵테일 한잔 즐겨보자.

Data 지도 217p-E
가는 법 말레콘을 따라 푼타 고르다 방향으로 Calle 35 끝 지점
주소 La Punta, Punta Gorda
운영시간 일~금 09:00~22:00, 토 09:00~00:00
요금 무료

야외에서 즐기는 화려한 트로피카 쇼
트로피코 수르 Tropico Sur

넓은 야외무대에서 펼쳐지는 트로피컬 쇼다. 입장료는 3쿡으로 저렴한데 공연의 수준은 3쿡 그 이상이다. 공연장이 있는 곳은 낮에는 음료나 맥주를 판매한다. 금요일과 토요일에만 공연이 있고 공연은 밤 10시쯤 시작한다. 화려한 공연이 끝나면 야외 객석은 바로 디스코텍으로 변한다. 공연장을 떠나지 않고 남은 현지인들은 새벽까지 춤을 추고 술을 마시며 밤을 즐긴다. 시원한 바람과 별이 쏟아지는 야외 디스코텍은 나름 인상적이다.

Data 지도 216p-E
가는 법 센트로에서 프라도 거리를 따라 말레콘 방향으로 걷다 우측
주소 Calle 37 e/ Ave 46 y 48
운영시간 금·토 21:30~02:00
요금 3쿡(음료 불포함)

EAT

베니 모레의 음악이 있는 곳
테 케다라스 Te Quedaras

불레바드 길 2층에 작은 테라스를 가지고 있는 바 겸 레스토랑이다. 라이브 밴드의 감미로운 목소리로 쿠바의 올드&뉴를 같이 즐길 수 있는 곳이다. 가끔 신청곡을 물어 불러주기도 한다. 듣고 싶은 노래가 있다면 신청해보자. 테라스에서는 밖을 내려다보며 식사를 즐길 수 있다. 서비스도 친절하고 깔끔하며, 음식 맛도 좋고 양도 적지 않다. 칵테일 데 하우스라는 칵테일과 간단한 수프 등을 추천한다.

Data 지도 216p-E 가는 법 호세 마르티 광장에서 불레바드 거리를 따라 걷다 프라도 쪽 중간쯤 왼쪽 2층 주소 Ave. 54 No 3509 e/ 35 y 37, Boulevar 전화 (M)26-1283 운영시간 11:00~00:00 가격 고기류 식사 8~9쿡, 닭고기 수프 1.95쿡, 칵테일 데 하우스 4쿡

넓고 분위기 좋은 곳
도냐 노라 Doña Nora

프라도 거리에 위치한 건물 2층에 있는 개인 레스토랑이다. 오래된 건물에서 느껴지는 따뜻한 분위기가 그대로 전해지는 인테리어가 인상적이다. 내부는 컬러풀하고 깔끔하다. 직원들의 친절한 서비스와 라이브 음악이 있어 기분 좋게 식사할 수 있다. 작은 테라스에서는 프라도 거리를 내다볼 수 있다. 현지인들도 많이 이용하는 곳으로 양도 푸짐하고 가격도 많이 비싸지 않다. 식당 안쪽에서는 게스트 하우스도 같이 운영하고 있다. 방이 필요하면 주인에게 물어 예약도 가능하다.

Data 지도 216p-E 가는 법 프라도 거리에서 말레콘 방향으로 우측 2층 주소 Calle 37(Prado) No 4219 e/ 42 y 44 전화 52-3331 운영시간 11:00~00:00 가격 보라초 램 12쿡, 돼지고기 케밥 9쿡, 돼지고기 스테이크 9쿡

아담하고 유쾌한 곳
엘 캄페시노 El Campecino

프라도 거리의 대로변에 위치한 현지식 개인 레스토랑이다. 스페인 투우의 검은 소가 입구에서 손님을 맞이한다. 카우보이 모자를 쓴 예쁜 직원이 웃으며 맞아주기도 한다. 한쪽에는 작은 바가 있어 감미로운 피아노 연주를 들으며 식사할 수 있다. 관광객보다 현지인에게 인기가 많은 곳으로 양도 적지 않고 맛도 무난하다. 직원도 친절하다. 큰길가에 위치하고 있어 찾기 쉽다.

Data 지도 216p-E
가는 법 프라도 거리에서 말레콘 방향으로 좌측 1층
주소 Calle 37(Prado No 4824 e/ 48 y 50
전화 51-5414
운영시간 11:00~00:00
가격 식사류 8~10쿡, 커피 1쿡, 와인 3쿡

아침이 맛있는 집
빅뱅 Big Bang

오픈한 지 1년이 조금 넘은 개인 레스토랑이다. 쿠바에서 흔하지 않게 아메리칸식 아침을 싸고 맛있게 먹을 수 있는 곳이다. 베이컨과 계란, 토스트에 커피를 곁들인 식사가 겨우 3쿡이다. 오픈 주방에 세련된 인테리어와 친절한 직원의 식당이다. 외국인들이 즐겨 찾는 곳으로, 저렴한 가격에 한 번 놀라고 음식 맛에 두 번 놀란다. 프라도 거리가 보이는 위치, 맛있고 정성 가득한 음식에 이만한 곳은 쿠바 어디에도 없지 싶다.

Data 지도 216p-E
가는 법 프라도 거리에서 말레콘 방향으로 좌측 1층
주소 Calle 37(Prado) No 4222 e/ 48 y 50
전화 51-8992
운영시간 08:30~22:00
가격 아침(커피 포함) 3쿡, 스파게티 2쿡, 커피 0.4쿡

테리 극장 옆 카페
카페 테리 Café Terry

세이바 나무를 마주하고 있는 작은 카페다. 테리 극장 옆 기념품 가게를 지나면 작은 바가 있는데 우측으로 들어서면 야외 테이블이 있다. 보라색 꽃잎이 늘어진 꽃 넝쿨 그늘 아래서 시원하게 더위 식히기 좋다. 공원 인터넷을 사용할 수 있다. 하얀 커피 잔에 담겨 나오는 진한 에스프레소가 잘 어울리는 곳이다. 와이파이 사용을 사용할 수 있다.

Data **지도** 216p-B **가는 법** 호세 마르티 광장 내 테리 극장 옆 **주소** Ave. 56 No 2703 e/ 27 y 29 **운영시간** 09:00~22:00 **가격** 아메리카노 1.5쿡

분위기와 맛 모두 좋은
팔라시오 데 바예 Palacio de Valle

아랍풍의 건물 팔라시오 데 바예 1층에 있는 레스토랑이다. 내부 대리석 계단을 따라 2층으로 오르는 길엔 아라비안 그림이 있고 3층엔 시엔푸에고스의 도시와 바다를 다 볼 수 있는 바 테라사스가 있다. 이곳은 해산물 요리로 유명한 레스토랑이다. 100년 된 저택에서 바다를 바라보며 먹는 식사, 상상만으로도 짜릿하지 않은가. 쿠바에서 손꼽히는 아름답고 괜찮은 레스토랑이 여기라고 자신 있게 말할 수 있는 곳이다.

Data **지도** 217p-E **가는 법** 팔라시오 데 바예 1층 **주소** Calle 37 esq, a Ave 0 **전화** 55-1003 **운영시간** 09:00~22:00 **가격** 랍스터 25쿡, 마사스 데 레스카도 엔칠라다스 (매콤한 생선요리) 9쿡, 아이스크림 3쿡

전망 좋고 음식 좋은 곳
레스토랑 마리네로 Restaurante Marinero

클럽 시엔푸에고스 1층 바다 쪽에 있는 레스토랑이다. 창 너머 보이는 아름다운 바다와 요트 정박장을 배경으로 식사를 즐길 수 있는 좋은 위치다. 점심 뷔페(10쿡) 음식도 푸짐하고 보기만 해도 군침이 돈다. 시원스레 정리된 테이블에 푸짐하고 맛깔나게 준비된 음식은 늘 단체 손님을 받기에 바쁘다. 점심은 뷔페로만 운영한다. 저녁엔 분위기 있는 식사를 위해 좋다. 점심 식사는 가격대비 훌륭하나 저녁은 가격이 비싼 편이다.

Data **지도** 217p-C **가는 법** 클럽 시엔푸에고스 1, 2층 **주소** Calle 37 Punta Gorda **전화** 51-2891 **운영시간** 점심 12:00~15:00, 저녁 18:00~21:00 **가격** 점심 뷔페 10쿡, 저녁 랍스터 30쿡, 생선 메뉴 9쿡

야경 보며 음악 즐기기 좋은 곳
라 테라사 La Teraza

유니온 호텔의 옥상에 있는 넓은 바이다. 바 자체는 작지만 공간이 넓어 사방으로 호세 마르티를 비롯한 시엔푸에고스 중심의 야경을 보기 좋다. 야경이 화려하지 않아 큰 도시에 비하면 실망스러울지 모르나 시원한 바람과 야외 음악 공연은 여행자의 감성을 자극하기에 충분하다. 연주는 밤 10시쯤 시작된다. 웨이터의 추천 칵테일과 함께 여행의 피로를 풀어보자.

Data 지도 216p-E **가는 법** 유니온 호텔 옥상 **주소** Calle 31, esq 54 **전화** 55-1020 **운영시간** 07:30~22:00 **가격** 음료 3~5쿡

노을 질 무렵 가면 좋을 곳
레스토랑 카사 프라도 Casa Prado

프라도 길을 따라 푼다 고르다 쪽으로 걷다 보면 2층 높이의 건물 옥상에 있는 파라솔이 눈에 띈다. 평범한 가정집 입구를 지나 계단을 오르면 나타나는 레스토랑 카사 프라도다. 파라솔도 촌스럽고 특별하진 않지만, 저렴한 가격에 식사를 할 수 있다. 푸짐한 양에 맛도 괜찮고, 서비스도 나쁘지 않다. 운이 좋다면 보석처럼 아름다운 노을을 만날지도 모르니 저녁에 들러보자. 시원하게 펼쳐진 프라도 거리 풍경을 볼 수 있고, 이웃과 함께 식사를 하는 것처럼 정겨움을 느낄 수 있는 곳이다.

Data 지도 216p-E **가는 법** 프라도 거리에서 말레콘 초입 길가 **주소** Calle 37 #4626 e/ 46 y 48 **전화** 5262-3858 **운영시간** 11:30~22:30 **가격** 식사 7~8쿡, 맥주 2쿡, 물 1쿡

우아함과 고풍스러움이 만날 때
1869 레스토랑 1869 Restaurant

유니온 호텔 1층에 있는 고급 레스토랑이다. 아침은 투숙객 전용이고 점심부터 외부인 식사가 가능하다. 유니온 호텔은 클래식 양식의 건물로 1869년에 지어졌다. 소박한 탁자와 테이블, 하늘색과 연노란색의 벽은 아늑한 느낌이다. 은은한 조명과 준비된 와인이 분위기를 더한다. 200년도 더 된 건물의 아담한 레스토랑에서 여행자의 여유를 만끽하기엔 괜찮은 곳이다. 호텔 레스토랑임에도 칵테일 가격은 일반 레스토랑과 그다지 차이가 없다. 단 음식은 다른 곳보다 조금 더 비싼 정도다.

Data 지도 216p-E **가는 법** 유니온 호텔 1층 **주소** Calle 31, esq 54 **전화** 55-1379 **운영시간** 07:30~22:00 **가격** 해산물 요리 18쿡, 소고기 요리 12쿡, 모히토 3쿡

다이키리가 특히 맛있는 집
레스토랑 비야 마리아 Villa Maria

동네에 있는 평범한 레스토랑이지만, 한 번 가보면 다시 찾게 된다. 허브를 갈아 만든 독특한 맛의 다이키리 등 음식이 맛있다. 스태프는 친절하고 가격도 착하다. 와이파이 공원이 코앞이고, 노을이 예쁜 무에예 레알도 도보 1분 거리에 있다. 숙박도 가능하다. 레스토랑 양쪽에 있는 카사 역시 가족이 운영하는 곳이다. 특별할 건 없지만 위치, 가격, 음식, 맛은 만족할 것이다.

Data 지도 216p-E
가는 법 Union 호텔에서 Calle 31 따라 세 블록
주소 Calle 31 #4606 e/ 46 y 48
전화 52-7045 **운영시간** 08:00~23:00
가격 식사 6.5쿡~, 맥주 2쿡, 칵테일 3쿡

SLEEP

파란색이 돋보이는 부티크 호텔
팔라시오 아술 호텔 Palacio Azul Hotel

이름대로 파란색의 예쁜 건물이다. 아술Azul은 스페인어로 '파란색'을 뜻한다. 1917년에 지어졌으며 2층으로 된 건물 지붕의 붉은색 둥근 전망대가 인상적이다. 2, 3층에 모두 7개의 방이 있다. 하얀색과 하늘색의 예쁜 조화에 아담한 정원을 가진 호텔이다. 2층에는 2007년 베네수엘라의 차베스 대통령이 묵었던 방이 있고 입구엔 그의 사진이 걸려 있다. 깔끔하게 정리된 건물 내부, 침실과 복도는 작지만 따뜻함과 정성스러움이 가득 담겨 있다. 옥상에 올라 바라보는 전망이 좋다. 1층에는 작은 레스토랑이 있다. 하루 정도 묵기를 추천하고 싶은 호텔이다.

Data 지도 217p-C **가는 법** 말레콘에서 푼타 고르다 방면으로 왼쪽 하늘색 건물
주소 Calle 37 No 1201 e/12 y 14 **전화** 55-5829 **요금** 55~80쿡

전망 좋고 시설 좋은 호텔
하구아 호텔 Hotel Jagua

하구아는 시엔푸에고스의 옛 이름이자 시엔푸에고스 주 깃발 가운데에 그려져 있는 나무 이름이기도 하다. 그 나무의 이름을 딴 호텔 하구아는 시엔푸에고스에서 가장 현대식으로 지어진 호텔이다. 1957년에 지어졌으며 146개의 룸이 있다. 고층의 호텔은 바다가 보이는 탁 트인 전망이 아름답기로 유명하다. 시엔푸에고스뿐 아니라 쿠바에서도 손꼽히는 호텔이다. 푼타 고르다의 끝부분에 위치하고 있어 조용하다. 호텔 바로 앞에 있는 팔라시오 데 바예가 전망을 더욱 아름답게 만든다.

Data **지도** 217p-E
가는 법 푼타 고르다 지역 팔라시오 데 바예 맞은편 **주소** Calle 37 No 1 **전화** 55-1003
요금 스탠다드 70쿡~(조식 포함)

아담하고 위치 좋은 호텔
유니온 호텔 Hotel La Unión

시엔푸에고스 여행에서 대부분의 버스는 유니온 호텔에서 출발한다. 그도 그럴 것이 센트로라 부르는 호세 마르티 광장에서 한 블록 떨어진, 가장 좋은 위치에 있는 호텔이기 때문이다. 총 49개의 객실을 갖춘 4성급 호텔로 스탠다드룸이 36개, 주니어 스위트룸이 11개, 시니어 스위트룸이 2개 있다. 레스토랑과 풀장을 겸비하고 있으나 시설이 아주 좋지는 않다. 1869년에 지어진 역사가 있는 건물이라는 점, 도심과 가까워 여행하기 수월하다는 점이 장점이다. 밤에는 야경을 조용히 감상할 수도 있다.

Data **지도** 216p-E
가는 법 호세 마르티 광장에서 불레바드 길을 따라 한 블록 후 좌측 코너
주소 Calle 31, esq 54
전화 55-1020
요금 스탠다드 70쿡~(조식 포함)
홈페이지 www.hotellaunion-cuba.com

여행 정보 많은 카사
호스탈 카사 콜로니알
Hostal Casa Colonial

넓고 깔끔한 거실 벽에 여행 정보를 아기자기 붙여둔 것이 인상적이다. 여행자들이 즐기고 간 추억을 간직하고 그 재미로 산다는 아저씨가 주인이다. 주인아저씨가 직접 가이드와 운전도 해주니 여행에 편한 카사임은 틀림없다. 프라도 거리에서 가까워 걸어서 다니기에 좋다. 방은 모두 2개다. 싱글 침대는 가격이 조금 더 저렴(20쿡)하다. 아침은 3~5쿡이다.

Data 지도 216p-F
가는 법 Calle 39를 따라 말레콘 방향으로 가다 Ave 42와 44 사이 주소 Calle 39 No 4212 e/ 42 y 44 전화 52-4879 요금 20~25쿡
예약 hostaljosericardo@nauta.cu

깔끔하고 평범한 카사
카데나 호스탈 로베르토 카를로스
Cadena Hostal Roberto Carlos

3층 테라스에 꽂힌 깃발이 눈에 먼저 띄는 카사다. 좁은 입구를 들어서면 아기자기 깔끔하게 잘 꾸며진 내부가 나온다. 젊은 주인은 근처에 다른 카사를 하나 더 운영하고 있다. 야외 테라스는 넓진 않지만 시원하게 식사를 즐기기에 좋다. 외국인에게 특히 인기 있다. 비아술 버스 터미널에서 멀지 않다. 방은 모두 2개이고 아침 4쿡, 저녁은 10쿡이다.

Data 지도 216p-F 가는 법 비아술 버스 터미널에서 호세 마르티 광장 방향으로 다섯 블록 주소 Calle 41 No 5404 e/ 54 y 56 전화 51-7137 요금 20쿡
예약 robert71@nauta.cu / chavez@nauta.cu

넓은 거실이 있는 위치 좋은 카사
호스탈 콜로니알 페페&이사벨
Hostal Colonial Pepe&Isabel

넓고 잘 꾸며진 거실, 깔끔한 침실 그리고 아담한 정원. 대리석 기둥, 빨간 소파와 하얀 벽이 요란스러운 듯 잘 어울린다. 침실은 의외로 심플하다. 공원과 가까워 위치상 좋다. 무엇보다 넓고 깔끔한 인상이 이 카사의 첫 느낌이다. 방은 1개이고 더블 침대와 싱글 침대 2개가 있다. 아침 식사는 4쿡이고 저녁 식사는 10쿡이다.

Data 지도 216p-E 가는 법 베니 모레 동상에서 호세 마르티 광장 방향으로 한 블록 반 주소 Ave 52 No 3309 e/ 33 y 35 전화 51-6043 요금 25쿡
예약 yoanbc@jagua.cfg.sld.cu

작은 분수가 있는
호스탈 라 푸엔테 Hostal La Fuente

꽃 넝쿨이 햇빛을 가린 작은 정원이 있는 카사다. 복도를 들어서면 우측에 방이 있고 안쪽에 주방이 있다. 작은 야외 테이블에서는 책을 읽거나 식사, 차 한잔을 즐기기 적당하다. 방은 모두 2개로 큰 방은 침대가 2개(더블+싱글) 있다. 저녁 식사는 제공하지 않고, 아침 식사는 4~5쿡이다.

Data **지도** 216p-E **가는 법** 프라도 거리를 따라 말레콘 방향으로 가다 왼쪽 코펠리아 맞은편
주소 Calle 37(Prado) No 5012 e/ 50 y 52
전화 51-6836 **요금** 20~25쿡
예약 jacinto12@nauta.cu

친절한 할머니가 운영하는 저렴한 카사
호스탈 아니타 Hostal Anita

아담한 거실을 지나 안으로 들어서면 2개의 손님용 방이 있다. 친절한 할머니는 가격도 다른 곳보다 저렴하게 받는다. 성수기 시즌을 피한다면 아침 식사도 포함한 가격으로 네고가 가능한 곳이다. 좁은 복도를 지나면 작은 테이블의 주방과 손님용 방이 나오는 구조다. 방은 모두 2개이고 아침은 3~5쿡, 저녁은 8~10쿡이다.

Data **지도** 216p-F **가는 법** 비아술 버스터미널에서 호세 마르티 광장 방향으로 두 블록 반
주소 Ave. 56 No 4314 e/ 43 y 45 **전화** 51-9477
요금 15~25쿡 **예약** carlos.nodals@accs.co.cu

조용한 주택가, 친절한 주인
호스탈 이비스&파치 Hostal Ibis&Pachy

친절한 아저씨와 성격 좋은 아줌마가 운영하는 카사다. 조용한 주택가 건물 1층에 있으며 아담한 거실이 있고 손님용 방은 2층에 있다. 길 쪽으로 난 방은 미니바를 겸비하여 넓고 쾌적하다. 창을 열면 도로 풍경이 눈에 바로 들어온다. 신혼부부나 커플을 위한 방이다. 가격대비 넓고 편하게 사용 가능하다. 반대편 작은 방은 더블 침대 1개이다. 창은 있지만 앞이 막혀 있다. 혼자 쓰기엔 적당히 넓고 편하지만 약간 더운 게 흠. 방은 모두 깨끗하고 에어컨이 있다. 아침은 5쿡. 센트로에서 조금 떨어져 있지만 조용한 주택가라 현지인의 삶을 가까이에서 경험할 수 있는 것이 장점이다.

Data **지도** 216p-F **가는 법** Ave 44번 길에서 43번과 45번이 만나는 지점 **주소** Ave. 44 No 4330 e/ 43 y 45 **전화** 51-4926
요금 25~30쿡 **예약** arnaldoyanes@nauta.cu

예쁜 정원, 유쾌한 주인
아니아&호세 Annia y Jose

팔라시오 아술 호텔 옆에 있는 아담한 카사다. 요리를 잘하는 호세 아저씨와 쾌활하고 밝은 아니아 아줌마 부부는 여행자에게 최고의 추억이 된다. 잘 꾸며진 넓은 정원이 파란 바다와 잘 어우러진다. 1층에는 아담한 주방이 있고 2층이 게스트 공간이다. 2층 테라스는 바다가 잘 보이고 요트 선착장과 가까워 전망이 예술이다. 팔라시오 아술 호텔과 바로 붙어 있어 찾기 쉽다. 맛있는 음식, 친절한 주인 부부, 아름다운 전망이 이 카사의 장점이다. 방은 1개(더블 침대 2개)이고 아침은 5쿡이다.

Data **지도** 217p-C
가는 법 팔라시오 아술 호텔 바로 옆
주소 Calle 35 No 1202, e/ 12 y 14, Rpto. Punta Gorda
전화 51-9174 **요금** 25쿡 **예약** jjosec@nauta.cu

바다가 보이는 전망 좋은 카사
비야 마린 Villa Marlin

클럽 시엔푸에고스 대로 맞은편 2층에 위치한 카사다. 왼쪽에 난 작은 계단으로 올라가면 좁지만 아담한 카사의 거실이 나온다. 게스트 룸은 작은 테라스와 거실이 따로 있어 이용하기 편하다. 깔끔한 침실과 아담한 거실 겸 주방, 작은 의자가 있는 테라스에서 바라보는 경치가 좋다. 위치나 크기, 시설 등에서 불편함이나 부족함이 없다. 아침은 5쿡이다.

Data **지도** 217p-C **가는 법** 클럽 시엔푸에고스 맞은편 2층 **주소** Calle37, esq a Ave 10 No 1002 A, (Altos), Punta Gorda **전화** 52380448 **요금** 25쿡 **예약** irisvillamarlin@nauta.cu / rgonzalezolive@gmail.com

커다란 선인장이 맞이하는
비야 리우비 Villa Liuvy

정원에 있는 큰 선인장이 가장 먼저 눈에 띈다. 2층짜리 아담한 카사는 바다가 보이는 갓길에 있어 루프톱의 작은 테이블에서 바라보는 전망이 좋다. 파란 바다가 보이는 넓은 공간, 친절한 주인과 크고 깔끔한 게스트 룸이 이곳의 장점이다. 방은 모두 3개로 2층의 방에는 넓은 침대가 2개씩 있다. 아침 6쿡, 저녁 8~10쿡이다.

Data **지도** 217p-C **가는 법** 푼타 고르다 방면 해안도로에서 큰 선인장이 있는 집
주소 Ave 18 esq, 35 No 3502, Punta Gorda
전화 51-6059 **요금** 25~30쿡
예약 ag.reservas@gmail.com

예쁜 정원과 뷰가 좋은 곳
라 카소냐 데 콘데 La Casona de Conde

입구를 들어서면 보라색 꽃과 나무가 작은 숲을 이루는 정원이 있다. 정원 아래 작은 야외 파라솔이 있고 1층과 2층에 게스트용 룸이 있다. 3층에 작은 주방을 겸한 스튜디오형 룸도 있다. 넓고 시원스레 만들어진 방은 오래 머문다면 적합하다. 팔라시오 데 바예와도 가깝다. 방은 모두 3개이다. 3층은 35쿡이고 아침은 5쿡이다. 주인아주머니의 딸이 영어가 가능하다.

Data 지도 217p-E 가는 법 팔라시오 데 바예에서 바다를 따라 우측으로 가면 왼쪽 대로변
주소 Ave 0 No 3502A e/ 35 y 37, Punta Gorda 전화 51-4602 요금 25쿡

자연 풀장 바다가 있는 카사
카시타 오슌 Casita Oshun

녹색으로 칠해진 평범한 외관의 카사다. 그러나 안으로 들어서면 그 길이 거실과 주방을 거쳐 바다로 바로 이어진다. 작은 풀이 있지만 바다에서 직접 수영하고 비치 의자에 앉아 쉴 수 있다. 전망이나 수영을 즐기고 쉬기엔 최적의 위치다. 방은 모두 2개다.

Data 지도 217p-E 가는 법 푼타 고르다 방면 해안 도로 왼쪽
주소 Calle 35 No 16 e/ 0 y Litoral Punta Gorda 전화 51-9449 요금 25쿡
예약 aleja2303@yahoo.es / dagmara351@yahoo.es

깔끔하고 위치가 좋은
비야 마리아 Villa Maria

비야 마리아의 가장 큰 장점은 바로 위치. 이민국 사무실이 바로 옆이라 찾기 쉽고 와이파이 공원도 가깝다. 3층짜리 건물이 비야 마리아고, 바로 옆 건물이 남동생이 운영 중인 레스토랑 비야 마리아다. 각 층마다 방이 한 개씩 있고, 옥상이 전망 좋은 미니 레스토랑이다. 저녁이면 무에예 레알에서 선셋을 보기 좋으니 참고하자. 숙박료가 조금 높은 편이지만 방이 깔끔하고 조식이 포함이니, 인원에 따라 이용하기 좋다. 최대 3명까지 묵을 수 있다. 저녁 식사 는 예약해야 한다.

Data 지도 216p-E 가는 법 유니온 호텔에서 Calle 31 따라 세 블록
주소 Calle 31 #4606 e/ 46 y 48 전화 51-7116 요금 45쿡(조식 포함)
예약 odalys.villamaria@nauta.cu

Cuba By Area

05

산타 클라라
SANTA CLARA

산타 클라라는 쿠바 섬 가운데에 위치한 작은 도시다. 비야 클라라 주의 주도로 아바나에서 자동차로 약 4시간 거리다. 1689년에 건설된 도시로 인구는 약 24만, 쿠바에서 다섯 번째로 인구가 많은 도시다. 1958년 12월 31일, 체 게바라와 카밀로 시엔푸에고스가 이끌던 혁명군의 마지막 전투가 있었던 곳도 바로 이곳이다. 도시의 중심인 비달 공원 주변 건물 외벽에는 당시의 총탄 흔적이 지금까지도 선명하게 남아 있다. 체 게바라의 유해는 사후 30년 만인 1997년 쿠바로 돌아왔고 이곳 산타 클라라에 묻혔다. 아직도 수많은 여행자들은 단 하나의 이유, 체 게바라를 만나기 위해 산타 클라라에 간다.

CUBA BY AREA 05
산타 클라라

Santa Clara
PREVIEW

많은 볼거리가 있는 관광 도시는 아니다. 그러나 체 게바라를 보기 위해 왔다면 의미 있는 여행이 될 곳이다. 체 게바라가 없는 산타 클라라는 어떤 모습일까. 상상할 수 없을 정도로 산타 클라라는 체 게바라와 혁명이 전부다. 체 게바라를 품었다는 쿠바인의 자긍심과 자부심을 이곳에서는 느낄 수 있다. 혁명의 마지막 전투, 20세기 젊은이들에게 열정을 불어넣은 혁명가 체 게바라. 산타 클라라 여행의 키워드는 명확하다. 바로 체 게바라와 혁명이다.

SEE

비달 공원은 산타 클라라의 중심이다. 체 게바라 기념관은 체의 모든 것을 담고 있다. 혁명군의 마지막 전투가 치열했던 장갑열차 기념비, 비달 공원의 총탄 흔적 등 산타 클라라엔 유난히 혁명의 흔적이 많다. 곳곳에 산타 클라라 사람들이 얼마나 체 게바라를 사랑하는지 잘 나타나 있다. 비달 공원 호텔 산타 클라라 리브레의 꼭대기는 좋은 전망대다.

EAT

맛집이 많은 도시는 아니다. 불레바드 거리의 식당 그리고 비달 공원 주변을 벗어나면 식당이 많지 않다. 거리마다 눈에 띄는 것은 작은 피자집이다. 길에서 신선한 과일과 야채도 팔고 있다. 다른 관광 도시에 비해 세련미는 없지만 쿠바의 느낌을 물씬 살린 개인 레스토랑이 저렴한 가격으로 손님을 끈다. 비달 공원 주변에서 레스토랑을 홍보하는 호객꾼을 쉽게 만날 수 있다.

SLEEP

알록달록 파스텔 톤의 낮은 집이 있는 골목골목에 제법 많은 카사가 있다. 화려하지는 않지만 모두 깔끔하고 사람들은 친절하다. 비달 공원을 중심으로 카사를 쉽게 찾을 수 있다. 일부 카사는 공원에 바로 접하고 있어 와이파이도 쓸 수 있다. 조용히 쉬어 가기에 괜찮은 곳이 제법 많다.

Santa Clara
GET AROUND

🚗 어떻게 갈까?

아바나에서 약 270km, 차로는 약 4시간 거리다. 트리니다드에서는 약 3시간 걸린다. 산티아고 데 쿠바에서는 약 12시간 걸린다. 대부분 비아술 버스를 이용하거나 콜렉티보 합승 택시를 이용한다. 산타 클라라엔 기차역이 있어 기차로도 갈 수 있지만 많이 이용하지는 않는다.

1. 버스
비아술 버스는 아바나에서 약 4시간이 걸린다. 아바나에서는 아침과 저녁 하루 2회 출발하고 바라데로에서도 하루 한 번 운행한다.

※ 비아술 버스 시간표
본 시간표는 비아술 Viazul 버스 홈페이지(www.viazul.com)와 다를 수 있으니 사전에 반드시 확인 바람

산타 클라라로 갈 때

출발 도시명	출발시간	도착시간	요금
아바나	06:00	09:50	18쿡
	08:40	12:25	
	15:15	19:00	
	19:45	23:30	
	22:00	01:45	
바라데로	07:25	10:30	11쿡
	21:00	00:10	
비냘레스	–	–	–
시엔푸에고스	09:45	11:15	6쿡
	15:30	16:55	
카마구에이	02:55	07:50	15쿡
	03:50	08:40	
	09:45	15:25	
	11:10	16:50	
	22:50	03:35	
산티아고 데 쿠바	15:15	03:35	33쿡
	20:00	07:50	
	22:00	08:40	

산타 클라라에서 갈 때

도착 도시명	출발시간	도착시간	요금
아바나	03:35	07:30	18쿡
	08:40	12:50	
	15:25	19:20	
	16:50	20:45	
바라데로	07:50	11:25	11쿡
	16:55	20:15	
비냘레스	–	–	–
시엔푸에고스	10:30	12:00	6쿡
	17:15	18:55	
카마구에이	01:45	06:30	15쿡
	09:50	11:15	
	12:25	17:10	
	19:00	00:20	
	23:30	03:25	
산티아고 데 쿠바	01:45	12:45	33쿡
	09:50	21:10	
	19:00	07:30	

2. 택시

아바나에서는 산타 클라라까지 일행 모으기가 쉽지 않지만 트리니다드나 바라데로에서는 쉽게 모을 수 있다. 타기 전에 차량 상태와 금액만 명확하게 확인하고 탑승하면 된다. 산타 클라라 비아술 터미널에서 택시를 타면 센트로 비달 공원까지 약 2쿡이다.

3. 비행기

산타 클라라에는 아벨 산타마리아 국제공항Abel Santamaría Airport이 있다. 도심에서 약 11km 정도 떨어져 있다. 캐나다의 몬트리올, 토론토, 캘러리에서 바로 산타 클라라 구간을 운항한다. 코파 항공의 경우 파나마시티에서 산타 클라라로 주 2회 운항하는 비행기가 있다. 그러나 아바나에서 운항하는 국내선은 없다.

어떻게 다닐까?

도심 중심의 볼거리는 걸어서도 충분히 돌아볼 수 있다. 작은 골목골목은 걸어 다니거나 자전거 택시를 이용하면 된다. 버스나 일반 대중교통은 한 번쯤 체험해볼 만하지만 권하지는 않는다.

1. 택시

시간의 여유가 없다면 비달 공원 주변에서 주요 관광지로 택시를 이용하면 된다. 대부분 흥정이라 정해진 요금이 없다. 여행객이 많은 성수기엔 흥정하는 일도 만만치 않다.

2. 자전거 택시

짧은 거리 이동에 좋다. 카피로 전망대나 체 게바라 기념관도 자전거 택시를 이용할 수 있는 거리다. 특히 체 게바라 기념관 주변에는 자전거 택시가 많이 다닌다. 보통 왕복 요금으로 2, 3쿡에 흥정해도 가능하다.

인포메이션 Information

관광 안내소
- **인포투르** Infotur

주소 Cuba No 68 e/ Machado y Maestra Nicolasa
전화 20-1352 **운영시간** 월~토 09:00~17:00

비아술 사무실 Viazul Ticket Office
옴니버스(내국인용)와 비아술이 같은 터미널에 있다. 입구는 옴니버스이고 안으로 들어가면 외국인 티켓을 판매하는 비아술 티켓 판매소가 있다. 도심에서 약 2.5km 떨어져 있다.
주소 Carretera Central km 383 esq Oquendo
전화 29-2524 **홈페이지** www.viazul.com

환전소 Money Exchange/Cadeca
주소 e/ Rafael Trista y Cuba
운영시간 월~토 08:30~19:30, 일 08:30~11:00

은행 Bank / Banco
- Banco de Crédito y Comercio

주소 Cuba No 6 esq Rafael Tristá

우체국 Post Office
주소 Colón No 10
운영시간 월~토 08:00~18:00, 일 08:00~12:00

국제우편 DHL
주소 Cuba No 7 e/ Rafael Tristá y Eduardo Machado
운영시간 월~토 08:00~18:00, 일 08:00~12:00

아르날도 밀리안 카스트로 국제병원
Hospital Arnaldo Milián Castro
주소 e/ Circumvalacion y Av 26 de Julio
전화 27-0126

약국 Farmacia International
- **호텔 산타 클라라 리브레**

주소 Colón No 106 e/ Maestra Nicolasa y Calle 9 de Abril
운영시간 09:00~18:00

아벨 산타마리아 국제공항 Abel Santamaría Airport
주소 Carretera Maleza Km 1, C. Militar
전화 21-4402

기차 Train
주소 Luis Estévez Norte No 323
전화 20-0853

에텍사 Etecsa Telepunto
인터넷을 사용하기 위한 카드를 구입하려면 에텍사에서 구입하면 된다.
주소 Marta Abreu No 55 e/ Máximo Gómez y Villuendas
운영시간 08:30~19:00

이민국 Immigration office
주소 Av Sandino y 6ta
운영시간 월~수 08:00~17:00 / 토 08:00~12:00(목·금요일은 휴무)

여행사 Tour Agency
- **쿠바투르** Cubatur

시거공장 투어를 원한다면 이곳에서 예약하면 된다.
주소 Marta Abreu No 10 e/ Máximo Gómez y Villuendas
전화 21-2980 **운영시간** 월~토 09:00~20:00

- **쿠바나칸** Viaje Cubanacán

주소 Colón No 101 e/ Candelaria y San Miguel
전화 21-5189 **운영시간** 월~토 08:00~20:00

- **아바나투르** Habantur

주소 Calle Máximo Gómez s/n, Independencia y Alfredo Barrero
전화 20-4002 **운영시간** 월~토 08:00~20:00

긴급 전화번호
경찰 106 / 의료 104 / 화재 105

※ 국제전화
119(119+국가코드+지역번호+전화번호)
산타 클라라 지역번호 42

CONTACT ME

CUBA BY AREA 05
산타 클라라

Santa Clara
ONE FINE DAY

걸어서 다 둘러볼 수 있을 만큼 볼거리가 모여 있지 않은 도시다. 비달 공원을 중심으로 골목을 걸어 조용히 둘러보는 것도 괜찮지만 가장 큰 볼거리인 체 게바라 기념관은 자전거 택시나 택시를 이용하는 것이 좋다. 하루 정도를 머물면 웬만한 것은 다 볼 수 있다. 조금 더 정이 들고 싶다면 하루 정도 더 머물러도 괜찮은 곳이다.

도시의 중심
비달공원

→ 도보 1분

산타 클라라 예술의 중심
후안 마리네요 문화센터

→ 도보 1분

쿠바인의 일상을 함께,
마르티 도서관

↓ 도보 5분

쿠바의 시거를 눈앞에서,
담배공장

← 자동차 5분

체 게바라의 모든 것
체 게바라 기념관

← 자동차 5분

작고 아담한
대성당

↓ 도보 10분

혁명 그 성공의 흔적
창갑 전차 기념관

→ 자동차 5분

또 다른 체,
'체와 아이' 동상

→ 자동차 2분

도시의 풍경을 한눈에
보는 카피로 전망대

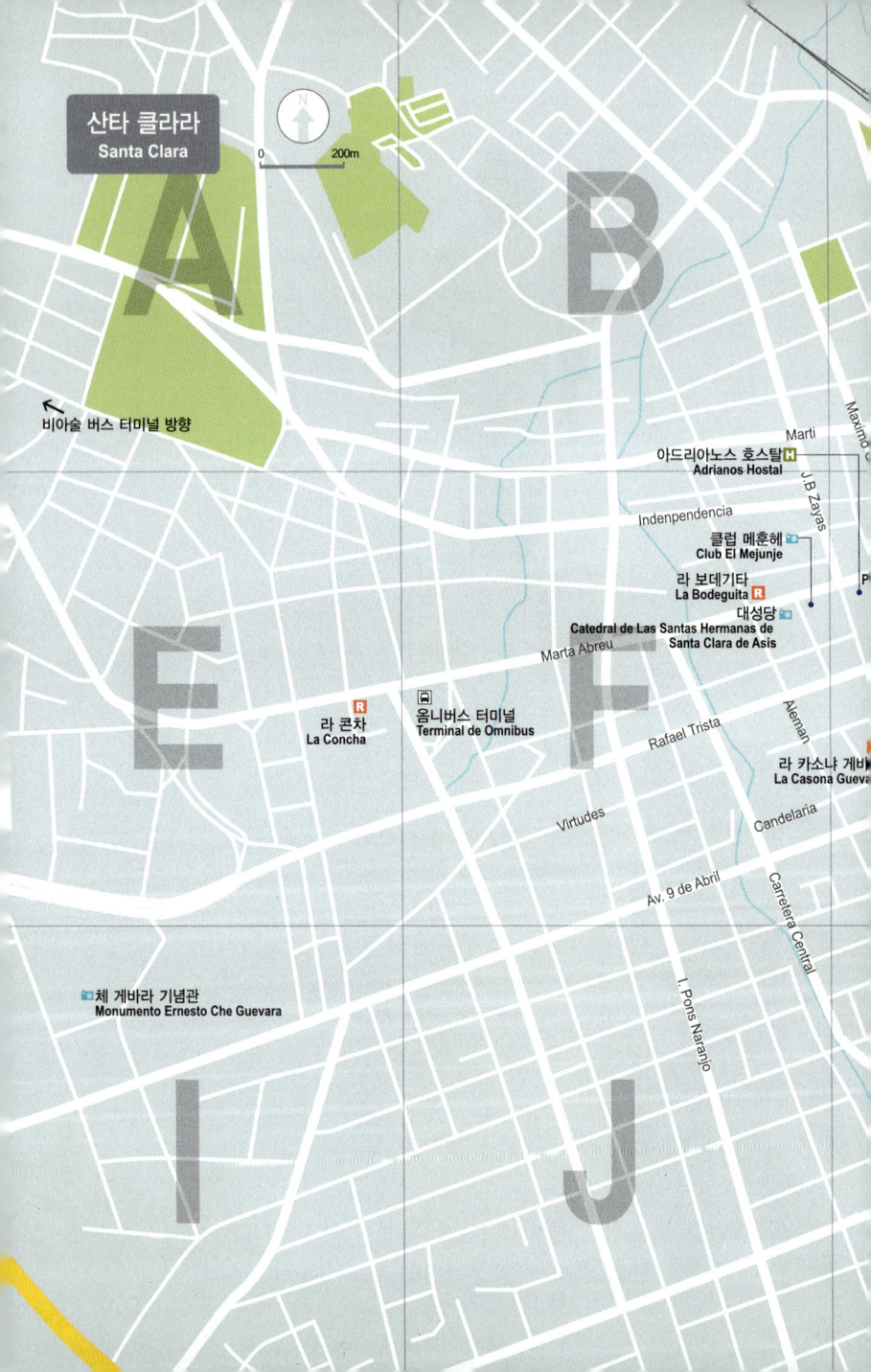

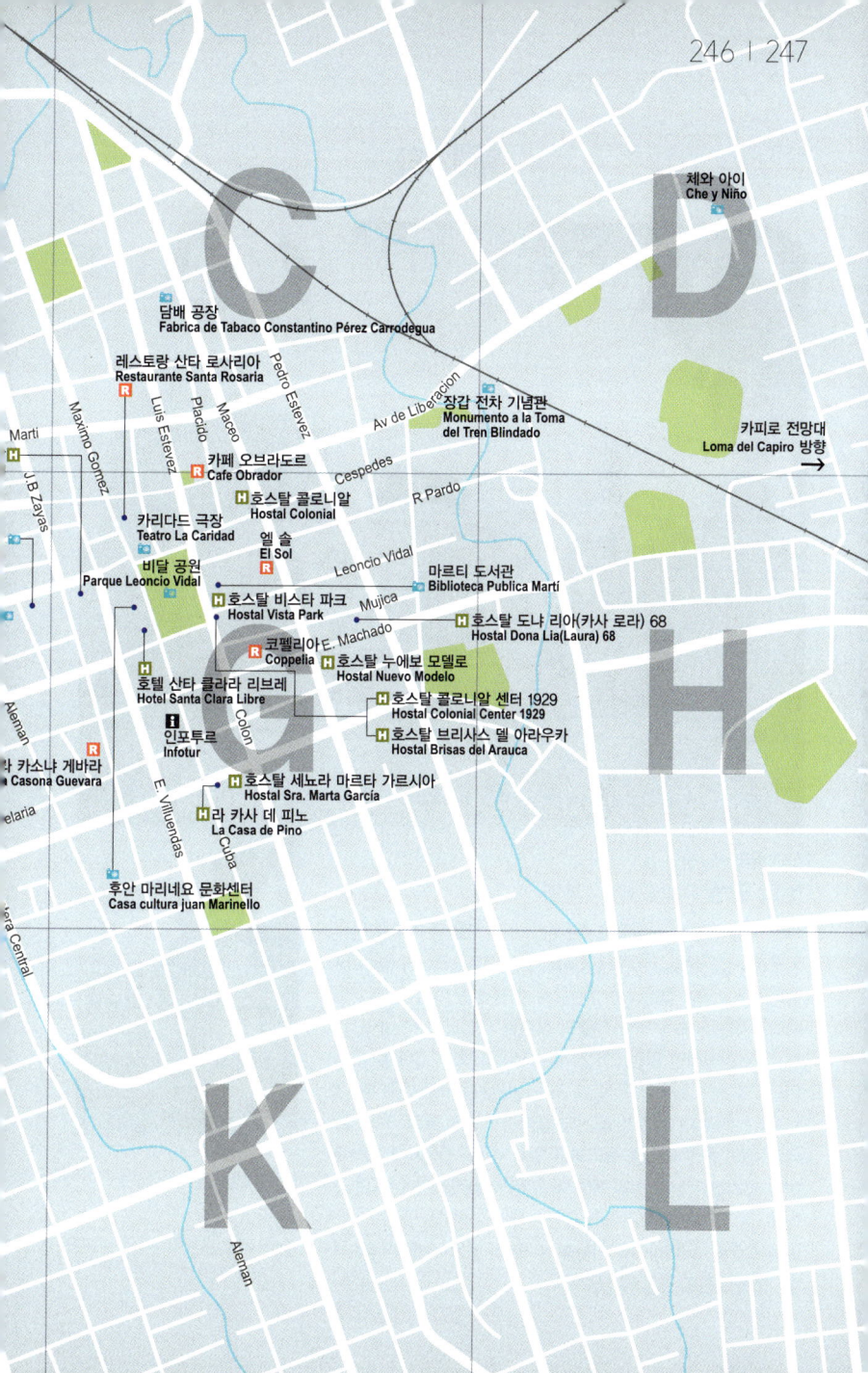

산타 클라라의 중심
비달 공원 Parque Leoncio Vidal

쿠바 독립 전쟁에 참여했던 레온시오 비달 대령의 이름을 딴 공원으로 시의 창립 310주년이 되던 1999년에 국립기념물로 지정되었다. 산타 클라라의 중심으로 여행과 문화의 중심이기도 하다. 공원 안에는 비달 대령의 흉상뿐 아니라 산타 클라라의 또 다른 상징적인 인물 마르타 아브레우의 동상, 부츠를 든 아이 niño de la bota의 동상 등 조각 공원처럼 아름다운 예술품도 많다. 녹색의 고층 빌딩 산타 클라라 리브레 호텔, 카리다드 극장 등이 공원 주변을 둘러싸고 있다. 모두 식민지 시대에 지어진 오래된 건물들이다. 매주 목요일과 일요일 저녁 8시면 공원에서는 시립 오케스트라의 공연이 열려 여행자를 음악의 세계에 빠뜨린다. 와이파이를 사용할 수 있다. 공원 주변에 식당, 서점, 도서관 등이 집중되어 있다.

Data 지도 247p-G
가는 법 버스 터미널에서 자동차로 10분
주소 Calle Colón

산타 클라라 문화예술의 중심
후안 마리네요 문화센터 Casa Cultura juan Marinello 🔊 카사 쿨투라 후안 마리네요

산타 클라라 리브레 호텔 옆에 오래된 낡은 건물 하나가 있다. 1868년에 만들어진 건물로 산타 클라라의 문화와 예술 학원이었던 곳이다. 1999년 국가기념물로 지정되었고 지금은 지역 주민들을 위한 댄스학원, 기타 클래스 또는 공연의 공간으로 이용되고 있다. 2층 테라스에서는 비달 공원이 보이고 바로 옆 산타 클라라 호텔의 외벽에 난 총탄 자국도 선명하게 보인다. 1958년 혁명을 위해 치열하게 싸웠던 흔적이다.

Data 지도 247p-G
가는 법 호텔 산타 클라라 바로 옆 주소 Parque vidal 전화 20-7548 운영시간 월~토 09:00~16:00
요금 무료

작고 아담한 성당
대성당 Catedral de Las Santas Hermanas de Santa Clara de Asis
🔊 카테드랄 데 라스 산타스 에르마나스 데 산타 클라라 데 아시스

비달 공원에서 체 게바라 기념관 방향으로 세 블록 떨어진 곳에 있는 대성당이다. 길옆에 단정한 모습으로 서 있다. 원래 있던 교회를 철거하고 1923년에 새로 지은 성당이다. 회색 벽에 스테인드글라스의 창이 아름답고 입구엔 큰 성모상이 있다. 성모 마리아 동상은 1980년대 도랑에서 발견되었다고 한다. 성당 앞에서는 기념품을 판매하고 있어 다소 생소하기도 하다. 종교가 있는 여행자라면 조용하게 들러보기 좋다.

Data 지도 246p-F 가는 법 비달 공원에서 동쪽으로 세 블록
주소 Calle Marta Abreu

CUBA BY AREA 05
산타 클라라

체 게바라의 모든 것
체 게바라 기념관 Monumento Ernesto Che Guevara 모누멘토 에르네스토 체 게바라

비달 공원에서 서쪽으로 약 2km 떨어진 곳, 혁명광장Plaza de Revolución에 위치한 체 게바라 기념 공원이다. 20톤이 넘는 무게에 약 16미터 높이의 체 게바라 청동상은 조각가 호세 델라라 등이 작업한 것으로 마치 하늘로 솟아오르는 듯 우뚝 서 있다. 동상은 체 게바라가 볼리비아에서 사망한 후 20주년이 되던 1987년에 만들어졌다. 동상 옆에는 벽화가 있고 우측 옆에는 체 게바라가 쿠바를 떠나기 전 피델에게 보낸 마지막 편지가 돌에 새겨져 있다. 조각의 뒷면으로 돌아가면 체 게바라의 기념관이다. 기념관 내에서는 사진 촬영이 금지다. 왼쪽 추모관으로 입장해 우측 기념관으로 나오게 된다. 추모관은 체 게바라와 혁명 전사들을 기리는 공간이다. 들어서면 절로 숙연해진다. 우측의 넓은 공간이 체 게바라의 기념관이다. 편지와 옷가지부터 그의 모든 것을 볼 수 있다. 기념관은 휴대품을 모두 보관소에 맡겨야한다(무료). 기념관을 기준으로 우측 주차장 옆에 물품 보관소가 있으니 짐을 맡길 수 있다. 카메라 등 모든 휴대품을 소지할 수 없고 휴대폰은 주머니에 넣지 않으면 입장 불가할 수 있으니 참고하지. 비오는 날은 휴무일과 상관없이 무조건 입장이 불가하다.

Data **지도** 246p-I **가는 법** 비달 공원에서 서쪽으로 2km
주소 Complejo Monumental Ersesto Che Guevara **전화** 20-5878
운영시간 화~토 09:00~17:00(요일과 무관하게 비오는 날 휴무) **요금** 무료

TALK

열정의 아이콘 체 게바라와 산타 클라라

우리에게 체 게바라Che Guevara로 알려진 그의 본명은 에르네스토 라파엘 게바라 데 라 세르나Ernesto Rafael Guevara de la Serna다. 1928년 6월 14일 아르헨티나 로사리오의 비교적 부유한 집안에서 태어났다. 의학을 전공하던 대학생 에르네스토는 어느 날 오토바이 한 대로 남미 일주를 떠난다. 그와 동행한 이는 알베르토 그라나도Alberto Granado. 둘의 남미 여행은 그들의 인생을 바꿔놓는다. 영화 〈모터사이클 다이어리〉는 체 게바라가 혁명에 동참하게 된 과정을 잘 보여준다. 잘생긴 외모와 뜨거운 가슴을 가진 청년 체 게바라는 고국 아르헨티나를 떠나 쿠바에서 혁명을 성공한다. 쿠바에서 제2의 인생을 살 수 있었지만 그를 기다리는 더 많은 세상을 향해 그는 과감히 쿠바를 떠난다.

안타깝게도 39세의 젊은 나이에 볼리비아의 산속에서 죽음을 맞게 되지만 여전히 그는 쿠바와 세계의 젊은이들 사이에 열정의 아이콘으로 남아 있다. 라울 카스트로, 피델 카스트로를 만나 쿠바 혁명에 동참하고 혁명을 성공으로 이끈 체 게바라. 그의 이름은 세상에 알려졌고 그의 뜨거운 가슴은 세상의 모든 젊은이들에게 전해졌다. 산타 클라라는 여행자들 사이에서 체 게바라의 도시라 불린다. 혁명의 마지막 전투를 성공한 곳이며 그의 가족들이 살았던 곳이다. 그리고 그가 영원히 묻힌 곳이기도 하다. 오늘도 산타 클라라는 그를 추억하며 그와 함께 살아가고 체 게바라의 도시라는 것에 자부심을 느낀다.

아름다운 도서관
마르티 도서관 Biblioteca Publica Martí 🔊 비블리오테카 푸블리카 마르티

산타 클라라 리브레 호텔의 대각선 맞은편에 있는 하얀색 건물이다. 1층이 서점과 도서관이다. 예전에는 시청 등 정부의 건물로 사용되던 곳으로 1912년에 지어졌다. 쿠바인들의 일상적인 삶을 가까이서 볼 수 있다. 노트북을 가지고 작업하는 학생도 있고 연세 지긋한 어르신이 독서하는 풍경도 보인다. 시간이 허락한다면 앉아서 책을 읽어도 괜찮다. 외부인도 출입할 수 있다.

Data 지도 247p-G
가는 법 비달 공원 내
주소 Parque Vidal
운영시간 월~토 09:00~18:00
요금 무료

산타 클라라 최고의 전망대
카피로 전망대 Loma del Capiro 🔊 로마 델 카피로

산타 클라라 시내를 내려다볼 수 있는 산타 클라라 최고의 전망대다. 1958년 체 게바라와 카밀로 시엔푸에고스가 이끄는 혁명군이 정부군과 치열하게 전투를 했던 곳이다. 센트로에서 북동쪽으로 2km 지점에 위치하고 있다. 3개의 봉우리 중 가장 낮은 봉우리로 정상에는 전투를 기념한 기념탑Obelisco a la loma de la Loma del Capiro이 있다. 기념탑에는 체 게바라의 얼굴이 조각되어 있다. 계단으로 된 나지막한 경사로를 오르면 사방으로 시원스럽게 펼쳐지는 산타 클라라 시가지가 보인다.

Data 지도 247p-D 지도 밖 가는 법 비달 공원에서 동쪽으로 2km로 자전거 택시를 타면 약 2쿡

혁명의 마지막 전투가 있었던 곳
장갑 전차 기념관 Monumento a la Toma del Tren Blindado
🔊 모누멘토 아 라 토마 델 트렌 블린다도

체 게바라와 카밀로 시엔푸에고스가 이끌던 혁명군은 고작 20여 명. 그 적은 숫자로 정부군과 싸워 혁명의 승리를 확정한 역사적이고 신화적인 전투가 바로 이곳에서 있었다. 산타 클라라 시민들은 혁명군을 도와 불도저 등으로 철로를 훼손하거나 막아 정부군의 기차를 탈선시켰다. 그리고 그들은 승리를 거둔다. 그날의 전투를 기리기 위해 만들어진 기념비와 기념관이다. 당시의 열차와 불도저 등이 야외 공간에 전시되어 있고 실내에는 사진 등이 있다. 모두 8개의 공간으로 되어 있다. 차근차근 둘러보자.

Data **지도** 247p-D **가는 법** 비달 공원에서 Independecia 거리를 따라 북서쪽으로 계속 직진 후 다리 건너 우측 **주소** Ave. Liberacion **운영시간** 월~토 09:00~17:30 **요금** 1쿡

또 하나의 체 게바라 동상
체와 아이 Che y Niño 🔊 체 이 니뇨

산타 클라라 공산당의 지방위원회 본부(PCC) 앞에 있는 체 게바라의 동상이다. 체 게바라가 아이를 안고 앞으로 나아가고 있다. 그의 벨트 버클에는 볼리비아에서 함께 했던 그의 동지 38명을 표현했다. 공산당 건물은 내부로 들어갈 수 없고 볼거리는 그저 동상 하나뿐이다. 여행자의 입장에서 굳이 보러 와야 할까 고민할 수 있지만 산타 클라라에서 체 게바라는 특별하다. 이 동상은 산타 클라라가 체 게바라를 어떻게 기억하고 얼마나 사랑하는지를 보여주는 그 작은 예다. 카피로 전망대 가는 길에 잠시 들러보면 좋다.

Data **지도** 247p-D **가는 법** 센트로에서 북동쪽으로 2km로 자전거 택시를 타면 약 2쿡

쿠바 청춘의 좌표
클럽 메훈헤 Club El Mejunje 클럽 엘 메훈헤

동네 사람 누구에게 물어봐도 한목소리로 추천하는 곳이 있다면 바로 이곳 메훈헤다. 배우이자 극작가인 라몬 실베리오가 정부와 함께 문화 프로젝트의 일환으로 만든 곳이다. 오픈한 지 2년이 채 안 된 곳으로 지붕 없는 작은 공연장은 밤이면 열정의 뮤지션과 음악을 즐기는 사람들로 늘 가득하다. 다양한 장르의 음악을 다양한 사람들이 공유하며 함께 즐기는 문화는 산타 클라라의 밤 그 자체다. 나이를 넘어 모두가 하나 되고 밤이 늦도록 음악 소리, 악기 소리가 끊이질 않는다. 누가 음악을 젊은이들의 것이라 하겠는가. 쿠바는 남녀노소 할 것 없이 피가 뜨겁다. 2층 갤러리와 작은 바는 낮에도 많은 젊은이들이 찾는다. 현지인의 놀이터로 자리 잡았고 산타 클라라의 자랑이 된 곳이다. 1층 입구에서는 기념품을 판매한다. 산타 클라라에 왔다면 이곳을 놓치지 말자.

Data 지도 246p-F 가는 법 비달공원에서 동쪽으로 두 블록
주소 Calle Marta Abreu No 12 e/ Zayas y Lubián 전화 28-2572 운영시간 16:00~01:00 요금 2쿡

19세기에 지어진 대형극장
카리다드 극장 Teatro La Caridad 테아트로 라 카리다드

쿠바의 국립기념물로 스페인 식민지 시대인 1885년에 지어졌다. 쿠바에 남아 있는 식민지 시대 8개의 대형 극장 중 하나이다. 산타 클라라에서 태어난 쿠바의 자선 사업가 마르타 아브레유가 기증한 것으로 그녀의 위대한 유산이기도 하다. 건물은 비달 공원에서 눈에 띈다. 외관은 크림색에 다소 심플하고 차가운 느낌의 디자인이다. 안으로 들어서면 아담한 무대와 3층으로 된 객석이 나타난다. 오랜 세월을 견뎌낸 터라 많이 낡은 느낌이다. 나무 의자에서 세월의 무게가 고스란히 느껴진다. 공연이 없는 날은 관광객을 위해 개방한다.

Data 지도 247p-G 가는 법 비달 공원 북쪽의 왼쪽 코너 하얀색 건물
주소 esq. Cespedes y Máximo Gómez 운영시간 월~토 09:00~16:00
요금 1쿡

EAT

음악 좋고 음식 맛있는 집
라 보데기타 La Bodeguita

대성당 맞은편의 깔끔한 레스토랑 겸 바이다. 아바나에 있는 헤밍웨이의 보데기타와는 관련이 없다. 블랙&화이트의 벽과 테이블은 심플하면서 세련된 디자인으로 현대적인 느낌이다. 혹은 스페인의 어느 레스토랑 같기도 하다. 종업원들의 유니폼이 그 분위기를 더한다. 그런데 음악과 데커레이션은 전형적인 쿠반 스타일이다. 벽에는 베니 모레, 콤파이 세군도 등 유명 뮤지션들의 사진이 있다. 오래된 슈즈와 타자기가 잘 어울린다. 개인이 운영하는 레스토랑으로 주인 셀리아의 통 크고 시원시원한 성격이 고스란히 묻어난다. 밤이면 손님과 함께 춤추고 노래하는 그녀. 훈남 뮤지션이 들려주는 라이브 음악도 기대할 만하다. 쿠바에서 보기 드물게 테이블 위에는 스페인산 올리브오일이 놓여 있다. 10% 서비스료가 부가된다.

Data 지도 246p-F
가는 법 비달 공원에서 마르타 아브루를 따라 직진 후 성당 조금 지나 우측
주소 Marta Abreu 128 e/ Juan Bruno Zayas y Aleman
전화 53-5289-5915
운영시간 11:00~00:00
가격 아사도(닭고기 요리) 12쿡, 파에야 요리 15쿡, 브로체타스 마리나다스(해산물 꼬치) 18쿡

체 게바라를 기억하는 곳
라 카소냐 게바라 La Casona Guevara

입구 우측에는 체 게바라의 얼굴이 그려진 큰 벽화가 있다. 넓지 않은 공간이지만 입구부터 예사롭지 않음이 감지된다. 주인아주머니는 체 게바라의 혁명 당시를 생생하게 기억하고 있다. 그와 함께 혁명을 돕기도 했단다. 라 보데기타 델 메디오의 주인 셀리아의 엄마가 운영하는 레스토랑이기도 하다. 음식이 맛있고 양도 푸짐하여 여럿이 나눠 먹어도 될 정도다. 직원도 친절하다. 체 게바라와 함께 있는 듯한 곳이다.

Data **지도** 247p-G **가는 법** 비달 공원에서 Rafael Trista 길 따라 서쪽으로 두 블록 후 좌회전 **주소** Juan Bruno Zayas 160 e/ E. Machado y Candelaria **전화** 22-4279
운영시간 11:00~00:00 **가격** 셰프 추천 15쿡, 엔칠라도 데 페스카도(토마토 생선요리) 12쿡, 모히토 3쿡

19세기 건물에서의 우아한 식사
레스토랑 산타 로사리아 Restaurante Santa Rosaria

아름다운 건물에 우아하게 세팅된 테이블이 눈에 띈다. 도냐 로사리아 아렌시비아가 1885년에 지은 건물이다. 도냐 로사리아는 가난한 여자아이들을 위한 무료 학교 운영에 많은 돈을 사용했고 지금도 토요일 저녁은 메훈헤 문화 프로젝트를 위해 공간을 대여해주고 있다. 오랜 건물의 멋이 고스란히 느껴지는 넓은 홀이 양 옆으로 있다. 은은한 색의 벽과 조명 그리고 낡은 테이블이 잘 어울린다. 건물 안의 넓은 파티오는 새벽까지 운영한다. 중세 유럽의 어느 고급 레스토랑에 온 듯하지만 너무 많은 것을 기대하진 말자. 10시 이후 공연은 별도의 입장료를 받기도 한다. 공연 스케줄은 게시판에 요일별로 공지한다. 분위기 있는 식사를 원한다면 들러볼 만하다. 비달 공원에서 가까워 찾기도 쉽다. 야외 바에서는 늦게까지 음료를 마시거나 라이브 음악을 들을 수 있다.

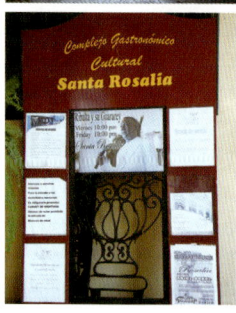

Data **지도** 247p-G **가는 법** 비달 공원 카리다드 극장 정면에서 왼쪽으로 직진 후 우측 **주소** Calle Maximo Gomez e/ Independencia y Marta Abreu **전화** 20-1438 **운영시간** 11:00~02:00
가격 그릴 랍스터 12쿡, 돼지고기 요리 4쿡, 쿠바 맥주 1.25쿡

체 게바라 기념관 근처 맛집
라 콘차 La Concha

체 기념관 방향으로 외곽에 위치한 레스토랑이다. 시외버스 터미널 근처에 있어 도심에선 좀 떨어져 있다는 게 단점이지만 꽤 알려진 이탈리안 스타일 레스토랑이다. 널찍한 홀에는 파란색과 하얀색의 테이블보가 시원하게 세팅되어 있다. 가격도 비싸지 않다. 피자가 유명하고 해산물 수프 맛이 깔끔하다. 안쪽에는 작은 바가 있다. 멀리까지 찾아갈 정도의 특별함을 찾기 힘들지만 체 기념관을 지나는 길이라면 들러 식사해도 괜찮을 곳이다.

Data **지도** 246p-E **가는 법** 비달 공원에서 옴니버스 터미널 방향으로 Marta Abreu 거리를 따라 계속 직진 후 터미널 지나 왼쪽 **주소** Carretera Central Esq. Danielito **전화** 21-8124
운영시간 11:00~23:00 **가격** 랍스터 엔칠라다 11.85쿡, 파스타 4.75쿡, 쉬림프 피자 4.25쿡

양 많고 가격 저렴한 로컬 식당
엘 솔 El Sol

1층 좁은 입구를 지나 2, 3층으로 올라서면 이곳이 이리 넓은가 싶다. 대부분 현지인으로 언제나 꽉 찬다. 가격이 저렴하면서 맛이나 서비스도 괜찮다. 천천히 여유 있게 식사를 즐기기엔 2, 3층이 좋다. 테라스와 작은 바가 있고 전망도 좋다. 한국인의 밥주발 인심만큼이나 이곳의 밥도 넘친다. 2인이 먹어도 충분할 만큼이다. 마늘 양념으로 만든 닭고기 요리나 새우 요리 등이 인기다. 포장도 가능하다. 대부분의 메인 메뉴는 밥과 샐러드를 포함한다. 주의할 것은 이곳의 음식 가격이 쿠바 현지인의 페소인 쿱CUP으로 책정되어 있다는 것이다. 외국인의 페소인 쿡CUC으로 지불할 경우 환산을 다시 해야 한다.

Data **지도** 247p-G
가는 법 비달 공원에서 동쪽으로 R Pardo 길을 따라 가다 Leoncio와 만나는 길에서 우회전 **주소** Maceo No.52 e/ R Pardo y Leoncio Vidal **전화** 53-124139
운영시간 11:30~22:30
가격 셰프 추천요리 약 8쿡(200쿱), 파에야 약 5쿡(120쿱), 돼지고기 요리 약 3쿡(60쿱)

예술과 커피가 만난 곳
카페 오브라도르 Cafe Obrador

작은 갤러리 겸 카페. 개인이 운영하는 곳으로 오픈한 지 1년이 안 된 따끈따끈한 곳이다. 벽에는 사진과 그림이 전시되어 있는데 모두 비야 클라라에서 활동 중인 예술가들의 작품이다. 하얗게 칠해진 벽에 깔끔하게 전시된 사진과 그림을 감상하며 커피 한잔을 즐기고 있노라면 이곳이 쿠바라는 것을 잠시 잊을지도 모른다. 2층의 작은 공간은 주인의 작업실이자 사무실이다. 가격은 우리나라와 비교해도 상당히 비싼 편임에도 낮 시간에 카페의 절반 정도는 가득 찬다. 쿠바에 불고 있는 변화의 바람을 가장 쉽게 느낄 수 있는 곳이다.

Data 지도 247p-C
가는 법 비달 공원에서 한 블록 지나 Independencia 거리 나오면 좌회전 후 직진, 왼쪽
주소 Independencia No 109 e/ Luis Estevez y Placido
전화 29-0976
운영시간 월~토 15:00~23:00
가격 카페 크리오요 3쿡, 카페 콘 레체 7쿡, 카페 카푸치노 10쿡
홈페이지 cafeobrador.com/es

쿠바인들의 데이트 장소
코펠리아 Coppelia

편하게 커피를 마시거나 데이트할 곳이 없는 쿠바인들에게 이곳은 천국이다. 산타 클라라의 코펠리아는 넓고 시원하다. 도시가 작은 것에 비해 규모가 제법 크다. 비달 공원에서 가깝고 아이스크림 먹으며 시간을 보내기에 좋다. 저렴하고 맛있는 아이스크림과 함께 쿠바의 더위를 날려보자. 비수기엔 줄이 길지 않지만 성수기엔 1시간을 기다리는 경우도 있다. 내외국인 구분 없이 모두 쿱CUP으로 계산한다. 메뉴를 잘 본 후 계산하자.

Data 지도 247p-G
가는 법 비달 공원에서 Colon 거리를 따라 남쪽으로 한 블록 후 코너
주소 esq. Calle Colón y Mujica
전화 20-6426
운영시간 화~금 10:00~22:00, 토·일 10:00~23:30
가격 1.29쿡(1접시 3스쿱)

☎ SLEEP

주인의 정성이 곳곳에 가득한
호스탈 브리사스 델 아라우카 Hostal Brisas del Arauca

호스탈 콜로니얼 센터와 같은 건물의 2층으로 각각 엄마와 딸이 운영하고 있다. 엄마 앙헬이 운영하는 콜로니얼 센터는 공원 쪽 우측 계단이고 딸의 카사는 반대쪽이다. 높은 천장, 밝은 파스텔 톤의 예쁜 벽, 타일로 잘 장식된 바닥까지 아기자기하고 깔끔하게 잘 꾸며져 있다. 주인의 정성이 곳곳에 보인다. 문을 열면 바람이 잘 통해 시원하다. 넓은 공간을 시원시원하게 활용하면서도 오래된 건물의 시간을 잘 간직한 느낌이다. 게스트용 방은 1개고 침대는 더블사이즈 1개다. 방이 넓지 않지만 위치, 가격, 시설 그리고 서비스가 모두 좋다. 아침은 5쿡이다.

Data 지도 247p-G
가는 법 산타 클라라 리브레 호텔 맞은편 코너
주소 Leoncio vidal No 2 e/ Parque Vidal y Maceo
전화 22-2729 / 58497299
가격 25쿡(조식 불포함)
예약 analissa@correodecuba.cu

전망 좋은 카사
라 카사 데 피노 La Casa de Pino

1930년대 식민지풍으로 지어진 깔끔하고 잘 꾸며진 카사다. 게스트용 방은 모두 3개로 1층에 1개, 2층에 2개가 있다. 2층의 방은 작은 테라스를 열면 전망이 좋다. 방 모두 깔끔하고 시설을 잘 갖추고 있다. 젊은 주인은 영어를 잘한다. 아침 식사는 4~5쿡이고 저녁 식사는 제공하지 않는다.

Data 지도 247p-G
가는 법 비달 공원에서 남쪽으로 세 블록 후 Colón과 Cuba 거리 사이 주소 San Miguel No 14 e/ Cuba y Colón
전화 20-3659 가격 25쿡(조식 불포함) 예약 lacasadepino@nauta.cu

산타 클라라의 상징
호텔 산타 클라라 리브레
Hotel Santa Clara Libre

객실 수 165개의 2성급 호텔이다. 도심의 중심인 비달 공원에 바로 면하고 있어 찾기가 무엇보다 쉽다. 녹색의 촌스러운 외벽이지만 높은 층수가 산타 클라라에서도 단연 눈에 띈다. 벽에는 1958년 12월의 마지막 날, 혁명의 마지막 전투가 치열했던 흔적을 고스란히 담은 총탄의 흔적이 많이 보인다. 룸에는 에어컨과 TV 등 기본 시설이 갖추어져 있고 1층에는 작은 로비와 여행사 부스가 있다. 2개의 레스토랑과 스낵바 등이 있지만 많은 것을 기대하면 실망하기 쉽다. 좋은 위치에 편리함을 감안한다면 머물 만하다. 옥상의 작은 야외 바는 간단하게 음료를 마시거나 인터넷을 사용하기 좋고 뷰가 좋다. 밤이면 클럽이 되어 새벽까지 공원에 음악 소리가 끊이질 않는다.

Data 지도 247p-G
가는 법 비달 공원 서쪽의 녹색 고층 빌딩 **주소** Parque Vidal y Maceo **전화** 20-5171
요금 스탠다드룸 45쿡~(조식 포함)

위치 좋고 전망 좋은 카사
호스탈 콜로니알 Hostal Colonial

2층에 있는 평범한 가정집 형태의 카사다. 식민지풍 건물의 아담한 거실 창을 열면 아기자기한 골목 풍경이 눈에 들어온다. 방은 넓고 깔끔하고 주인아저씨와 아주머니는 친절하다. 침대는 방에 2개가 있어 혼자 또는 둘이 쓰기 편하다. 방은 총 2개이고 아침은 4쿡, 저녁은 8~10쿡이다.

Data 지도 247p-G
가는 법 비달공원에서 서쪽으로 두 블록 **주소** Calle Maceo No 9 e/ Independencia y Céspedes
전화 22-2630
요금 25~30쿡(조식 불포함)
예약 antoniozena45@yahoo.es

평범하고 깔끔한 카사
호스탈 세뇨라 마르타 가르시아 Hostal Sra. Marta García

아파트의 계단을 따라 오르면 카사가 나온다. 모두 2개의 게스트용 룸이 있고 기본 시설을 잘 갖추었다. 침대가 2개이고 작은 정원과 넓고 깔끔한 복도가 인상적이다. 비달 공원에서 가까운 것도 장점이다.

Data **지도** 247p-G
가는 법 비달 공원에서 서쪽으로 Colón을 따라 세 블록 **주소** Calle San Miguel No 16 e/ Cuba y Colón
전화 22-2630 **요금** 25~30쿡 **예약** antoniozena45@yahoo.es

와이파이 쓸 수 있는 카사
호스탈 콜로니알 센터 1929

Hostal Colonial Center 1929

호텔 산타 클라라 리브레의 정면에 있다. 공원에 위치한 식민지 풍 건물의 2층 코너가 카사로 문을 열면 비달 공원이 한눈에 들어온다. 공원 와이파이를 테라스에서 사용할 수 있어 편하다. 주인아주머니 혼자 운영하는 카사는 넓은 방 1개만 게스트용이다. 방은 하나지만 더블 침대가 2개 있어 둘 또는 셋이 사용해도 충분히 넓다. 아담한 거실은 아침 식사를 하거나 휴식하는 공간이다. 게스트용 방에 작은 거실, 작은 주방과 아줌마의 방이 전부인 아파트다. 밤에 시끄러울 수 있지만 위치나 시설, 가격으로 따지면 이곳만 한 곳이 없다. 학생이거나 혼자인 경우 주인 앙헬 아줌마에게 잘 얘기하면 가격 할인도 가능하다. 아침은 3~5쿡, 저녁은 7~8쿡이다.

Data **지도** 247p-G **가는 법** 산타 클라라 리브레 호텔 맞은편 코너
주소 Leoncio vidal, 2 e/ Parque Vidal y Maceo
전화 22-2729 **요금** 20~25쿡, 3인은 30쿡(조식 불포함)
예약 hostalcenter1929@correodecuba.cu /
angela.candelaria@nauta.cu

다양한 시설로 숙박객을 만족시키는
아드리아노스 호스탈 Adrianos Hostal

4개의 방, 옥상에 마련된 게스트용 전용 바, 야외 테이블과 다양한 시설이 다른 곳과 차별되는 곳이다. 넓은 거실과 높은 천장을 가진 식민지풍 건물은 게스트용 공간을 잘 살렸다. 비달 공원에서 가까운 데다 전망 좋고 가격 적당하고 시설까지 좋으니 이보다 더 나을 수 없다. 넓은 바는 밤이면 그 매력을 더 발산한다. 아침은 5쿡, 저녁은 7~10쿡이다.

Data 지도 247p-G
가는 법 비달 공원에서 체 게바라 기념관 방면으로 Marta Abreu 따라 한 블록 반
주소 Calle Marta Abreu No 56 Altos e/ Enrique Villeundas y J.B Zayas
전화 20-5008
요금 25~30쿡(조식 불포함)

비달 공원에 있는 또 하나의 카사
호스탈 비스타 파크 Hostal Vista Park

비달 공원에 있는 호세 마르티 도서관의 바로 옆에 위치한 19세기 건물 2층의 카사다. 공원에 면하고 있어 찾기 쉽고 공원 와이파이도 사용할 수 있다. 게스트용 방은 모두 3개이고 침대는 2개 이상이라 여럿이 쓰기 편하다. 문을 열면 비달 공원이 보이는 작은 테라스가 있다. 각 방마다 기본 시설을 다 갖추고 있다. 카사는 깔끔하고 주인도 친절하다. 아침은 3~5쿡, 저녁은 7~10쿡이다. 방의 크기에 따라 요금이 다르다. 인원수에 맞춰 예약하면 된다.

Data 지도 247p-G
가는 법 비달 공원에서 레온시오 비달 거리 방향 첫 번째 건물 2층
주소 Calle Leoncio Vidal No 1Altos e/ Parque Vidal y Calle Maceo **전화** 21-9727
요금 20~30쿡(조식 불포함)
홈페이지 hostalvistapark-cuba.com
예약 hostalpark@yahoo.com

평범하지만 깔끔한 카사
호스탈 도냐 리아(카사 로라) 68 Hostal Dona Lia(Laura) 68

깔끔하고 소박한 카사다. 손녀의 이름을 따 카사 로라로 불리기도 한다. 길옆 작은 문을 열고 들어서면 거실을 지나 주방으로 이어진다. 복도 우측에 게스트 룸이 있고 거실 입구 우측이 주인의 방이다. 깔끔하고 친절한 아주머니와 공무원인 주인아저씨네 카사다. 게스트용 방은 1개로 더블 사이즈 침대 하나와 싱글 사이즈 침대가 있다. 샤워 룸이 좁은 것 외엔 에어컨 등의 시설을 다 갖추고 있어 불편함은 없다. 정성 가득한 아침이 맛있다.

Data 지도 247p-G
가는 법 비달 공원에서 Colón 따라 남쪽으로 한 블록 걷다 좌회전 후 무히카 거리를 따라 한 블록 반
주소 Calle Mujica No 68 e/ Maceo y Union
전화 20-4334
요금 25쿡(조식 불포함)
예약 cartayajm@gmail.com

현대식 세련된 감각의
호스탈 누에보 모델로 Hostal Nuevo Modelo

이름대로 현대식 감각이 물씬 묻어나는 새로운 스타일의 카사다. 예쁜 소파가 놓인 넓은 거실은 장식이 잘 되어 있다. 안으로 들어서면 야외 주방과 테이블이 있는 작은 공간이 나온다. 2개의 게스트 룸이 있다. 깔끔한 침대, 현대식 샤워기 등 시설을 잘 갖추고 있다. 밖에 있는 공동 주방에는 투숙객이 쓸 수 있는 조리 도구와 식기가 있다. 드럼 세탁기까지 갖춘 쿠바에서 보기 드문 현대식 카사다. 아침은 5쿡이고 커피를 편하게 마실 수 있다.

Data 지도 247p-G
가는 법 비달 공원에서 Colón 따라 남쪽으로 한 블록 걷다 Eduardo Machado 거리 보이면 좌회전하여 한 블록 간 후 다시 우회전
주소 Maceo No 203 e/ Eduardo Machado y Maestra Nicolasa
전화 22-7732
요금 25~30쿡(조식 불포함)
예약 machadoiroel@nauta.cu / yennyvaldes@nauta.cu주

Camagüey
PREVIEW

유난스럽지 않고 분주하지 않으며 특별하지도 않다. 그런데 은근 매력 있는 카마구에이다. 조용한 도시는 여행자의 들뜬 기분을 차분하게 가라앉히고 천천히 쉬라 한다. 갤러리와 작은 골목을 다니며 조금은 쉬어 가는 마음으로 카마구에이를 둘러보자. 여기저기서 소소한 여행의 재미를 찾을 수 있다.

SEE

미로처럼 만들어진 골목, 따뜻함과 평온함이 깃든 도시. 아그라몬테 공원을 중심으로 산 후안 데 디오스 광장 주변의 갤러리는 아기자기한 것들로 가득하다. 카르멘 광장의 우스꽝스러우면서도 예술미를 흠뻑 간직한 조각을 만난 후 말마차를 타고 18세기, 19세기 건물이 가득한 역사지구를 지나보자. 큰 도시라는 사실을 잊을 정도로 아기자기하다. 천천히, 조용하게 그리고 여유 있게 쉬어가는 여행을 즐기면 좋을 곳이다.

EAT

특별한 요리나 대단한 레스토랑은 없지만 골목골목에서 작은 피자집이나 근사한 몇몇 팔라다르(개인 레스토랑)를 찾을 수 있다. 친근한 바텐더와 수다를 떨 만한 곳도 더러 있다. 엘 캄비오에서의 칵테일 한잔, 레스토랑 1800에서의 맛있는 뷔페, 메송 델 프린시페에서의 편안한 식사 정도면 이 도시의 한 끼도 나쁘지 않다.

SLEEP

현대식 호텔보다는 건축미 물씬 느껴지는 부티크 호텔이 눈에 띄는 도시다. 역사지구에 있는 호텔은 깔끔하고 예쁘게 잘 꾸며져 있다. 카사는 평범하지만 깔끔하고 사람들은 친절하다. 가족처럼 친절한 카사 주인들의 세심한 배려가 이곳에서는 유난히 돋보인다.

Cuba By Area

06

카마구에이
CAMAGÜEY

항아리의 도시, 문화와 예술의 도시라 불리는 카마구에이는 쿠바에서 세 번째로 큰 도시이자 2004년 유네스코 세계문화유산으로 등재된 곳이다. 볼거리가 많지 않고 즐길 거리 또한 한정적인 덕분에 여행자들은 조금 덜 번잡스럽게 여행을 즐길 수 있다. 아름다운 건축과 조용한 골목, 한적한 광장에서 예술품과 함께 여행의 맛을 재해석해본다. 카마구에이는 1515년 디에고 벨라스케스에 의해 '마리아 델 푸에르토 프린시페'라는 이름으로 세워졌다가 1528년 내륙으로 이동하여 지금의 자리에 자리 잡았다. 카마구에이라는 이름으로 바뀐 것은 190○년이다.

Camagüey
GET AROUND

🚗 어떻게 갈까?

아바나에서 차로 약 8시간의 거리다. 마키나(합승택시)를 타고 바로 가기에는 무리다. 수도 아바나에서는 비아술 버스를 이용하거나 다른 도시를 경유해서 여행하는 방법이 가장 일반적이다. 아바나에서 카마구에이까지는 국내선 쿠바나 에어Cubana Air가 매일 운항한다.

1. 버스
아바나에서 출발하는 카마구에이행 비아술 버스는 하루 5회 운행한다. 그 외에도 주변 도시에서 카마구에이를 거쳐 올긴과 산티아고 데 쿠바로 가는 버스편이 많다. 아바나에서는 약 9시간이 소요되고 요금은 33쿡이다. 터미널은 센트로에서 조금 떨어져 있다. 택시로 약 3쿡 정도의 요금이다.

※ 비아술 버스 시간표

본 시간표는 비아술Viazul 버스 홈페이지(www.viazul.com)와 다를 수 있으니 사전에 반드시 확인 바람

카마구에이로 갈 때

출발 도시명	출발시간	도착시간	요금
아바나	06:00	15:00	33쿡
	08:40	17:05	
	15:15	00:15	
	19:45	03:20	
	22:00	06:25	
바라데로	21:00	04:55	25쿡
비냘레스	–	–	–
산타 클라라	00:10	05:00	15쿡
	01:45	06:30	
	09:50	15:15	
	12:25	17:05	
	19:00	00:15	
	23:30	03:20	
트리니다드	08:00	13:35	15쿡
	09:50	15:30	
산티아고 데 쿠바	06:00	13:35	18쿡
	15:15	22:45	
	19:30	02:20	
	20:00	02:50	
	22:00	03:45	

카마구에이에서 갈 때

도착 도시명	출발시간	도착시간	요금
아바나	00:25	08:40	33쿡
	03:50	12:50	
	09:45	19:20	
	11:10	20:45	
	13:40	21:00	
	20:35	04:25	
	22:50	07:30	
바라데로	02:55	11:25	25쿡
비냘레스	–	–	–
산타 클라라	02:55	07:45	15쿡
	03:50	08:40	
	09:45	15:25	
	11:10	16:45	
	22:50	03:30	
트리니다드	02:25	07:15	15쿡
산티아고 데 쿠바	00:20	07:30	18쿡
	05:00	12:15	
	06:30	12:45	
	13:40	20:50	
	15:05	21:20	

2. 택시

마키나(합승택시)로 아바나에서 카마구에이로 가는 택시를 잡기는 어렵다. 가는 데 오래 걸리고 동행을 찾기 어려운 이유다. 주변 도시에서 이동할 경우 동행을 구할 수 있다면 올긴이나 라스 투나스로 이동 후 합승 택시를 이용해도 좋다. 그 외의 관광도시는 거리상 택시 이동을 추천하지 않는다.

3. 비행기

카마구에이에는 이그나시오 아그라몬테 국제공항Ignacio Agramonte International Airport이 있다. 국내선의 경우 아바나에서 매일 운항하는 쿠바나 에이Cubana Air를 이용할 수 있다. 소요시간은 약 1시간 25분, 요금은 약 93쿡이다. 공항은 센트로에서 북쪽으로 약 9km 거리다. 택시로는 약 10쿡의 요금이 소요된다.

어떻게 다닐까?

도시는 크지만 주요 볼거리는 역사지구에 몰려 있다. 골목은 미로같이 얽혀 있어 찾기가 쉽지 않지만 지도를 들고 찬찬히 걸으며 돌아본다면 도보로도 충분히 가능하다. 자전거 택시를 이용한다면 조금 더 편하고 즐거운 여행을 만들 수 있다. 웬만한 거리는 자전거 택시로 다 이동 가능하다. 오래 머물면 정이 들 조용하고 아늑한 곳이지만 관광으로 볼 것이나 즐길 거리가 많지는 않다.

자전거 택시 Bici Taxi

카마구에이 센트로는 경사가 급하지도 않고 각 스폿마다 거리가 멀지도 않다. 버스 터미널이나 공항까지의 장거리는 일반 택시를 이용하지만 센트로에서는 자전거 택시로 다 돌아볼 수 있다. 강 건너 대공원까지도 거뜬하다. 대부분의 거리는 1쿡으로 흥정이 가능하다.

인포메이션 Information

관광 안내소
- **인포투르** Infotur

주소 Ignacio Agramonte 426
전화 25-6794 **운영시간** 09:00~17:00

비아술 사무실 Viazul Ticket Office
주소 Carretera Central s/n esq. Perú
전화 27-0396 **홈페이지** www.viazul.com

기차역 Terminales de Ferrocarriles
기차역은 역사지구 중심가에서 약 6~7블록 떨어져 있다. 멀지 않은 거리라 걸어서도 갈 수 있고 버스 터미널보다 훨씬 가깝다. 플라사 호텔 맞은편에 위치.
주소 esq. Avellaneda y Av Carlos J Finlay

환전소 Money Exchange/Cadeca
주소 Calle Maceo No 10
운영시간 월~금 09:00~17:00
주소 República No.353 e/ Oscar Primelles y El Solitario
운영시간 월~토 08:30~19:00

은행 Bank / Banco
- Banco de Crédito y Comercio

주소 esq Av Agramonte y Cisneros
운영시간 월~금 09:00~15:00

- Banco Financiero Internacional

주소 Calle Independencia e/ Hermanos Agüero y Martí
운영시간 월~금 09:00~15:00

우체국 Post Office
주소 Av Agramonte No 461 e/ Independencia y Cisneros
운영시간 월~토 09:00~18:00

병원 International Medical Service
- Farmacia Internacional

주소 Av Agramonte No 449 e/ Independencia y República

- Policinico Integral Rodolfo Ramirez Esquival

외국인의 응급 치료가 가능하다.
주소 Esq Ignacio Sánchez y Joaquín de Agüero
전화 28-1481 **운영시간** 24시간

에텍사 Etecsa
와이파이용 카드 구입 및 인터넷 사용이 가능하다.
주소 República e/ San Martín y José Ramón Silva
운영시간 08:30~19:00

여행사 Tour Agency
- **트란스투르** Transtur (장거리 버스 이용 및 렌탈)

전화 27-1015 **주소** Ave. Mónaco Sur

- **쿠바투르** Cubatur

주소 Calle Ignacio Agramonte No.421
전화 25-4785 **운영시간** 09:00~18:00

- **파라디소** Paradiso

주소 Calle Ignacio Agramonte No.413
전화 28-6059 **운영시간** 09:00~18:00

- **아바나투르** Habantur

주소 Calle República No.271
전화 28-1564 **운영시간** 09:00~18:00

긴급 전화번호
경찰 106 / 의료 104 / 화재 105

※ 국제전화
119(119+국가코드+지역번호+전화번호)
카마구에이 지역번호 32

Camagüey
ONE FINE DAY

카마구에이 여행은 광장에서 광장으로 이어진다. 그리고 광장 주변에는 작은 갤러리와 레스토랑 등이 있어 쉬어 가기 좋다. 광장은 예술의 향이 넘치기도 하고 빛바랜 시간의 흔적이 남아 있기도 하다.

카마구에이 여행의 시작
솔레다드 광장&교회

→ 도보 3분

독특한 예술품이 가득한
갤러리아 이리스

→ 도보 3분

예쁜 건물과 시원스런
풍경의 노동광장

↓ 도보 7분

편안하게 식사하기 좋은
산 후안 데 디오스 광장

← 자전거 택시 5분

삶의 향기가 물씬 느껴지는
아그라몬테 공원

← 도보 10분

이색 조각공원
카르멘 광장

↓ 도보 1분

산 후안 데 디오스 광장의
갤러리들

→ 자동차 5분

풀과 나무가 가득한
거대한 카시노 공원

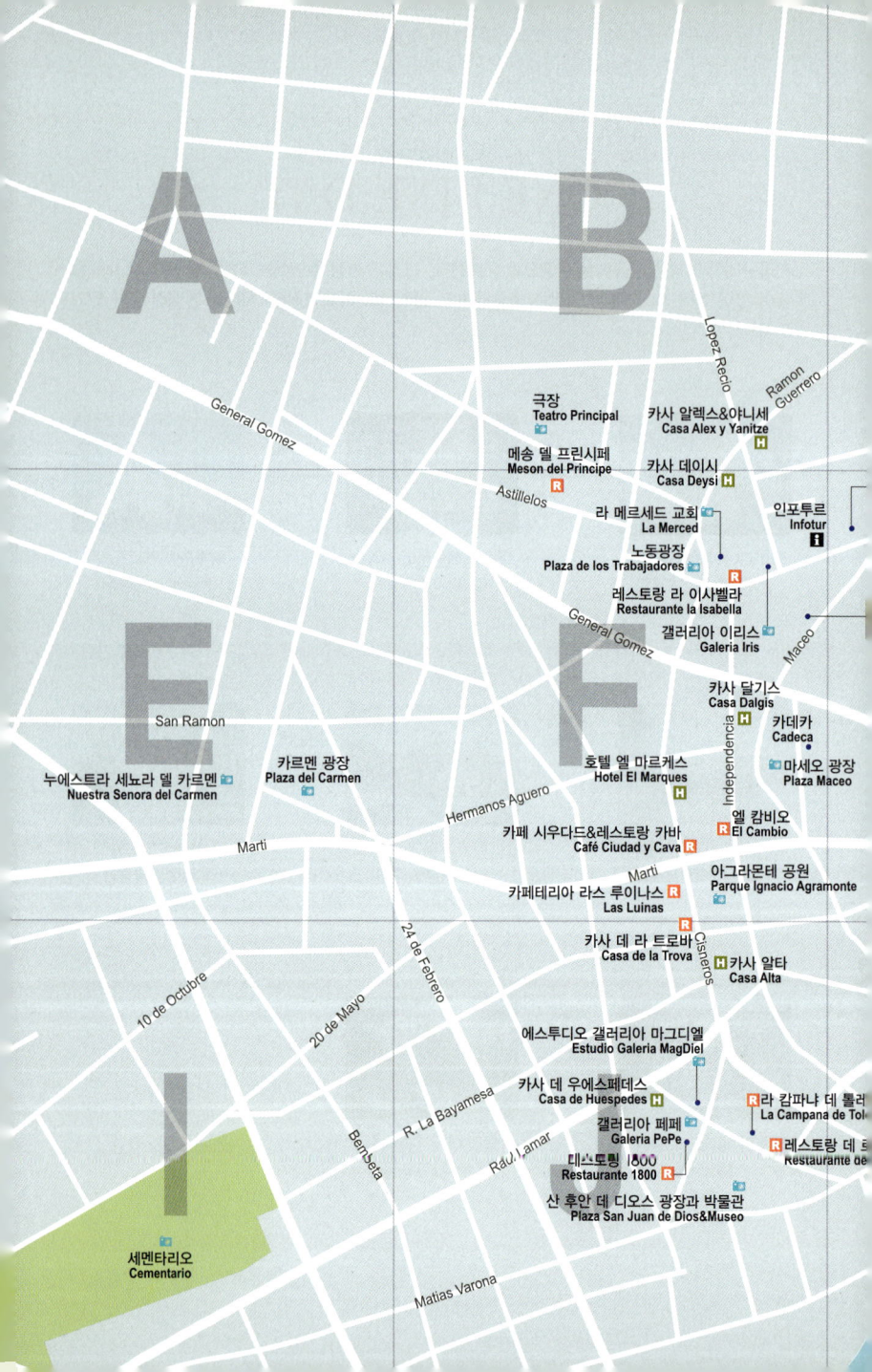

SEE

역사지구 여행의 시작
솔레다드 광장 Plaza de Soledad 🔊 플라사 데 솔레다드

역사지구의 가장 중심으로 카마구에이 시민들로 늘 북적이는 곳이다. 공원에서 와이파이를 사용할 수 있기 때문이다. 노란 건물의 교회는 조용한 카마구에이의 풍경을 한층 더 차분하게 만든다. 카마구에이의 랜드마크 솔레다드 교회Iglesia de Nuestra Señora de la Soledad는 1736년에 지어진 건물로 건축미가 돋보인다. 카마구에이 출신의 쿠바 애국영웅 아그라몬테 장군이 세례를 받은 곳이기도 하다.

Data 지도 273p-G
가는 법 이그나시오 아그라몬테 거리와 레푸블리카 거리가 만나는 지점

18세기로 떠나는 여행
산 후안 데 디오스 광장과 박물관 Plaza San Juan de Dios&Museo
🔊 플라사 산 후안 데 디오스&무세오

노랗고 파란 색색의 파스텔 톤 건물이 예쁘게 자리 잡은 광장이다. 기념품 가게, 주변의 갤러리 그리고 괜찮은 레스토랑이 여행의 맛을 더한다. 카마구에이 여행에서 빼놓을 수 없는 곳으로 18세기 지어진 건물에 둘러싸여 있다. 광장에는 산 후안 데 디오스 박물관이 있다(2016년 11월 현재 공사 중). 광장을 둘러보고 근처 레스토랑에서 점심 식사를 하는 것으로 어행 코스를 짜보는 것도 좋다.

Data 지도 272p-J
가는 법 솔레다드 광장에서 남쪽으로 도보 약 20분
주소 esq Hurtado y Paco Recio

거대한 공원
카시노 공원 Parque Casino Campestre 파르케 카시노 캄페스트레

넓은 공원에는 무성한 풀과 100년이 넘은 세비야 나무, 곳곳에 조각과 동상이 있다. 몇 개의 오락 시설이 있지만 단조롭다. 데이트를 즐기는 연인이나 산책하는 가족들의 놀이공원이다. 조용히 이들의 생활에 살포시 한 발 들여놓고 싶다면 이곳에 와보자. 근처에는 큰 야구장이 있다. 선수들이 경기 혹은 연습하는 모습을 구경할 수 있다.

Data 지도 273p-L
가는 법 솔레다드 광장에서 동남쪽으로 자전거 택시 약 10분(아티보니코 강 건너)

아름다운 예술의 광장
카르멘 광장 Plaza del Carmen 플라사 델 카르멘

다양한 조각들로 가득 찬 아름다운 광장이다. 주변에는 갤러리가 많아 왜 카마구에이가 예술의 도시라 불리는지 알게 된다. 전 세계를 무대로 활동하는 예술가들도 많은 곳이다. 쿠바 최고의 예술가 마르타 히메네스 페레스의 작업실이 있다. 그녀의 작업 모습과 작품을 감상할 수 있는 기회를 놓치지 말자. 광장에는 눈에 띄는 분홍색 건물이 있다. 1825년에 지어진 바로크 양식의 카르멘 성모 성당Iglesia de Nuestra Señora Carmen이다.

Data 지도 272p-E
가는 법 인디펜덴시아 거리를 따라 남쪽으로 가다 마르티 거리와 만나는 지점

차 한 잔의 여유를 즐기기 좋은 곳
아그라몬테 공원 Parque Ignacio Agramonte 파르케 이그나시오 아그라몬테

스페인에 저항해 해방운동을 했던 아그라몬테 장군의 이름을 딴 공원이다. 그는 1841년 카마구에이에서 태어난 쿠바의 애국자이다. 말을 타고 힘차게 나아가는 듯 힘 있는 그의 동상이 공원 가운데에 있다. 주변으로 18세기에 지어진 건물이 둘러싸고 있다. 카페와 레스토랑, 음악을 즐길 수 있는 바 그리고 현지인들의 생활이 함께 있는 공원이다. 공원의 남쪽에는 메트로폴리타나 성당 Catedral Metropolitana이 있다. 주변 카페에 들러 차 한잔 마시는 것도 좋다.

Data 지도 272p-F
가는 법 솔레다드 광장에서 남쪽으로 도보 10분

카마구에이에서 체를 만나다
노동광장 Plaza de los Trabajadores 플라사 데 로스 트라바하도레스

솔레다드 광장에서 아그라몬테 거리를 따라 두 블록 가다 보면 넓고 아기자기하고 거기에 컬러풀함까지 더해진 예쁜 광장과 마주한다. 광장 한 면에 라 메르세드 교회 La Merced가 있고 가운데에는 세비야 나무가 한 그루 있다. 또 광장에는 쿠바 혁명 영웅이자 노동자의 영웅 체의 사진이 보인다. 카마구에이에서 유일하게 체를 만날 수 있는 곳이 아닐까. 쿠바의 또 다른 혁명 영웅 알프레도 알바레스 몰라의 흔적도 찾아볼 수 있다.

Data 지도 272p-F
가는 법 솔레다드 광장에서 아그라몬테 거리를 따라 서쪽으로 두 블록

예술과 만나는 카마구에이 여행

예술의 도시답게 아기자기한 갤러리가 많다. 그림, 조각 그리고 기념품까지. 그들의 정성과 창의력과 예술적 감각이 흠씬 묻어난 작품들이다. 예술의 도시 카마구에이에선 예술을 즐겨보는 것도 새로운 여행이다. 골목골목 크고 작게 자리한 갤러리를 찾아 새로운 여행을 떠나보자.

갤러리아 페페 Galeria PePe

가죽 공예로 작은 방을 가득 채운 갤러리다. 산 후안 데 디오스 광장에서 레스토랑 1800 우측 골목으로 들어서면 왼편에 있다. 아기자기한 액세서리부터 사람 크기만 한 것까지 다양한 가죽 공예 작품을 보고 살 수 있다.

Data 지도 272p-J 주소 San Juan de Dios No 9

에스투디오 갤러리아 마그디엘

Estudio Galeria MagDiel

산 후안 데 디오스 광장 근처 갤러리아 페페의 맞은편에 있는 갤러리다. 예술가는 마그디엘 가르시아 알만사. 1700년대에 지어진 집의 1층 갤러리는 온통 그의 작품으로 가득하다. 가족, 음악, 에로티즘 등 다양한 주제를 가지고 시리즈로 작업된 조각들은 그 섬세함에 놀라지 않을 수 없다. 여기에 과학적인 메커니즘이 녹아 있다. 안으로 들어서면 작가의 작업실이 있어 작품 설명을 들을 수 있고 구매도 가능하다.

Data 지도 272p-J 주소 San Juan de Dios No 26B

갤러리아 이리스 Galeria Iris

예술가 오스카 라세리아와 그의 아들 레오나르도 파브르로와 오스카 주니어가 같이 만들어가는 공간이다. 독특한 그림과 작품들이 벽면을 가득 채우고 있다. 넓지 않은 공간이지만 꽉 찬 예술품을 보고 있노라면 그들의 독특한 작품 세계를 엿볼 수 있다. 이리스Iris는 그들의 프로젝트 이름이다.

Data 지도 272p-F 주소 Calle Ignacio Agramonte esq Lopez Recio en el Paseo de los Cines del Casco Historico 전화 28-1400

영화의 도시에 영화를 담은 곳
레스토랑 라 이사벨라 Restaurante la Isabella

카마구에이 출신의 유명 영화배우 이사벨라 산토스의 이름을 딴 레스토랑이다. 1961년 카마구에이에서 태어난 그녀의 본명은 이사벨 크리스티나 산토스 테예스로 다양한 활동을 했다. 레스토랑은 크지 않지만 아기자기하고 깔끔하다. 영화를 테마로 한 인테리어가 특색 있다. 영사기, 영화 포스터 등 흥미로운 장식들 그리고 의자에는 감독과 배우의 이름이 쓰여 있어 마치 촬영 현장에 온 것 같은 느낌이다. 영화의 도시 카마구에이를 가장 잘 표현한 레스토랑을 꼽으라면 단연 이곳. 메뉴는 이탈리안으로 피자가 유명하다.

Data 지도 272p-F
가는 법 라 솔레다드 교회에서 이그나시오 아그라몬테 거리를 따라 서쪽으로 두 블록 후 좌측 코너 주소 esq. Ave. Agramonte y Independencia 전화 22-1540 운영시간 11:00~23:00 가격 이사벨라(셰프 추천) 4.9쿡, 스파게티 콘 카마로네스(쉬림프 스파게티) 4.7쿡

여행자들 사이에서 인기 있는 곳
보데곤 돈 카예타노 Bodegon Don Cayetano

라 솔레다드 교회를 지나면 바로 우측에 있는 레스토랑이다. 넓은 실내와 야외 파티오가 지나가다 한번쯤 눈을 돌리게 한다. 붉은색과 낡은 느낌의 파스텔 톤 벽이 은근 조화를 잘 이루고 있다. 넓은 나무 테이블과 의자가 편안하다. 특별히 꾸며진 느낌은 없다. 높은 천장에 큰 벽화가 인상적이고 바의 인테리어는 세월을 보여주는 듯 오랜 느낌 그대로다. 날씨가 좋은 날 야외 파티오는 여행자로 붐빈다.

Data 지도 273p-C
가는 법 레푸블리카 거리에서 라 솔레다드 교회를 지나 우측
주소 Calle Republica No 79
전화 29-1961
운영시간 12:00~00:00
가격 메인요리 7~10쿡

현지인들이 입을 모아 추천하는 맛집
메송 델 프린시페 Meson del Principe

2011년 12월에 문을 열었으니 제법 내공이 쌓인 개인 레스토랑이다. 골목 안쪽에 조용히 자리 잡아 찾기 쉽지 않다는 것 외엔 썩 괜찮은 곳이다. 부드러운 톤에 고급스럽게 걸린 간판을 따라 들어서면 넓지 않은 홀이 나온다. 넓은 바에서 분주하게 움직이는 종업원 사이를 뚫고 안쪽으로 들어서면 또 다른 공간이다. 깔끔하고 세련되면서도 쿠바스러운 인테리어에 젊은 종업원들의 서비스가 좋다. 현지에서도 많이 추천하는 맛집이다. 카사의 명함을 가져가면 5% 할인을 받는다.

Data 지도 272p-F
가는 법 노동광장에서 아스티예로 골목으로 들어가 우회전 후 좌회전해서 우측
주소 Calle Astillero No 7 e/ San Ramon y Lugareno
전화 29-3770
운영시간 12:00~00:00
가격 랍스터 요리 15쿡, 판타시아 산타 크루세냐(해산물 요리) 10.9쿡, 론하스 데 카르네로 알 피칸테 (매콤한 소고기 요리) 7.6쿡

호텔 뷔페와 함께 도심의 야경을
그란 호텔 라 테라사 Gran Hotel La Terraza

엘리베이터를 타고 5층에서 내리면 넓은 식당이 나온다. 라이브 밴드의 음악과 야경, 식사가 조화를 이루는 곳이다. 화려하거나 특별한 식사를 기대하면 실망할 수 있지만, 전망 좋기로 소문난 곳이라 야경을 보러 찾는 손님이 제법 많다. 뷔페 음식은 가격 대비 무난한 정도다. 그란 호텔 1층의 스낵바 라스 아레카스Las Arecas에서도 간단한 스낵류를 즐길 수 있다. 햄버거나 샌드위치, 간단한 음료를 즐기려면 스낵바가 괜찮다. 햄버거 2.5쿡, 샌드위치 1.8쿡 정도다.

Data 지도 272p-F
가는 법 마세오 거리 그란 호텔 5층 **주소** Maceo No 67 e/ Ave Agramonte y General Gómez
운영시간 13:00~02:00 **가격** 저녁 뷔페 12쿡(음료 미포함)

19세기 건물에서 맛있는 뷔페를
레스토랑 1800 Restaurante 1800

산 후안 데 디오스 광장에 있는 예쁘고 깔끔한 식당이다. 한낮이면 야외 테이블에 앉아 평화로운 광장의 풍경을 감상하기 좋다. 이름에서 알 수 있듯 식당 건물은 1800년에 지어졌다. 오래된 건물을 보수한 후 2012년에 처음 개인 레스토랑으로 문을 열었다. 저녁에는 메인 요리 외에 샐러드 등의 다양한 메뉴를 더 먹을 수 있도록 세미 뷔페 형식(12쿡)으로 운영한다. 음식 양과 퀄리티가 소문난 맛집이다.

Data 지도 272p-J 가는 법 산 후안 데 디오스 광장 교회 맞은편 우측 코너 주소 Plaza San Juan de Dios No 113 전화 28-3619 운영시간 09:00~23:00(일요일은 00:00까지) 가격 랍스터 10쿡, 그릴 치킨 5.5쿡, 커피 0.5쿡 홈페이지 www.restaurante1800.com

정원이 예쁜 식당
라 캄파냐 데 톨레도
La Campana de Toledo

레스토랑 데 로스 트레스 레예스의 옆집으로 노란색 대문과 하얀색 벽이 마치 동화에 나오는 집 같다. 1748년에 지어진 건물이다. 안으로 들어서면 넓은 정원이 있고 라이브 밴드의 음악에 여유 있게 식사를 즐기는 여행객이 많다. 문을 열면 광장이 보이고 뒤편으로 정원이 있다. 무거운 느낌의 실내보다는 밝은 야외 정원이 식사하기에는 좋다.

Data 지도 272p-J 가는 법 산 후안 데 디오스 광장 교회 우측 주소 Plaza San Juan de Dios No 18 운영시간 10:00~22:00 가격 포요 아사도 알 후고(치킨&주스) 4.2쿡, 리요이타스 데 테르네라(쿠바식 정통 소고기 요리) 4.6쿡, 랍스터 요리 15.5쿡

오래된 카페
카페 시우다드&레스토랑 카바 Café Ciudad y Cava

아그라몬테 공원에서 가장 눈에 띄는 카페다. 야외 파티오는 늘 여행자들로 빼곡하다. 실내로 들어서면 높은 천장과 온 벽면에 가득한 오래된 카마구에이 시가지 사진이 가장 먼저 눈에 들어온다. 지나치게 휑한 느낌이 들 정도로 테이블이 많지 않다. 커피를 주문하면 한 조각의 초콜릿이 같이 나온다. 커피 맛집이지만 레스토랑을 겸하고 있다. 레스토랑 카바Cava는 카페 안쪽에 있다. 카페를 지나 안으로 들어서면 작은 정원처럼 파티오가 있다.

Data 지도 272p-F 가는 법 아그라몬테 광장 엘 캄비오 왼쪽 옆 코너 주소 Jose Marti y Cisneros 운영시간 11:00~23:00 가격 랍스터 18.5쿡, 와인 10쿡, 아메리카노 커피 0.5쿡

정성 가득한 곳
레스토랑 데 로스 트레스 레예스 Restaurante de los Tres Reyes

산 후안 데 디오스 광장 한옆, 하늘색과 파란색이 유난히 눈에 띄는 집이다. 햇살을 받으면 파스텔 톤의 건물은 동화 속에 나오는 집처럼 예쁘게 빛난다. 테이블에는 빨간색과 노란색의 백일홍을 꽂아두고 손님을 유혹한다. 정원은 푸른 나무와 식물로 가득하다. 음식은 양은 많지 않지만 간이 맞고 맛이 괜찮다. 식사를 하며 광장의 평화로움을 고스란히 느낄 수 있고 음악이 있어 즐겁다. 서비스도 좋고 가격도 무난하다. 여행객 사이에 소문이 나 단체손님이 제법 많다.

Data 지도 272p-J
가는 법 산 후안 데 디오스 광장 교회 우측 파란색 집
주소 Plaza San Juan de Dios No 18
전화 28-3619
운영시간 10:00~22:00
가격 세트메뉴(식사 및 음료) 12쿡, 단품 6~8쿡

단골이 되고 싶은 집
엘 캄비오 El Cambio

노란 천막이 예쁘게 달려 있는 아그라몬테 광장 코너의 쿠바 전통 선술집이다. 실내는 온통 정감 있는 낙서로 가득하다. 큼직하게 만들어진 장식들이 독특한 분위기를 자아낸다. 갓 스무 살을 넘긴 듯 앳된 청년과 쉰이 넘어 보이는 여자 바텐더가 찰떡호흡을 자랑하며 칵테일을 만들며 말동무도 되어준다. 피냐 콜라다가 특히 맛있다.

Data 지도 272p-F
가는 법 아그라몬테 광장에서 센트로 방면 우측 코너
주소 Calle Martin No 152
전화 28-6240
운영시간 13:00~01:00
가격 피냐 콜라다 2.5쿡, 모히토 2.5쿡

아침 식사가 맛있는 곳
엘 트란비아 Restaurante El Tranvia

호텔 카미노 데 이에로는 솔레다드 교회가 바라다보이는 역사지구의 중심에 있다. 작은 광장에 있는 이 아담한 부티크 호텔의 1층이 엘 트란비아다. 아침이면 분주하게 여행객이 드나드는 모습을 볼 수 있다. 높은 문 틈 사이로 보이는 풍경이 평화롭다. 6쿡이면 커피가 포함된 간단하면서 정성 가득한 아침을 먹을 수 있다. 주로 호텔 투숙객이 찾는 곳이지만 그 틈새에서 같이 즐겨도 좋다. 이른 아침 카마구에이에 도착해 어딘가 먹을 곳을 찾는다면 이곳이 딱이다.

Data 지도 273p-G **가는 법** 솔레다드 광장 산타 마리아 호텔 맞은편 **주소** Plaza de la Solidaridad No 76, e/ Maceo y Republica **운영시간** 아침 07:00~10:30, 저녁 19:00~22:30 **가격** 아침 식사 6쿡(커피 포함)

라이브 음악이 있는 정원
카페테리아 라스 루이나스 Las Luinas

아그라몬테 광장에서 음악 소리가 들린다면 이곳이다. 라이브 음악을 즐길 수 있는 야외 식당 겸 바로 음료 한잔하며 음악을 즐기기에 좋다. 입구를 들어서면 왼쪽 작은 무대에서 라이브 밴드의 연주가 있다. 테이블은 편하게 앉아 한잔을 즐기는 사람들로 가득하다. 특별한 것은 없어 보이지만 밴드의 연주가 좋고 야외라 밤에 특히 운치 있다. 화장실 등의 시설이 불편하지만 잠시 있기에 나쁘지 않다.

Data 지도 272p-F **가는 법** 플라사 마세오에 위치 **주소** Plaza Maceo **운영시간** 11:00~23:00 **가격** 쿠바 맥주 2쿡

살사와 쿠바 음악에 취해보자
카사 데 라 트로바 Casa de la Trova

많고 많은 쿠바의 카사 데 라 트로바 중에서도 손에 꼽히는 베스트 플레이스다. 역사지구 아그라몬테 공원에 바로 위치하고 무려 1879년에 지어진 건물에 있다. 입구를 들어서면 안쪽으로 제법 넓은 정원이 나오고 정원에는 무대와 테이블이 놓여 있다. 저녁이면 신나는 라이브 연주가 있고 흥이 난 사람들은 그 자리에서 살사판을 벌인다. 매일 밤 연주가 있지만 화요일은 특히 쿠바 음악에 흠뻑 취할 수 있다.

Data 지도 272p-J **가는 법** 아그라몬테 공원 서쪽 방면 건물 1층 **주소** Cisneros No 17 e/ Martí y Cristo **운영시간** 저녁 19:00~01:00 **가격** 입장료 3쿡

SLEEP

깔끔한 3성급 부티크 호텔
호텔 엘 마르케스 Hotel El Marques

그리스의 신전처럼 생긴 은행 건물 옆에 깔끔하고 세련되게 서 있는 단층짜리 호텔이다. 가운데뜰을 중심으로 게스트 룸이 있다. 정원은 작고 평범하다. 3성급 부티크 호텔로 객실은 모두 6개다. 화려하지 않지만 깔끔하고 멋스러움이 있으며 은근 고급스럽다.

Data 지도 272p-F 가는 법 아그라몬테 공원에서 북쪽 Cisneros 길을 따라 한 블록 후 우측 주소 Cisnero No 222 e/ Hermanos Aguero y Marti 전화 24-4937 요금 스탠다드 85쿡~(조식 포함) 예약 ventas@ehotel.cmg.tur.cu

번화가의 전망 좋은 호텔
그란 호텔 Gran Hotel

72개의 룸을 가진 3성급으로 카마구에이에서 가장 유명한 호텔이다. 여행자의 거리 가운데 있어 차가 호텔 앞까지 들어가지 못해 여행자들의 짐의 행렬이 골목을 가득 채우기도 한다. 1939년 지어진 오래된 건물로 수영장이 있고 1층에는 스낵바가 있다. 5층의 레스토랑은 전망 좋기로 유명하다. 마세오 거리에 있어 주변 관광거리를 즐기기 좋다. 센트로(솔레다드 광장)에서도 가까워 이동하기도 편하다.

Data 지도 272p-F 가는 법 솔레다드 광장에서 마세오 거리 따라 도보 1분 후 우측 주소 Maceo No 67 e/ General Gómez y Ignacio Agramonte 전화 29-2093 요금 스탠다드 70쿡~(조식 포함)

위치 좋고 아담한 부티크 호텔
호텔 엔칸토 카미노 데 이에로
Hotel E Camino de Hierro

솔레다드 광장에서 가장 눈에 띄는 건물이다. 1층의 작은 레스토랑은 차 한잔을 즐기는 사람들이 쉽게 눈에 띈다. 밖으로 내놓은 파라솔은 여행자의 쉼터가 되어준다. 호텔은 찾기 쉬운 위치에 있고 깔끔하다. 18세기에 지어진 건물로 호텔 객실은 총 10개이다. 1층 레스토랑을 지나면 작은 정원이 있다. 짧게 여행하는 사람이라면 하루쯤 쉬어볼 만하다.

Data 지도 273p-G 가는 법 솔레다드 광장에서 마세오 입구 좌측 코너 주소 Plaza de la Solidaridad No 76 e/ Republica y Maceo 전화 28-4264 요금 스탠다드 80쿡~(조식 포함)

편안하고 위치 좋은 곳
카사 요란다 Casa Yolanda

센트로 솔레다드 광장 근처의 카사다. 깔끔한 방과 상냥하고 친절한 주인아줌마가 있다. 방은 모두 2개이고 거실, 식사할 수 있는 공간이 있다. 안쪽에 주방이 있다. 방이 넓고 침대가 2개씩 있어 여유 있게 사용할 수 있다. 최근 2층에 방 3개를 만들어 총 4개를 운영 중이다. 상태가 아주 좋지는 않지만 위치가 좋고 친절하다. 정성들인 아침 식사는 5쿡이다.

Data 지도 273p-G **가는 법** 솔레다드 광장에서 레푸블리카 골목을 따라 한 블록 반 직진 후 좌측 **주소** Calle Republica No 202 e/ General Gomez y Callejon de Castellanos **전화** 28-6534 **요금** 25쿡(조식 불포함) **예약** yolanda.fl@nauta.cu

밝고 넓은 거실이 있는 곳
카사 알타 Casa Alta

마세오 공원에 인접한 카사다. 건물의 2층에 위치하고 있다. 좁은 계단을 올라가면 넓고 잘 정리된 거실이 나온다. 햇살을 받은 거실은 카사를 한층 환하게 만든다. 거실의 창을 열면 골목 풍경이 보인다. 하얀 벽에 큰 그림이 포인트인 방은 편안하고 깔끔하다.

Data 지도 272p-J **가는 법** 솔레다드 광장에서 레푸블리카 골목을 따라 한 블록 반 직진 후 좌측 **주소** Cisnero No 160(Altos) e/ Luaces y San Clemente **전화** 27-4712 **요금** 25~30쿡(조식 불포함) **예약** orlandohg@nauta.cu

친절하고 깔끔한 카사
카사 데 우에스페데스 Casa de Huespedes

산 후안 데 디오스 광장에서 가깝다. 단아하게 꾸며진 거실을 들어서서 좁은 길을 따라가면 2층에 손님용 방이 있다. 녹색의 철제 테이블과 의자가 놓인 테라스가 예쁘다. 방 안에는 작은 냉장고를 비롯해 시설을 모두 다 갖추고 있다. 방은 총 2개이다. 아침은 4~5쿡, 저녁은 8~10쿡이다.

Data 지도 272p-J **가는 법** 산 후안데 디오스에서 골목 한 블록 반 **주소** Calle San Juan de Dios No 63 e/ Angel y San Clemente **전화** 29-2572 **요금** 20~25쿡(조식 불포함) **예약** albitac@nauta.cu

위치 시설 모두 좋은 곳
카사 달기스 Casa Dalgis

아그라몬테 공원과 바로 인접해 있다. 100년이 넘은 역사를 자랑하는 넓은 아파트의 카사다. 천장이 높고 거실은 널찍하다. 테라스 문을 열면 바로 골목과 공원이 보인다. 주방의 후드는 집안의 역사를 그대로 보여주듯 크고 독특한 모양이다. 3층은 전망대로 시내를 한눈에 볼 수 있다. 작은 테이블이 있어 쉴 수도 있다. 방은 2개로 하나는 문을 열면 골목과 거실로 연결된다. 아침 5쿡, 저녁은 8~10쿡이다.

Data **지도** 272p-F
가는 법 아그라몬테 공원에서 센트로 방향으로 한 블록 직진 후 좌측
주소 Independencia No 251 Altos e/ Hermanos Agueros y General Gomez **전화** 28-5732
요금 20~25쿡(조식 불포함) **예약** casadalgis@nauta.cu

모던한 인테리어가 돋보이는 이색 카사
카사 알렉스&야니세 Casa Alex y Yanitze

인상적인 내부 인테리어가 돋보이는 카사다. 아기자기하면서 예쁜 내부는 현대적인 감각이 물씬 묻어난다. 친절하고 상냥한 주인과 잘생긴 두 아들이 살고 있다. 젊은 부부의 센스 있는 카사는 〈론리 플래닛〉에서 추천한 바 있어 꽤 유명하다. 방이 하나이기 때문에 예약을 하려면 서둘러야 한다. 아침 4쿡, 저녁 8쿡이다.

Data **지도** 272p-B **가는 법** 노동광장에서 Ramon Guerrero 길을 따라 두 블록 **주소** Ramon Guerrero No 104 e/ Lopez Recio y Oscar Primelles **전화** 29-7897 **요금** 25쿡(조식 불포함)

센트로와 근접한 카사
카사 데이시 Casa Deysi

2층으로 된 카사다. 공원과 근접해 있다. 1층 입구로 들어가 거실을 통해 2층으로 올라갈 수 있다. 밝은 파란색으로 칠해진 벽을 따라 2층으로 올라가면 방이 하나 더 있고 넓은 테라스가 나온다. 방과 거실 등 시설은 일반적이고 평범하다. 아침은 4쿡, 저녁은 8~10쿡이다.

Data **지도** 272p-F **가는 법** 노동광장에서 Ramon Guerrero 길을 따라 약 한 블록 **주소** Ramon Guerrero No 62 e/ Padre Valencia y Lopez Recio **전화** 29-3348 **요금** 20~25쿡(조식 불포함) **예약** casadeysi1998@gmail.com

Cuba By Area
07

산티아고 데 쿠바
SANTIAGO DE CUBA

산티아고 데 쿠바는 아바나에서 동쪽으로 약 870km 떨어져 있다. 멀고 도로 사정이 좋지 않은데도 불구하고 많은 여행자가 산티아고 데 쿠바를 찾아간다. 춤, 음악 그리고 혁명이라는 키워드 때문이다. 산티아고 데 쿠바는 쿠바 혁명의 태동지다. 이십대 청년 피델 카스트로가 이곳에서 처음 정부군에 대항했다. '몬카다 병영 습격사건'이다. 스페인 식민지 시절 수도였던 쿠바 제2의 도시, 부에나 비스타 소셜 클럽의 콤파이 세군도의 고향이자 룸바(아프리칸 리듬의 쿠바 전통춤)의 도시이기도 하다. 혁명이 시작된 곳, 쿠바 음악이 시작된 곳 그리고 아프리칸 노예들의 삶이 시작된 곳이다. 지금은 그 명성을 수도 아바나에 빼앗겼지만, 여전히 산티아고 데 쿠바는 매력적이다.

Santiago de Cuba
PREVIEW

주요 볼거리가 밀집한 센트로는 언덕이다. 바다를 향해 내려다보면 산티아고 데 쿠바 항의 풍경이 아름답다. 음악이 흐르는 골목, 공원마다 만나는 라이브 밴드, 오랜 역사만큼 차곡차곡 매력이 쌓인 쿠바 제2의 도시다.

SEE

혁명과 음악 그리고 춤이라는 키워드를 중심으로 산티아고 데 쿠바를 여행해보자. 몬카다 병영 습격사건의 배경지, 바카르디의 도시인 산티에고의 럼 박물관, 에밀리오 바카르디 시립박물관, 모로 성에서 바라보는 시원한 풍경 등 볼거리가 많다. 밤마다 공원 근처에 울리는 라이브 연주를 쫓아가면 그들의 음악과 춤을 만날 수 있다. 세스페데스 공원과 마르테 광장을 잇는 길은 걷기만 해도 여행이 된다. 구 도로명과 신 도로명을 같이 사용하는 곳이 많으니 잘 확인하자.

EAT

마르테 광장 주변에는 레스토랑이 많다. 특별하게 다른 도시와 차별화되는 곳이 많지 않지만 늘 음악과 함께 한다. 몇 개의 이색적이고 톡톡 튀는 팔라다르(개인 레스토랑)는 여행자의 입과 눈을 즐겁게 한다. 라이브 음악에 곁들인 칵테일 혹은 맥주 한 잔이 꿀맛이 되는 곳도 제법 있으니 차근차근 돌아보자.

SLEEP

쿠바 제2의 도시답게 카사도 많고 호텔도 제법 있다. 센트로는 도시의 언덕에 있어 전망이 좋은 카사가 특히 많다. 바다가 보이는 전망 좋은 카사, 센트로와 가까워 편리한 카사, 도심에서 벗어나 한적한 카사 등 취향에 맞게 골라보자. 어디를 가도 깔끔하고, 친절한 주인이 여행자를 맞으니 걱정은 준비하지 않아도 좋다!

Santiago de Cuba
GET AROUND

어떻게 갈까?

단기 여행자들에겐 버스나 기차보다 비행기를 권한다. 낡은 비아술 버스로 16시간은 도로 상태가 좋지 않은 쿠바에선 쉽지 않은 여행이다. 꽤 지루한 시간에 대한 마음의 준비와 추운 에어컨 바람을 견딜 여벌의 옷을 준비하자.

1. 버스

아바나에서 출발하는 산티아고 데 쿠바행 비아술 버스는 하루 3회 운행한다. 이용자가 많으니 사전에 미리 예약을 해두는 것이 좋다. 버스 터미널은 센트로에서 약 3km 거리다. 택시로는 약 5쿡 정도의 요금이다. 기차역과 버스 터미널이 같이 있다.

※ 비아술 버스 시간표

본 시간표는 비아술Viazul 버스 홈페이지(www.viazul.com)와 다를 수 있으니 사전에 반드시 확인 바람

산티아고 데 쿠바로 갈 때

출발 도시명	출발시간	도착시간	요금
아바나	06:00	21:20	51쿡
	15:15	07:30	
	22:00	12:45	
바라데로	21:00	12:15	49쿡
비냘레스	–	–	–
산타클라라	00:10	12:15	33쿡
	01:45	12:45	
	09:50	21:10	
	19:00	07:30	
시엔푸에고스	–	–	–
트리니다드	08:00	20:30	33쿡
카마구에이	00:20	07:30	18쿡
	05:00	12:15	
	06:30	12:45	
	13:40	20:50	
	15:05	21:20	

산티아고 데 쿠바에서 갈 때

도착 도시명	출발시간	도착시간	요금
아바나	06:00	21:00	51쿡
	15:15	07:30	
	22:00	12:50	
바라데로	20:00	11:35	49쿡
비냘레스	–	–	–
산타클라라	15:15	03:30	33쿡
	20:00	07:45	
	22:00	08:35	
시엔푸에고스	–	–	–
트리니다드	19:30	07:30	33쿡
카마구에이	06:00	13:35	18쿡
	14:20	20:35	
	15:15	22:45	
	19:30	02:20	
	20:00	02:50	
	22:00	03:45	

2. 택시
마키나(합승택시)를 이용한 산티아고 데 쿠바까지의 여정은 추천하지 않는다. 거리상 택시로 가기엔 무리다.

3. 비행기
안토니오 마세오 국제공항 Antonio Maceo International Airport은 도심에서 남쪽으로 약 7km 거리다. 토론토 등 외국에서 들어오는 비행기가 있고 국내선으로도 갈 수 있다. 아바나에서는 1시간 30분 거리이고 국내 여행사에서도 항공 예약이 가능하다. 요금은 편도 약 150~190쿡이다. 쿠바항공은 매일 1편 이상 아바나-산티아고 데 쿠바 구간을 운행한다.

어떻게 다닐까?
센트로에 주요 볼거리가 몰려 있고 걸어서도 다닐 수 있을 정도다. 다만 외곽으로 가는 경우엔 택시를 이용해야 한다.

1. 자전거 택시 Bici Taxi
산티아고 데 쿠바는 센트로로 갈수록 고도가 높다. 항구 근처에서 출발한다면 센트로의 언덕을 자전거 택시가 넘긴 버겁다. 단, 센트로 안에서는 자전거 택시를 이용해도 괜찮다.

2. 택시
버스 터미널 혹은 기차역에서 센트로로 이동할 때는 택시를 이용하는 것이 좋다. 또한 모로 성 등 외곽으로 갈 때 이용할 수 있다. 세스페데스 공원 근처와 마르테 공원 근처에서는 택시 잡기가 어렵지 않다.

3. 말 택시
센트로에는 말 택시가 거의 없지만 항구 근처를 운행하는 교통수단으로 현지인들이 주로 이용하는 것이 말 택시다. 여러 명이 합승하는 것이 일반적이지만 여행자들은 목적지까지 잘 흥정하면 저렴하게 색다른 여행도 즐길 수 있다. 요금은 거리에 따라 흥정이 필수다.

4. 투어버스
모양도 생김새도 요금도 같지만 아바나와는 또 다른 개념의 시티투어버스다. 다른 점은 현지인들이 마치 시내버스처럼 이용한다는 것이다. 설명도 없고 티켓에 대한 확인 안내도 없다. 마르테 광장에서 산타 이피게니아 묘지와 혁명광장, 몬카다 병영 박물관 등의 코스를 다닐 수 있어 편하다. 요금은 5쿡, 다른 도시와 동일하다.

인포메이션 Information

관광 안내소
• **인포투르** Infotur
카사 그란 호텔 대각선 맞은편 건물 1층 코너에 있다 (이전 위치에서 이전함). 무료 지도를 얻을 수 있고 주요 관광지 정보도 자세히 알려준다.
주소 esq Felix Pena y Aguilera
전화 66-9401 **운영시간** 09:00~17:00

안토니오 마세오 국제공항
Antonio Maceo International Airport
주소 Carretera del Morro, km 2½ **전화** 69-1014
홈페이지 santiagodecuba.airportcuba.net

비아술 사무실 Viazul Ticket Office
주소 Ave de los Libertadores No 457
전화 62-8484 **홈페이지** www.viazul.com

기차역 Terminales de Ferrocarriles
기차역과 비아술 버스 터미널이 같이 있다. 센트로에서 약 3km 떨어져 있다.
주소 Ave de los Libertadores No 457
전화 62-2836 / 62-4435

환전소 Money Exchange/Cadeca
주소 José A Saco No 409
운영시간 월~금 08:30~16:00, 토 08:30~11:30

은행 Bank / Banco
• Banco de Crédito y Comercio
주소 Félix Peña No 614 **운영시간** 월~금 09:00~15:00
• Banco Financiero Internacional
주소 esq Av de las Américas y Calle I
운영시간 월~금 09:00~15:00

우체국 Post Office
주소 Aguilera No 573 **운영시간** 월~토 08:00~20:00

병원 International Medical Service
• Clínica Internacional Cubanacán Servimed
주소 esq Av Raúl Pujol y Calle 10
전화 64-2589 **운영시간** 24시간
• Farmacia Clínica Internacional
주소 esq Av Raúl Pujol y Calle 10
전화 64-2589 **운영시간** 24시간
• Farmacia Internacional(Melia Santiago de Cuba)
주소 esq Av de las Américas y Calle M
전화 68-7070 **운영시간** 08:00~18:00

응급 Emergency
경찰서 Police
주소 esq Mariano Corona y Sánchez Hechavarria
전화 116

에텍사 Etecsa
와이파이용 카드 구입 및 인터넷 사용이 가능하다. 세스페데스 광장의 성당 1층에는 카드 에텍사가 있어 인터넷 카드 구입이 가능하다.
주소 esq Heredia y Félix Peña
운영시간 08:30~18:00
주소 esq Hartmann y Tamayo Fleites
운영시간 08:30~18:30

이민국 Immigration office
주소 Avenida Pujol, No. 10 e/ Calle 10 y Anacaona, Vista Alegre

여행사 Tour Agency
• **쿠바나칸** Cubanacan
주소 Av Victoriano Garzon No 364 esq Calle 4
운영시간 08:00~22:00
• **쿠바투르** Cubatur
주소 Heredai No 201
• **파라디소** Paradiso
주소 Calle Ignacio Agramonte No 413
운영시간 09:00~18:00 **전화** 28-6059
• **아바나투르** HabanaTur
주소 Calle República No 271
운영시간 09:00~18:00 **전화** 28-1564

긴급 전화번호
경찰 106 / 의료 104 / 화재 105

※ 국제전화
119(119+국가코드+지역번호+전화번호)
산티아고 데 쿠바 지역번호 22

CUBA BY AREA 07
산티아고 데 쿠바

> **TIP** 산티아고 데 쿠바의 거리명 Old&New
>
> 도시의 거리명이 바뀐 지 꽤 오래되었지만 아직 카사의 명함이나 지도에는 옛 거리명을 표기하는 곳이 많다. 아래 표를 참고하여 지도와 주소를 보는 것이 좋다.
>
> | Old Name | New Name |
> | --- | --- |
> | Calvario | Porfirio Valiente |
> | Carniceria | Pío Rosado |
> | Enramada | José A Saco |
> | José Miguel Gómez | Havana |
> | Paraíso | Plácido |
> | Reloj | Mayía Rodríguez |
> | Rey Pelayo | Joaquín Castillo Duany |
> | San Felíx | Hartmann |
> | San Francisco | Sagarra |
> | San Gerónimo | Sánchez Hechavarría |
> | San Mateo | Sao del Indio |
> | Santa Tómas | Félix Peña |
> | Santa Rita | Diego Palacios |
> | Trinidad | General Portuondo |

Santiago de Cuba
ONE FINE DAY

쿠바 제2의 도시답게 볼거리, 즐길 거리가 가득하다. 걸어서 다닐 수 있는 곳과 제법 멀리까지 찾아가야 하는 곳까지 다양하다. 음악이 흐르는 거리와 공원은 늘 활기차지만 가끔은 성가실 정도로 들러붙는 호객꾼들에게 짜증이 날지 모른다. 그래도 산티아고 데 쿠바는 아름답다. 음악, 춤 그리고 역사와 함께해온 이 도시를 즐겨보자.

여행자를 위한 세스페데스 공원
→ 도보 1분 →
볼거리 많은 디에고 벨라스케스의 집
→ 도보 1분 →
독특한 건축미의 아순시온 대성당
↓ 도보 3분
역사와 예술을 함께, 바카르디 시립 박물관
← 도보 5분 ←
쿠바 럼의 시작, 럼 박물관
← 도보 5분 ←
평화로운 작은 공원 돌로레스 광장
↓ 도보 5분
도시의 활기를 느낄 수 있는 마르테 광장
→ 도보 10분 →
쿠바 혁명과 관련된 몬카다 병영 박물관
→ 자동차 10분 →
콤파이 세군도가 묻힌 산타 이피게니아 묘지

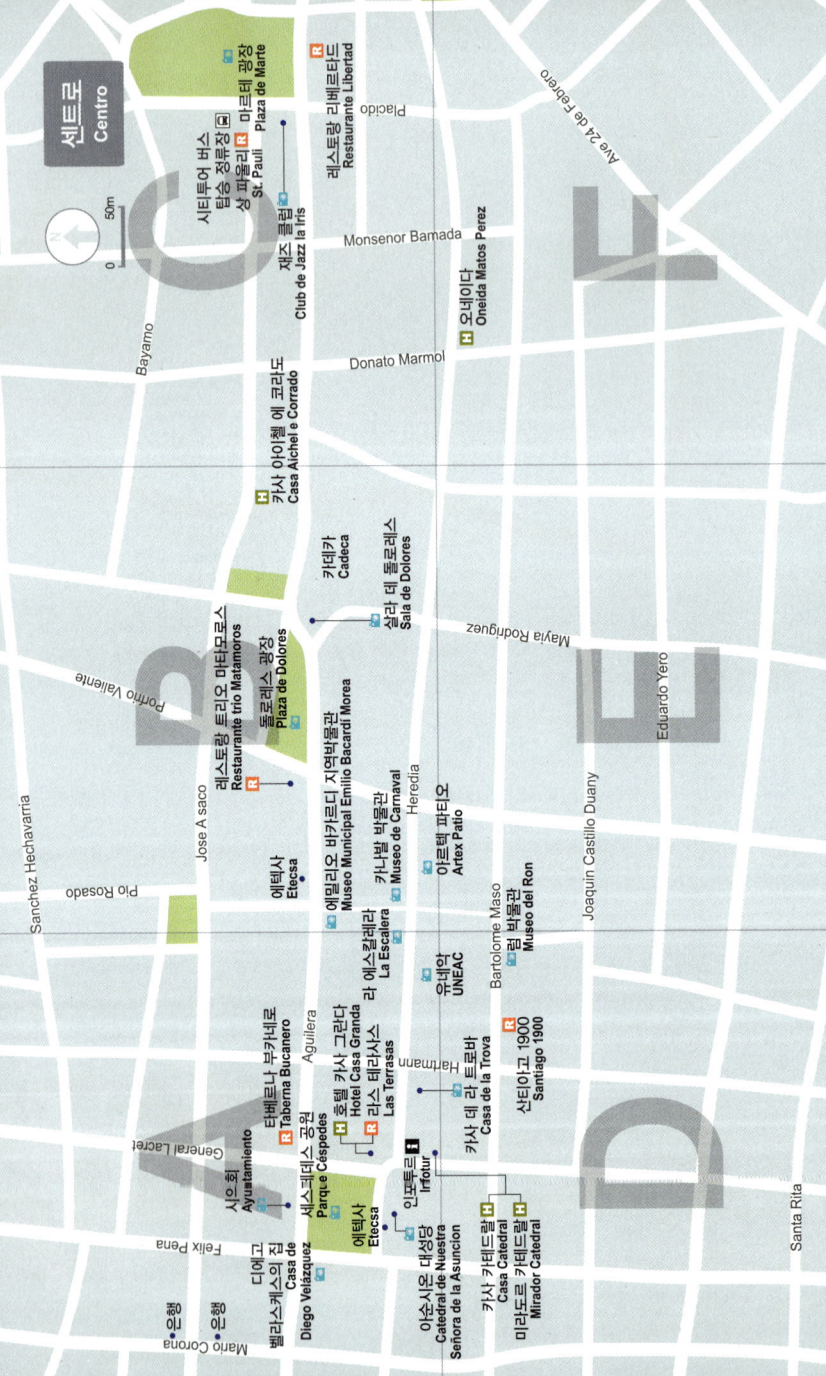

SEE

산티아고 데 쿠바의 센트로
세스페데스 공원 Parque Céspedes 파르케 세스페데스

산티아고 데 쿠바 여행의 시작이다. 쿠바 독립 영웅인 세스페데스의 이름을 딴 곳으로 산티아고 데 쿠바의 센트로다. 공원은 성당, 호텔, 여행사, 시청사 등으로 둘러싸여 있다. 깔끔하게 잘 정리된, 개성 있는 건축물도 볼거리다. 라이브 밴드의 미니 콘서트가 열리기도 하고 관광객을 데리고 가려는 호객꾼들이 늘 넘친다. 와이파이를 사용하려는 사람들, 휴식을 취하는 여행자로 활기차다.

Data 지도 296p-A
가는 법 비아술 버스 터미널에서 택시로 5분

아순시온 대성당 내부

벨라스케스의 유해가 있는 곳
아순시온 대성당 Catedral de Nuestra Señora de la Asuncion
🔊 카테드랄 데 누에스트라 세뇨라 데 라 아순시온

세스페데스 공원의 한 면을 다 차지할 정도로 규모가 크고 눈에 띄게 건축미가 빼어나. 원래 성당은 16세기에 만들어졌지만 지금의 모습으로 복원된 것은 1922년이다. 건물의 외벽에는 콜럼버스의 조각이 있고 지하에는 스페인 식민지 시절 쿠바의 초대 총독이었던 디에고 벨라스케스의 유해가 묻혀 있다. 2층에는 종교 관련 박물관Museo Arquidiocesano이 있다. 1쿡을 내고 종탑에 오르면 산티아고 데 쿠바 센트로의 풍경을 볼 수 있는 전망대다. 미사 시간에는 성당을 오픈한다.

Data 지도 296p-A 가는 법 세스페데스 공원 동쪽 운영시간 미사 월·수~금 18:30, 토 17:00, 일 09:00, 18:30 요금 무료(종탑 1쿡, 2층 박물관 입장료 1쿡)

스페인 초대 총독의 집
디에고 벨라스케스의 집 Casa de Diego Velázquez / Museo Ambiente Histórico Cubano
🔊 카사 데 디에고 발라스케스 / 무세오 암비엔테 히스토리코 쿠바노

세스페데스 공원 서쪽에 위치한 것으로 공원에서 가장 눈에 띄는 건물이다. 오래 전 지어진 건축미를 그대로 보여주어 독특하다. 스페인에서 파견된 디에고 벨라스케스 총독의 관저로 당시의 가구와 장식 등이 인상적이다. 다 둘러보고 나면 그가 누린 권력과 재력을 가늠할 수 있게 된다. 나무를 많이 사용하였는데 특히 테라스가 인상적이다. 1522년에 처음 지어진 네오클래식 양식의 집으로 1960년대에 복원되었다. 쿠바에서 가장 오래된 집이다. 내부는 옛날 사용하던 가구며 소품들이 그대로 잘 보존되어 있다. 금을 보관하던 큰 금고와 다양한 장식, 당시의 건축 양식을 보는 재미도 있다. 낡은 피아노와 마차 등도 흥미롭다.

Data 지도 296p-A
가는 법 세스페데스 공원 서쪽
주소 Felix Peña No 602
운영시간 09:00~17:00
요금 2쿡(사진촬영 시 5쿡)

혁명의 역사를 담은 시의회 건물
시의회 Ayuntamiento 아윤타미엔토

공원 동쪽에 눈에 띄는 건물이 있다. 쿠바 국기가 게양된 것을 보면 정부 관련 기관임을 짐작할 수 있다. 산티아고 데 쿠바 시의회 건물이다. 1516년 디에고 벨라스케스에 의해 설립되었다. 2층 발코니는 1959년 1월 1일 피델 카스트로가 혁명 성공 후 첫 연설을 했던 곳으로 유명하다. 산티아고 데 쿠바 곳곳에서는 혁명 그리고 피델 카스트로와 관련한 선전물을 쉽게 볼 수 있다. 혁명의 도화선이 된 몬카다 병영 사건과 피델 카스트로에 대한 산티아고 데 쿠바의 애정이다.

Data 지도 296p-A
가는 법 세스페데스 공원 아순시온 대성당 맞은편

쿠바 럼의 역사
럼 박물관 Museo del Ron 무세오 델 론

아바나의 럼 박물관보다는 규모가 작다. 바카르디 럼의 고향인 산티아고에서 럼은 상징적인 의미를 갖는다. 지금은 이름만 남겼지만 쿠바의 럼은 1862년 바카르디 가의 럼에서 시작되었고 지금은 그 맥을 산티아고 데 쿠바라는 럼이 잇고 있다. 쿠바 정부는 바카르디 럼 대신 아바나 클럽Havana Club을 성공시켰지만 이곳에서 럼은 산티아고 데 쿠바다. 아바나에서 럼 박물관을 이미 둘러봤다면 이곳은 시시하게 느껴질 수 있다. 럼의 공정이나 보다 많은 것을 보고 싶다면 아바나에서의 투어를 권하지만 산티아고 데 쿠바가 럼의 고장임을 감안하면 이곳도 의미 있다.

Data 지도 296p-D
가는 법 세스페데스 공원에서 남쪽으로 도보 5분
주소 Batomomé Masó No 358
운영시간 월~토 09:00~17:00
요금 2쿡

바다가 보이는 전망대
벨라스케스 전망대 Balcón de Velázquez 발콘 데 벨라스케스

산티아고 항의 풍경을 한눈에 볼 수 있는 전망대다. 1538년 에르난도 데 소토가 개인적으로 건설하기 시작해 1550년에 완공하였다. 입구에서 간단한 음료와 기념품을 판매하고 있다. 안으로 들어서면 시내를 내다볼 수 있는 넓은 야외 테라스가 나온다. 노을이 지는 저녁이면 더욱 아름다운 풍경을 자랑한다. 입장은 무료이나 사진 촬영은 유료다. 잠시 풍경을 감상하며 쉬고 싶다면 들러볼 만하다.

Data 지도 294p-E
가는 법 세스페데스 공원에서 남쪽으로 도보 5분
주소 esq Bartolomé Masó y Mariano Corona
운영시간 화~일 09:00~18:00
요금 무료(사진촬영 시 1쿡)

쿠바에서 가장 오래된 박물관
에밀리오 바카르디 지역박물관 Museo Municipal Emilio Bacardí Morea
무세오 무니시팔 이멜리오 바카르디 모레아

쿠바에서 가장 오래된 박물관으로 바카르디 럼의 시작이자 산티아고 데 쿠바의 시장을 역임한 에밀리오 바카르디에 의해 1899년 설립되었다. 고대 그리스 궁전을 닮은 단아한 하얀 건물에 선명하게 새겨진 이름이 보인다. 박물관은 크게 3개의 룸으로 나뉜다. 고고학실Archaeology Room, 역사실History Room 그리고 예술실Art Room이다. 고고학실은 지하에 있다. 원주민의 문화부터 여행에서 수집한 이집트 미라까지 볼 수 있다. 1층의 역사실에서는 쿠바 섬의 역사부터 혁명 그리고 바카르디 가의 역사를 볼 수 있다. 2층은 아트룸으로 다양한 작품을 감상할 수 있는 갤러리다.

Data 지도 296p-B
가는 법 세스페데스 공원에서 동쪽으로 한 블록
주소 Aguilera y Pio Rosado
운영시간 월~목 09:00~17:00, 금 09:00~13:00, 토 09:00~19:00, 일 09:00~15:00
요금 2쿡(사진촬영 시 5쿡)

산티아고 데 쿠바 시민들의 쉼터
마르테 광장 Plaza de Marte 플라사 데 마르테

광장은 밤이면 더 활기차다. 세스페데스 공원이 여행자를 위한 곳이라면 이곳은 산티아고 데 쿠바 시민들의 휴식 공간이다. 저녁이면 라이브 음악과 함께 살사를 즐기는 사람들, 인터넷을 사용하려 모여든 시민들, 가족과 함께 산책 나온 사람들로 발 디딜 틈이 없다. 광장 옆으로는 버스가 다니는 큰 길이 있고 조금만 벗어나면 몬카다 병영 박물관 등으로 이어진다. 버스나 시티투어버스를 이용할 때 이곳에서 타면 된다. 스페인 식민지 시절 광장은 죄수들을 처형하던 장소였다고 한다. 광장의 높은 탑 위 빨간 모자는 자유를 상징한다.

Data 지도 296p-C
가는 법 세스페데스 공원에서 동쪽으로 도보 10분 주소 esq Aguilera y Porfirio Valiente

평화로운 작은 공원
돌로레스 광장 Plaza de Dolores 플라사 데 돌로레스

세스페데스 광장에서 마르테 광장으로 가는 길에 있다. 넓지 않지만 주변에는 바와 레스토랑, 공연장이 있어 여행자들이 많이 찾는 곳이다. 작은 공원으로 나무가 시원한 그늘을 만들어준다. 광장에는 돌로레스 교회가 있는데 1970년대 화재 후 지금은 콘서트 홀로 사용하고 있다. 공연 스케줄 확인 후 음악 감상을 즐겨도 좋겠다. 오케스트라 규모나 무대의 규모가 생각보다 크고 수준도 높다. 거리 밴드의 깜짝 공연이 신나게 펼쳐지고 주변의 저렴한 바에선 음악이 쉴 새 없다.

Data 지도 296p-B 가는 법 세스페데스 공원에서 동쪽으로 도보 7분

TIP 주말 저녁에 열리는 오케스트라 공연
돌로레스 교회 1층의 콘서트 홀인 살라 데 돌로레스 Sala de Dolores에서는 주말에 오케스트라 심포니아 데 오리엔테의 공연이 있다. 금요일과 토요일 저녁 8시 30분쯤 공연이 시작된다. 콘서트 홀은 약 25년 전에 오픈한 것으로 약 300명을 수용할 수 있는 규모다. 입구에서 공연 스케줄을 확인할 수 있고 공연 입장료는 5쿡이다.

추억을 파는 가게
라 에스칼레라 La Escalera(Salon de Los Pequeños)

작은 공간은 오래된 물건들로 빼곡하다. 에디 타마요 아저씨의 빈티지 숍으로 라 에스칼레라는 '사다리'라는 뜻이다. 다녀간 손님들의 명함과 오래된 지폐, 동전 그리고 사진과 다양한 수집품이 가득한 벽에서 눈을 뗄 수 없다. 가장 눈에 띄는 것은 체 게바라의 초상화. 시간의 흐름을 고스란히 간직한 향수가 가득한 곳이다. 마법의 성처럼 100년도 훌쩍 넘은 스푼, 카메라, 책이며 물건들이 아저씨의 손을 거쳐 이곳에 모여 있다. LP 음반도 많다. 마음씨 좋은 주인아저씨와의 흥정도 재미다. 특별한 나만의 기념품을 갖고 싶다면 들러보자. 제법 괜찮은 것들을 '득템'할지도 모른다.

Data 지도 296p-A
가는 법 세스페데스 공원에서 도보 3분 **주소** Heredia No 265 **운영시간** 10:00~23:00

아프리칸 룸바를 보는 곳
카나발 박물관 Museo de Carnaval 무세오 데 카나발

매일 오후 4시 룸바 공연이 열리는 곳이다. 룸바의 고장에서 제대로 된 룸바를 만나고 싶다면 이곳에 가면 된다. 관련된 의상 등도 같이 전시되어 있다. 영혼을 다 풀어내는 듯한 신들린 그들의 춤판은 음악과 어우러져 다양한 매력을 뽐내면서도 재미나다. 솔로부터 그룹까지 공연이 다 끝나면 관객들과 하나 되는 순서. 여기저기서 관람객을 끌어내 같이 춤추고 즐기고 나면 팁을 받는다. 공연은 약 20~30분 정도 이어진다.

Data 지도 296p-B
가는 법 세스페데스 공원에서 도보 3분
주소 Heredia No 303
운영시간 09:00~17:00
(공연은 오후 4시 1회)
요금 1쿡(사진촬영 시 2쿡)

외곽의 아름다운 성
모로 성 Castillo del Morro San Pedro de la Roca 🔊 카스티요 델 모로 산 페드로 데 라 로카

도심에서 남서쪽으로 약 10km 떨어진 곳에 있는 옛 군사 요새로 높이는 약 60m다. 차로는 약 30여 분 거리다. 1997년 유네스코 세계문화유산으로 지정되었다. 1638년 마을을 지키기 위한 요새로 만들어져 1962년 복원 후 1978년에 박물관을 오픈했다. 그 후 1979년에 국가기념물로 지정되었다. 성은 미로처럼 만들어져 작은 방을 들어서면 또 다른 방으로 이어진다. 요새의 꼭대기에서는 그림 같은 풍경의 망망대해를 바라볼 수 있다.

Data **지도** 295p-G 지도 밖 **가는 법** 도심에서 남쪽으로 10km
운영시간 월~금 09:00~17:00, 토·일 08:00~16:00 **요금** 박물관 입장료 4쿡(사진촬영 시 5쿡)

흔하지만 특별한 곳
카사 데 라 트로바 Casa de la Trova

1968년 문을 연 곳으로 쿠바에서 가장 오래된 클럽이다. 1층과 2층 두 개로 나눠지는 공연장의 벽면에는 쿠바 유명 뮤지션들의 그림이 가득 채워져 있다. 낮에는 주로 1층, 밤에는 2층에서 공연이 있다. 일흔이 넘어 보이는 백발 노장 커플의 특별한 살사 공연이 여행자의 마음을 설레게 한다. 무대는 작지만 신이 나면 나가서 춤을 추자. 밴드의 수준 높은 공연은 부에나 비스타 소셜 클럽 못지않다. 아쉬운 점이 있다면 현지 춤꾼보다는 관광객이 많아 함께 춤을 즐기기는 쉽지 않다는 것. 공연은 밤 10시에 시작한다.

Data **지도** 296p-A **가는 법** 세스페데스 공원에서 도보 3분
주소 Heredia No 208 **운영시간** 11:00~23:00 **요금** 낮 공연 1쿡, 밤 공연 2쿡(음료 불포함)

CUBA BY AREA 07
산티아고 데 쿠바

쿠바 혁명의 시작
몬카다 병영 박물관 Museo Cuartel Moncada(Moncada Barracks) 무세오 쿠아르텔 몬카다

1938년에 지어진 건물로 바티스타 정권의 군사시설이었다. 미국을 등에 업은 바티스타 정권은 부정부패와 마약, 매춘과 도박으로 얼룩져 있었다. 가난한 쿠바인의 불만은 젊은 청년들과 함께 터져 나왔다. 1953년 7월 26일, 젊은 변호사 피델 카스트로와 그의 동생 라울 카스트로가 사람들과 함께 바티스타 정권에 치열하게 맞섰던 혁명의 도화선이 몬카다 병영 습격사건이다. 결국 많은 이들이 죽고 피델 카스트로는 체포되어 15년형을 선고받는다. 노란색의 건물은 길에서도 한눈에 띈다. 건물 입구에서 좌측 2층이 박물관이다. 아직도 그날의 전투의 치열함을 보여주는 총탄 흔적이 입구에 고스란히 남아 있다. 박물관은 1967년에 오픈했으며 다양한 혁명 관련물들이 전시되어 있다. 박물관을 제외한 건물은 학교다. 박물관 밖을 나오면 아이들의 유쾌한 재잘거림이 들린다. 박물관 입구에는 다른 곳과 다르게 방명록이 있다.

Data **지도** 295p-C **가는 법** 마르테 광장에서 도보 20분(차로 5분)
주소 Av Moncada **운영시간** 일·월 09:00~13:00, 화~토 09:00~17:00 **요금** 2쿡

혁명이 있기까지의 과정을 볼 수 있는 곳
지하 혁명 박물관 Museo de la Lucha Clandestina
 무세오 데 라 루차 클란데스티나

매혹적인 노란색의 건물이 박물관이라니. 최고의 전망을 자랑하는 좋은 위치에 자리한 이곳은 1950년대 바티스타에 대항하던 지하투쟁 조직의 근거지였다. 지금은 혁명과 관련한 전시 공간으로 사용하고 있다. 혁명에 관심이 없다면 박물관 앞에서 전망을 관람해도 좋다. 박물관 맞은편에는 피델 카스트로가 어린 시절(1931~1933) 머물던 집인 카사 데 피델Casa de Fidel이 있다. 옆집 할머니 마리아는 피델과 함께 어린 시절을 보냈던 동네 누나로 아직 살아 있다. 2003년 피델 카스트로가 산티아고 데 쿠바를 방문했을 때 마리아를 처음 만났다고 한다.

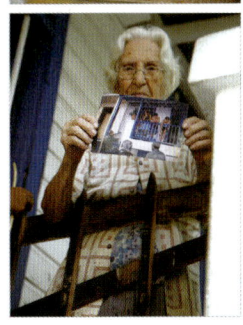

Data 지도 294p-E
가는 법 세스페데스 공원에서 도보 10분, 언덕 위 주소 General Jesús Rabí No 1 운영시간 화~일 09:00~17:00 요금 1쿡

TALK

쿠바 혁명을 이끈 독재자 피델 카스트로

쿠바 혁명 하면 체 게바라가 먼저 떠오르지만 실제 혁명의 주인공은 쿠바의 독재자 피델 카스트로Fidel Castro다. 1959년 혁명이 성공하면서 2008년 그의 동생 라울 카스트로에게 쿠바 평의회의장의 자리를 넘겨줄 때까지 줄곧 쿠바의 지도자는 그였다. 1926년 올긴의 작은 마을에서 태어난 그는 아바나 대학에서 법을 전공한다. 미국을 등에 업고 부정과 부패를 일삼는 쿠바 정치를 보며 혁명을 주도하게 되는데 그것의 시작이 바로 산티아고 데 쿠바의 몬카다 병영 습격사건이다. 1953년 7월 26일의 일이다. 이후 체 게바라의 운명적인 만남을 통해 1959년 1월 아바나에 입성하면서 혁명을 성공으로 이끈다. 미국과 끊임없는 대립, 러시아(구 소련) 붕괴 이후 경제적 어려움 등을 겪으면서도 쿠바만의 노선을 고집했던 그. 그에 대한 쿠바인의 평가는 엇갈린다. 혁명은 모두가 원했지만 그 결과는 지금의 쿠바가 아니라는 사람들, 여전히 피델 카스트로는 위대한 일을 한 쿠바의 지도자라 생각하는 사람들. 어렵고 힘든 시기를 굳건히 견딘 쿠바인들에게 최근 미국의 개방 움직임은 단비 같은 소식이다. 아직 미국의 경제봉쇄(엠바고)가 다 해제되지 않았지만 많은 쿠바인들은 쿠바의 변화를 기다리는 것 같다. 2016년, 변화의 열기가 가장 뜨거웠던 쿠바의 한 해를 피델 카스트로는 어떻게 생각할까.

CUBA BY AREA 07
산티아고 데 쿠바

©Jennifer Edwards

쿠바 수호성인이 있는 곳
자비의 성모 성당 Basilica del Cobre 🔊 바실리카 델 코브레

센트로에서 서쪽으로 약 27km, 엘 코브레라는 마을의 언덕에 오래되고 아름다운 성당 하나가 있다. 시에라 마에스트라의 산기슭에 1926년 지어진 로마 가톨릭 성당이다. 쿠바의 수호 성인 '자비의 성모'를 모시는 이곳은 쿠바에서 가장 성스러운 곳이다. 1998년 교황 요한 바오로 2세, 2015년 프란치스코 교황이 각각 이곳을 방문했다. 헤밍웨이는 자신의 소설 『노인과 바다』를 통해 받은 노벨 문학상을 이곳에 기증하기도 했다. 붉은색 벽돌로 된 돔의 지붕과 양측 두 개의 타워는 옅은 파스텔 톤의 성당 외벽과 잘 어우러진다. 외부는 심플하지만 내부는 화려하고 예술적 감각이 물씬 묻어난다. 택시로 다녀오려면 왕복 20~30쿡의 요금이다. 근처 마을에서는 새로운 풍경을 볼 수 있다. 조용하게 하루 숙박을 원한다면 교회 뒤 여행자를 위한 숙소를 찾아보자.

Data 지도 294p-A 지도 밖
가는 법 센트로에서 서쪽으로 약 27km
주소 El Cobre
전화 62-3642
운영시간 매일 13:00~16:00
요금 무료

호세 마르티와 콤파이 세군도가 묻힌 곳
산타 이피헤니아 묘지 Cementerio Patrimonial Santa Ifigenia
🔊 세멘테리오 파트리모니알 산타 이피헤니아

콤파이 세군도는 쿠바 음악의 거장이자 만인의 연인이었다. 호세 마르티는 쿠바의 혁명 영웅이자 시인으로 아직도 쿠바인의 가슴에 깊이 남아 있다. 에밀리오 바카디는 바카디 럼을 만들어 성공시켰고 산티아고 데 쿠바의 시장을 지냈다. 이들의 공통점은 모두 이곳 산타 이피헤니아 묘지에 묻혔다는 점이다. 아름다운 조각공원을 연상케 하는 묘지는 1868년에 조성되었으며 133,000m^2 규모다. 모두 8천 기의 무덤이 있고 1979년에 국가기념물로 지정되었다. 가장 눈에 띄는 것은 입구 왼쪽에 특별히 마련된 호세 마르티의 무덤이다. 그의 묘지 위엔 쿠바가 그에게 보내는 애정과 경의가 잘 표현되어 있다. 두 번째는 피라미드처럼 크게 만들어진 에밀리오 바카디의 묘지다. 그가 가진 부를 보여주듯 묘지는 가장 크고 웅장하다. 안쪽으로 들어서면 콤바이 세군도의 묘가 있다. 그의 묘지에는 청동으로 만든 기타와 모자, 95송이의 장미 그리고 가족과 팬들이 놓고 간 꽃이 무덤을 지키고 있다. 청동 장미는 그가 세상을 떠나던 2003년, 그의 나이 95세를 기리며 만든 것이다. 입구에 새로 만들어진 피델 카스트로의 묘지는 최근 많은 방문자를 불러왔다. 피델 카스트로는 2016년 11월 사망했다. 묘지의 입구에서 매 30분마다 있는 세레모니를 관람하는 것과 피델의 묘지 등은 입장료를 따로 낼 필요가 없다.

Data 지도 294p-A 지도 밖
가는 법 마르테 공원에서 자동차로 약 7분 **주소** General Jesús Rabí No 1 **운영시간** 화~일 09:00~17:00
요금 3쿡(사진촬영 시 5쿡)

TALK

쿠바 음악의 거장, 콤파이 세군도

우리에게 부에나 비스타 소셜 클럽의 멤버로 알려진 콤파이 세군도Compay Segundo의 본명은 막시모 프란시스코 레피라도 무뇨스다. 1907년 11월 18일 산티아고 데 쿠바의 작은 섬 시보네이에서 태어나 9살이 되던 해 산티아고 데 쿠바로 이사를 한다. 그곳에서 결혼을 하고 1934년엔 아바나로 간다. 그의 이름 콤파이 세군도는 노래할 때 그의 저음이 다른 이의 노래에 세컨드 보이스 역할을 하는 것에서 만들어졌다. 부에나 비스타 소셜 클럽에서 그는 이브라힘 페레르, 엘리아데스 오초아 그리고 오마라 포르투온도와 함께 멋들어진 화음을 만들어낸다. 그의 저음은 노래의 맛깔스런 양념이다. 노래를 더 애절하게 만들고 가슴 설레게 하는 묘한 매력을 가졌다. 그의 음악은 클라리넷을 연주하던 시립 오케스트라 활동을 거쳐 1947년 로렌소 이에레수엘로와 함께 만든 듀오 로스 콤파드레스에서 성공을 거둔다. 로스 콤파드레스는 쿠바에서 가장 성공한 듀오라고 한다. 혁명 이후 활동을 접었던 그가 재기한 것은 바로 우리가 알고 있는 그룹 '부에나 비스타 소셜 클럽'이다. 미국의 프로듀서 라이쿠더가 혁명 전 사교클럽 '부에나 비스타 소셜 클럽'에서 활동하던 음악가들을 찾아 그룹을 결성하고 앨범을 만든다. 1997년 만들어진 이 앨범은 그래미상을 수상하는 쾌거를 거두게 되고 콤파이 세군도는 이후 활동을 재개한다. 쿠바 트레스 기타의 영웅, 트로바의 거장 콤파이 세군도는 그렇게 역사적인 이름을 남긴 채 2003년 아바나에서 시부전으로 세상을 떠나고 다시 산티아고 데 쿠바의 품에 돌아와 산타 이피헤니아 묘지에 묻혔다. 아직도 많은 이들이 그를 찾아 이 묘지에 온다. 그의 음악과 그의 목소리를 추억하면서.

EAT

색다른 감각의 핫 플레이스
상 파울리 St. Pauli

독일 함부르크 여행에서 인상 깊었던 마을인 상 파울리에서 이름을 따왔다고 한다. 개인이 운영하는 작은 레스토랑으로 클럽을 겸하고 있다. 2년 전 오픈했으며 쿠바인 주방장의 요리가 다른 곳과는 차별화되는 특별함이 있다. 가격 적당하고, 양 많고, 서비스까지 좋다. 레스토랑은 넓진 않지만 따뜻함이 느껴진다. 화려한 입구에서 왼쪽은 클럽으로 오른쪽은 레스토랑으로 이어진다. 깔끔한 인테리어와 차별화된 메뉴로 손님이 부쩍 늘고 있다. 현지인의 특별 외식 장소로 추천되는 곳이다. 밤이면 클럽이 핫하다.

Data 지도 296p-C
가는 법 마르테 광장에서 호세 아사코 골목 입구 우측
주소 Jose A'saco No 605 e/ Barnada y Plaza de Marte
전화 65-2292
운영시간 월~목 12:00~23:00, 금~일 12:00~00:00
가격 랍스터 15쿡, 카마로네스 아 수 구스토(새우 요리) 6.5쿡, 로파 비에하 5.5쿡

앙증맞은 센스만점 레스토랑
카페 룸바 Café Rumba

빨간색이 포인트가 되는 귀여운 바&레스토랑이다. 스크린을 통해 나오는 최신 음악과 비디오가 젊은이들 취향에 딱이다. 서비스로 나오는 간단한 샐러드와 계란말이가 특별하다. 음악, 서비스, 분위기에서 쿠바 레스토랑의 트렌드를 읽을 수 있다. 레스토랑의 이름은 남편에게 처음 선물 받은 향수 이름인 '룸바'에서 따온 것이라고 한다. 깔끔한 레드 인테리어가 감각적이다. 오후에는 커피 한잔, 저녁에는 칵테일을 마셔보자. 칵테일 메뉴가 다양해서 골라 마시는 재미가 쏠쏠. 오후 5시부터 7시까지 해피아워로, 칵테일 3개를 시키면 1개가 공짜!

Data 지도 294p-F 가는 법 세스페데스 공원에서 도보 5분
주소 Calle Hartmann No 455A 전화 5-8022153
운영시간 월~목 09:30~21:00, 금·토 09:30~10:00
가격 파스타 5.9쿡, 샌드위치 2~5쿡, 칵테일 룸바 3쿡

분위기 괜찮은 레스토랑
레스토랑 트리오 마타모로스 Restaurante trio Matamoros

유명 뮤지션의 히스토리를 담은 곳이다. 미구엘과 시로 그리고 쿠에토가 만든 트리오 마타모로스는 1920년대 후반에 결성되었다. 리더 미구엘 마타모로스의 이름을 딴 레스토랑이다. 벽에 장식된 신문, 사진 등으로 마타모로스를 만날 수 있다. 파스텔풍의 그림과 와인 코너가 안에 있다. 넓은 공간에선 라이브 연주도 열리는데 월요일에는 없다. 돌로레스 공원에 바로 면하고 있어 찾기 쉽다. 밖에서 봐도 한 번은 들어가 보고 싶을 만큼 내부가 꽤 인상적이다.

Data 지도 296p-B 가는 법 돌로레스 광장에 위치 주소 esq Aguilera y Porfirio Valiente 전화 68-6459 운영시간 12:00~22:00
가격 식사 5~10쿡, 음료 2~5쿡

바카르디의 흔적이 있는 곳
산티아고 1900 Santiago 1900

쿠바의 현지 화폐인 쿱CUP을 쓰는 레스토랑이다. 하얀 칠을 한 커다란 대문을 가진 이 레스토랑은 바카르디 럼을 창립한 바카르디가 1900년에 지은 집이다. 원래 요리학원의 기숙사였는데 현재는 국영 레스토랑으로 사용되고 있다. 피델 카스트로가 산티아고 데 쿠바를 방문했을 때 이곳을 들렀다. 그가 남긴 메모는 2층 룸 작은 액자에 잘 보관되어 있다. 테라스, 정원, 계단의 대리석과 장식이 아름답다. 아름다운 건물에 비해 빨간 테이블과 하얀 접시는 너무 밋밋하다. 국영 레스토랑의 세밀하지 못한 서비스도 약간 아쉽다. 드레스 코드가 있으니 반바지에 슬리퍼 등은 출입을 제한당할 수 있다. 음식은 양이 많고 가격도 비싸지 않지만 뭔가 아쉽다. 하지만 식사 후 2층과 정원을 둘러본다면, 밤에 야외에서 시간을 보낸다면 제법 괜찮을 곳이다.

Data 지도 296p-D
가는 법 세스페데스 공원에서 한 블록 반 주소 Bartolomé Masó No 354 운영시간 12:00~00:00
가격 랍스터 55~62쿱, 생선요리 35쿱, 모히토 1쿱

편안하고 음식 맛있는 호텔 레스토랑
레스토랑 리베르타드 Restaurante Libertad

마르테 광장에 면해 있는 리베르타드 호텔 1층에 있는 레스토랑이다. 작고 아담한 것이 호텔과는 동떨어진 느낌이지만 깔끔하고 서비스와 맛, 가격이 너무 착하다. 창밖으로 마르테 광장이 보이는 자리에 앉아 포요 콘 엔칠라도를 주문해보자. 매콤한 닭고기 요리가 밋밋한 쿠바 음식에 질린 입맛을 돋워줄 것이다. 리베르타드 호텔의 3층에는 작은 바가 있다. 마르테 광장과 산티아고 데 쿠바 시내의 전망이 한눈에 보이는 차분한 곳으로 음료 한잔 즐기기에 좋다.

Data **지도** 296p-C **가는 법** 마르테 광장 **주소** Calle Aguilera No 658 Plaza de Marte **전화** 62-8360 **운영시간** 07:00~09:30, 12:00~14:00, 19:00~21:30 **가격** 포요 콘 엔칠라도 3.8쿡, 쿠바 맥주 1쿡

편한 선술집
타베르나 부카네로 Taberna Bucanero

넓은 공간에 부카네로의 컬러인 강한 블랙과 레드로 인테리어를 했다. 편하게 맥주 마시고 가끔은 라이브 음악에 몸도 맡길 수 있는 쿠바식 바다. 단 하나뿐인 맥주 탭은 낡았지만 세월의 무게를 담은 채 당당하게 바를 지키고 있다. 직원의 미소에서 여유가 느껴진다. 부카네로는 크리스탈과 함께 쿠바 맥주의 양대 산맥이다. 저녁 8시에 라이브 공연이 있다. 에어컨이 없어 더운 것이 함정.

Data **지도** 296p-A **가는 법** 세스페데스 공원에서 도보 2분 **주소** Aquilera No 359 e/ Hartmann y Gral Lacret **전화** 62-5214 **운영시간** 12:00~23:45 **가격** 음식 5~10쿡, 음료 2~5쿡

스파게티가 맛있는 집
레스토랑 라 폰타나
Restaurante Italiano La Fontana

멜리아 산티아고 데 쿠바 호텔의 1층에 있는 고급 레스토랑이다. 테이블에 앉으면 정원이 훤히 내다보인다. 화려한 색감의 그림이 벽면을 채우고 있다. 쿠바에서 스파게티를 주문하면 대부분 면이 푹 삶아져 나오기 일쑤인데, 탱글탱글한 식감의 제대로 된 스파게티가 나오는 곳이다. 가격도 호텔 레스토랑치고 저렴하다. 식사 후 호텔도 둘러볼 만하다.

Data **지도** 295p-D **가는 법** 멜리아 산티아고 호텔 1층 **주소** Avd de las Americas y Calle M **전화** 64-2634 **가격** 카르보나라 스파게티 7쿡, 마르게리타 피자 6쿡, 폰타냐 피자 11.5쿡

쿠바 느낌 물씬
엘 바라콘 El Barracón

센트로에서 조금 떨어진 곳에 있다. 입구부터 분위기가 심상찮은데, 들어서면 딱 알 수 있다. 이곳은 쿠바다, 라고. 벽에 장식된 그림과 조각 하나하나가 그 옛날 산티아고 데 쿠바에 살던 아프리칸 노예들의 삶을 보여준다. 음식은 쿠바 전통 스타일로 유명하다. 가격도 비싸지 않고 음식 맛도 꽤 괜찮다. 양고기 요리인 카르네 파창고는 여행자들 사이에 소문난 인기 메뉴이자 이곳의 추천 메뉴다. 생각보다 부드러운 양고기를 맛볼 수 있다.

Data 지도 295p-G
가는 법 마르테 광장에서 멜리아 산티아고 호텔 방향 **주소** Ave Garazón e/ n 1ra y Aponte Rpto Sueño **전화** 66-1877 **운영시간** 12:00~23:00 **가격** 카르네 바창고 6.75쿡, 데 창이 예마야 6.25쿡, 쿠바 맥주 1쿡

위치 좋은 레스토랑
라스 테라사스 Las Terrasas

카사 그란다 호텔의 2층에 있는 예쁜 테라스의 카페 겸 레스토랑이다. 1914년에 오픈한 호텔은 세스페데스 공원이 내려다보이는 곳에 위치하고 있다. 아담하고 예쁜 테라스는 늘 여행자로 붐빈다. 책을 읽어도 좋고 아침 식사를 즐겨도 좋고 차를 마셔도 좋다. 카사의 아침이 조금은 질린다면 이곳으로 가보자. 10쿡에 다양한 과일주스, 햄과 먹음직스러운 빵, 버터와 치즈까지 먹을 수 있는데 쿠바에선 쉽지 않은 일이다. 커피 한 잔을 놓고 아침이 시작되는 세스페데스의 풍경을 보는 것도 산티아고 여행에서 할 일 중 하나. 호텔 5층 루프톱에는 야경을 즐기며 라이브를 들을 수 있는 바도 있다.

Data 지도 296p-A
가는 법 세스페데스 공원 **주소** Heredia No 201 **전화** 65-3021 **가격** 아침 뷔페 10쿡, 샌드위치 3쿡

SLEEP

유명 건축물에서의 하룻밤
호텔 카사 그란다 Hotel Casa Granda

세스페데스 공원에 위치한 깔끔한 외관의 호텔. 1914년 1월에 오픈하였고 1995년 리노베이션했다. 4성급 호텔로 룸은 모두 58개이다. 2층의 작은 테라스가 포인트다. 총 4층 건물로 옥상에 루프톱 바가 있다. 멀리 산티아고 항과 공원, 도심의 거리가 한눈에 보인다. 밤이 되면 야경을 감상하려는 여행자들이 모인다. 산티아고 데 쿠바의 유명 건축물 중 하나다.

Data 지도 296p-A **가는 법** 세스페데스 공원 안에 위치
주소 Heredia No 201 **전화** 65-3024
요금 52~115쿡(조식 포함)

최고의 전망
엘 미라도르 El Mirador

언덕 중턱에 위치한 하늘색의 카사다. 센트로에서는 언덕을 내려가야 해서 조금은 힘들 수 있지만 전망을 보기엔 최고의 장소다. 좁은 계단을 올라서면 2층부터 카사다. 2개의 방이 있고 3층으로 오르면 3개의 방이 더 있다. 3층은 넓은 옥상에 야외 테이블이 있어 전망을 보기엔 최적이다. 3층의 방은 좁은 통로를 지나야 하지만 창 너머 보이는 아침저녁의 풍경은 그런 불편함마저 감수하게 만들어준다. 언덕 아래의 골목 풍경과 멀리 보이는 산티아고 항의 풍경은 한 폭의 그림이다. 짐이 많다면 불편할 수 있지만 그렇지 않다면 깔끔하고 전망 좋은 이곳에서 한 번쯤 묵어보는 것이 어떨까. 아침은 3쿡, 저녁은 6~7쿡이다.

Data 지도 294p-E
가는 법 벨라스케스 전망대에서 항구 쪽으로 아랫길 왼쪽 파란 집
주소 Bartomonté Maso No 172 Altos e/ Corona y Padre Pico
전화 65-1191
요금 20~25쿡
예약 ileana.maria@nauta.cu

대성당 옆 위치 좋은 카사
카사 카테드랄 Casa Catedral

세스페데스 공원 근처 성당 바로 옆에 있다. 낡은 아파트의 2층을 오르면 열린 창문으로 예쁜 전망이 보이는 거실이 나온다. 방은 평범하지만 이 집의 비밀 무기는 욕실. 방보다 넓은 욕실은 파란 타일로 시원함을 연출하며 간단한 운동기구와 100년이 훌쩍 넘어 보이는 세면대, 변기가 있다. 더운물도 제대로 나오니 걱정하지 않아도 된다. 방은 모두 2개이고 아침은 4쿡, 저녁은 8~12쿡이다.

Data **지도** 296p-A **가는 법** 아순시온 대성당 옆 **주소** General Lacret No 703(Altos) e/ heredia y Bartolomé Masó **전화** 65-3159 **요금** 25~30쿡

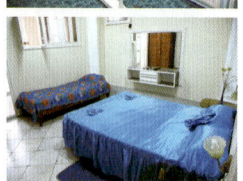

레스토랑을 겸하고 있는 곳
카사 아이첼 에 코라도
Casa Aichel e Corrado

작은 이탈리안 레스토랑을 겸하고 있는 카사. 좁은 계단을 오르면 2층과 3층이 카사다. 깔끔하고 예쁜 정원을 가진 곳으로 산티아고 데 쿠바 항의 이면의 풍경을 볼 수 있는 옥상이 있다. 전망 좋은 것이 이 집의 가장 큰 장점이다. 위치는 호세 아사코 길의 중간에 위치하고 있어 늘 사람이 번화하니 안전하다. 주인아저씨도 친절하다. 방은 모두 4개다. 방마다 침대 개수가 달라 가격이 조금 차이 난다. 아침은 5쿡이고 레스토랑을 운영하기 때문에 따로 저녁 식사 서비스를 제공하지 않는다.

Data **지도** 296p-B **가는 법** 호세 아사코 거리 **주소** José A. Saco No 516 e/ Mayía Rodríguez y Donato Marmol **전화** 62-2747 / 52998496 **요금** 25쿡

최고의 전망
미라도르 카테드랄
Mirador Catedral

카사 카테드랄 주인의 딸이 운영하는 곳으로 카사 카테드랄과 같은 건물의 3층에 있다. 꼬불꼬불 철재로 만들어진 계단을 아슬아슬하게 오르면 상상도 못한 전망이 나온다. 열린 거실 문 사이로 들어오는 시원한 바람과 한눈에 펼쳐진 시내의 풍경이 감탄사를 자아낸다. 건물은 낡았고 오르는 계단이 불편하지만 그것을 빼면 위치나 시설 모두 괜찮다. 단 짐이 많거나 노약자에겐 오르내리기 불편할 수 있다. 방은 깔끔하고 아침은 4쿡, 저녁은 8~12쿡이다.

Data **지도** 296p-A **가는 법** 아순시온 대성당 옆, 카사 카테드랄의 위층 **주소** General Lacret No 703(Altos) e/ heredia y Bartolomé Masó **전화** 65-2239 **요금** 25~30쿡 **예약** jtejeda63@yahoo.es

예쁜 파란 집
카사 마를렌 Casa Marlen

센트로에서 좀 떨어져 있다는 것만 빼면 다 좋은 곳이다. 마르테 광장에서 멜리아 산티아고 데 쿠바 호텔 가는 길에 위치하고 레스토랑 엘 바라콘의 맞은편에 있다. 파란색 집으로 들어서자마자 싱그러움이 전해진다. 깔끔하게 잘 꾸며진 집은 친절한 부부 내외가 잘 안내해준다. 각종 식물이 예쁘게 자라고 있는 작은 공간에 테이블이 있어 쉼터가 된다. 한 층을 더 올라 옥상으로 가면 시원한 바람과 함께 도심의 풍경이 파노라마처럼 펼쳐진다. 입구의 흔들의자는 스르르 잠이 들 정도로 편하다. 방은 모두 3개이고 아침 5쿡, 저녁 10쿡이다.

Data **지도** 295p-H
가는 법 레스토랑 엘 발라콘 큰길 건너 맞은편 **주소** Ave Garzon No 320 e/ 2da y 3rd Rpto **전화** 62-5617
요금 20~25쿡 **예약** casamarlen@nauta.cu

전망 좋고 센트로 가까운 곳
카사 마르가리타 Casa Margarita

아파트 2층에 위치한 카사다. 넓은 거실이 있고 문을 열면 바다가 보이는 작은 테라스가 있다. 걸어서 5분 거리에 세스페데스 공원이 있는 것도 이 카사의 장점이다. 깔끔하고 기본 시설을 다 갖추었으나 방이 하나뿐이라 예약이 쉽지 않을 수 있다. 가격은 흥정이 가능하니 혼자 묵는다면 5쿡 정도는 흥정을 해보는 것도 괜찮다. 방에 큰 침대 1개가 있다. 아침은 3~4쿡이고 저녁은 7~8쿡이다.

Data **지도** 294p-E **가는 법** 세스페데스 공원에서 남쪽으로 두 블록 반 **주소** Corona No 507 Apto A e/ José A Saco y Cornelio Robert **전화** 65-2290 **요금** 25쿡 (흥정 가능) **예약** mlinaresquiles@gmail.com

아담하고 편안한 곳
카사 노베르토 Casa Norberto

마르가리타와 같은 아파트 같은 층, 바로 맞은편 집이다. 같은 2층이지만 이곳의 테라스에서는 바다가 보이진 않는다는 것이 단점. 바다 대신 골목의 평화로운 풍경이 보인다. 방은 2개이고 기본 시설은 다 갖추고 있다. 한 방은 침대가 2개, 다른 한 방은 침대가 1개다. 아침 식사는 3쿡, 저녁은 6~7쿡이다. 가격과 위치 좋은 곳을 찾는다면 카사 노베르토를 추천한다.

Data **지도** 294p-E
가는 법 세스페데스 공원에서 남쪽으로 두 블록 반
주소 Corona No 507 Apto B e/José A Saco y Cornelio Robert **전화** 62-0171
요금 20~25쿡

편안하고 전망 좋은 곳
카사 미그달리아 Casa Migdalia

카사 안드레스 주인아저씨의 여동생이 운영하는 카사다. 카사 안드레스와 바로 이웃하고 있어 쉽게 찾을 수 있다. 작은 집이지만 전망을 보기에 안성맞춤이다. 잘 꾸며진 조그만 테라스가 꽤 예쁘다. 앉아 있으면 산티아고 항의 풍경이 수시로 변하는 것을 볼 수 있다. 비 오는 날에도 앉아서 쉬기 좋다. 전망 좋고 조용한 가정집 분위기의 카사를 찾는다면 이곳을 추천한다. 잘 생기고 친절한 주인집 아들은 여자 여행자들에게 인기다. 아침 3.5쿡, 저녁은 7쿡이다.

Data 지도 294p-E 가는 법 세스페데스 공원에서 두 블록 반 주소 Corona No 371 e/ Maximo Gomez y General Portuondo 전화 53086814 요금 20쿡 예약 lorencito@nauta.cu

위치 좋은 집
오네이다 Oneida Matos Perez

마르테 한 블록 전에서 골목 한 블록 더 안쪽으로 들어가면 나오는 곳이다. 100년 된 집의 1층에 있는 아담한 카사다. 방은 2개이고 큰 침대 하나와 작은 것 하나씩 있다. 주인 할머니가 친절하고 위치가 좋다. 안쪽 작은 정원이 있고 방이 두 개가 나란히 있다. 밖으로 난 창이 없어 조금 답답할 수 있지만 정원 쪽으로는 창문이 있다. 작은 거실을 나오면 바로 골목이다. 아침은 4쿡이다.

Data 지도 296p-F 가는 법 마르테 광장 한 블록 전에서 골목으로 한 블록 안 주소 Heredia No 514 e/ Barnada y San Agustin, Santiago de Cuba 전화 62-9238 요금 25쿡 예약 chichi65@yahoo.com

가족처럼 편안한 집
카사 안드레스 Casa Andress y Ramona

세스페데스 공원에서 멀지 않은 건물 1층에 위치한 아담한 카사다. 평범한 쿠바의 가정집에서 평범한 가족들과 함께 지내는 느낌을 가득 받게 된다. 방은 거실을 지나 1층에 하나, 주방 쪽 좁은 계단을 오르면 2층에 하나가 있다. 방에는 더블 침대 하나뿐이라 두 명 이상이 사용하기엔 불편할 수 있다. 방에는 냉장고와 TV가 없지만 주인 주방을 같이 사용할 수 있다. 2층에서 바다를 바라보며 차 한잔 마시기 좋다.

Data 지도 294p-A 가는 법 세스페데스 공원에서 두 블록 반 주소 Corona No 365 e/ Maximo Gomez y General Portuondo 전화 53086814 요금 15~20쿡

여행 준비 컨설팅

지구 반대편 나라 쿠바로의 여행은 먼 거리에서 일단 부담감이 느껴진다.
하지만 여행 준비를 하다 보면 아무것도 아니란 것을 이내 알게 된다. 여행 정보를
찾기도, 항공 노선을 찾기도, 쿠바가 갖는 여러 가지 선입견에 대한 부담을 떨쳐버리기도,
어느 하나 쉬운 것이 없다. 그렇지만 고생 끝에 낙이 있는 법! 하나하나 준비하면서
느껴지는 희열, 쿠바이기 때문에 만족감은 더 크게 느껴진다. 걱정은 금물!
생각보다 심플하게 여행을 준비할 수 있으니 이제부터 차근차근 준비해보자.

D-80

MISSION 1 설레는 여행 계획하기

1. 여행 형태를 결정하자

지구 반대편의 나라를 가는 만큼 가장 중요한 것은 내가 가진 휴가, 시간의 정도이다. 시간이 넉넉하다면 자유여행을, 시간은 한정적이지만 꼭 가보고 싶다면 패키지여행을 찾아보자. 패키지여행은 싫지만 배낭 메고 몇 번 정도는 자유롭게 다녀보고 싶다면 배낭여행과 패키지의 중간 형태인 세미배낭팩이라는 상품도 있다. 쿠바 여행 상품을 판매하는 여행사는 많지 않다. 대부분 중남미의 다른 나라 중 아바나를 하루 이틀 정도 들르는 정도다. 가고 싶은 여행 타입, 휴가 일수, 비용 정도에 따라 어떤 여행을 갈 것인지 먼저 결정하자. 결정 후 관련 상품을 찾아보면 훨씬 수월하다.

2. 출발일을 정하자

쿠바를 여행하기에 가장 좋은 시기는 11월부터 3월 사이이다. 우기가 끝나고 맑은 날씨가 계속 되는 시기다. 한낮은 등이 금세 따가워질 정도로 기온이 높고 햇살이 강하며 밤에는 선선하다. 이때는 모든 여행자들이 쿠바로 몰려오는 시기라 항공과 숙박 예약이 어렵고 가격이 오르니 미리 예약을 하는 것이 좋다. 말레콘의 넘치는 파도는 우기에나 볼 수 있다. 이때는 습도가 높고 폭우가 쏟아지는 날이 많아 여행은 피하는 것이 좋다.

3. 여행 기간을 결정하자

거리가 멀수록 가장 고민되는 것은 여행 기간이다. 그렇다고 원하는 만큼 시간을 낼 수 없는 것 또한 우리의 현실. 쿠바는 짧게 다녀오기엔 항공료의 부담이 큰 곳이다. 쿠바의 수도 아바나와 주요 도시 몇 군데를 둘러본다고 해도 최소한의 기간은 7일이다. 이때는 아바나, 트리니다드, 산타 클라라, 바라데로 정도가 가능하다. 만약 10일 정도의 시간이 있다면 아바나를 조금 더 여유 있게 둘러본 후 트리니다드, 산타 클라라 그리고 바라데로 혹은 비날레스 정도를 여행할 수 있다. 2주 이상의 시간이 된다면 위 도시와 산티아고 데 쿠바 혹은 카마구에이 등의 동쪽 도시를 같이 여행해보자.

D-70

MISSION 2 실감나는 여행 준비, 항공권과 숙소 예약

1. 항공권 구입하기

우리나라에서 쿠바로 가는 직항은 아직 없다. 경유지를 나누어 검색해도 저렴한 항공권을 찾으려면 성수기는 가장 먼저 피해야 한다. 어디나 그렇듯 최소한 몇 달 전에 항공권을 발권하지 않으면 저렴한 티켓은 구할 수가 없다. 일단 부지런히 웹서핑을 통해 원하는 경유지와 비용, 시간을 검색하도록 하자. 쿠바는 유럽이나 타 노선에 비해 온라인상으로 항공 검색이 쉽지 않다. 손품을 팔 수 있다면 아래 사이트를 검색하고, 그럴 만한 여유가 없다면 국내 쿠바&중남미 전문여행사를 통하는 것도 요령이다. 여유 있게 미리 구입한다면 비수기엔 160~180만 원, 성수기엔 200만 원 정도를 예상하자. 경유나 항공사, 출발일 등에 따라 달라지니 여러 가지 조건에 맞게 찾아보는 것이 좋다.

• 티켓의 조건을 확인하자

저렴한 항공권은 가격 확정을 위해 바로 구매해야 하거나 변경 및 취소가 불가능하거나 수수료를 많이 물어야 하니 티켓 조건을 꼭 확인한다. 왕복으로 구매한 경우, 탑승하지 않으면 돌아오는 편이 무효가 되는 경우도 있다.
또 예약하는 여행사가 다르더라도 동일 항공사에 이중으로 예약을 하면 사전 경고 없이 예약 모두가 취소되므로 주의하자.

• 발권일을 지키자

아무리 예약을 해두었어도 발권하지 않았으면 내 표가 아니다. 특히 좌석이 넉넉하지 않은 성수기에는 발권을 미루다가 좌석 예약이 취소될 수도 있으니 주의하자.

• 좌석확약을 받았는지 확인하자

좌석확약이 안 된 상태로 출국하면 돌아오는 항공편을 구하기가 어려울 수 있다. 항공권의 'Statue'란에 OK라고 적혀 있는지 확인하고 미심쩍으면 해당 항공사에 직접 전화해 좌석확약 여부를 확인하자.

항공사 및 국내 여행사
- 에어 캐나다 www.aircanada.co.kr
- 비욘드 코리아 www.americatour.co.kr
- 글로벌 그린 여행사 globalgreen.co.kr
- 하나투어 www.hanatour.com
- 인터파크투어 tour.interpark.com
- 온라인투어 www.onlinetour.co.kr

2. 숙소 예약하기

쿠바의 숙박 형태는 심플하게 호텔과 카사로 나뉜다. 카사는 '카사 파르티쿨라르'의 줄임말로 쿠바 현지인의 민박이다. 보통 2인 1실을 기준으로 25~30쿡 정도면 1박이 가능하고 쿠바인과 같이 생활할 수 있는 장점이 있다. 호텔의 경우 30~50쿡 또는 60~120쿡 정도이다. 5성급 이상의 고급 호텔은 400쿡 이상도 많다. 2016년부터 늘어난 관광객으로 인해 숙박 요금이 더욱 인상되었다. 사전 예약 시 금액을 반드시 확인하자. 국내 여행사를 통해서도 호텔과 카사를 예약할 수 있다.

쿠바 숙소 예약 및 참고 사이트
- 쿠바 정키 www.cubajunky.com
- 트립어드바이저 www.tripadvisor.co.kr
- 에어비앤비 www.airbnb.com
- 글로벌 그린 여행사 globalgreen.co.kr

MISSION 3 해외여행의 필수, 여권 만들기

1. 어디서 만들까?

서울에서는 외교통상부를 포함한 대부분의 구청에서, 광역시를 비롯한 지방에서는 도청이나 시구청에 설치된 여권과에서 편리하게 발급받을 수 있다. 신청 후 발급까지는 보통 3~7일 정도가 소요된다. 구비서류를 준비하고 직접 방문해야 하나 질병, 장애 또는 18세 미만의 경우는 대행이 가능하다. 소요비용은 단수여권의 경우 2만 원, 복수여권은 5년 미만 45,000원, 5년 이상(10년)의 경우 53,000원이다.

2. 어떤 서류가 필요할까?

- 여권 발급 신청서 1부(기관 내 구비)
- 여권용 사진 1매(6개월 내 여권용으로 촬영한 것, 전자여권이 아닌 경우 2매)
- 신분증
- 발급 수수료(현금)
- 국외여행허가서, 국외여행허가증명서 (25~37세 병역미필남의 경우)

참고 사이트
- **외교부 홈페이지** www.passport.go.kr

MISSION 4 아는 것이 힘, 여행정보 수집

1. 여행서를 찾아보자

〈쿠바 홀리데이〉를 펼친다. 하고 싶은 쿠바 여행의 종류에 따라 다양한 정보들을 찾아 표시를 해보자. 쿠바의 주요 여행지를 중심으로 만들어진 최신 여행 정보를 담고 있다. 〈론리 플래닛〉의 경우 한글판이 없고 영문판 또한 해외구입 해야 한다. 그 외에 국내 쿠바 가이드북으로 출간된 몇 종의 도서가 있다. 자신에게 맞는 도서로 골라 여행 준비를 시작해보자.

2. 여행자의 경험을 찾자

쿠바 여행의 가장 일반적인 정보 검색은 바로 블로그이다. 대부분 여행지가 중복이고 일정이 짧은 단점이 있지만 최신 여행 정보를 얻는 데는 이만한 것이 없다. 그 외두 리얼 쿠바, 남미 사랑 등의 카페를 통해 다양한 정보를 얻을 수 있다.

쿠바관련 대표 여행 카페
- **리얼 쿠바** cafe.naver.com/realcuba
- **남미사랑** cafe.naver.com/nammisarang

3. 현지 사이트 찾기

쿠바 관광청 사이트 또는 여행사에서 운영하는 사이트에는 다양한 여행상품, 교통, 숙박 등에 관한 정보가 있다. 한글판이 없어 어려움이 있긴 하지만 공연정보, 뮤지션 소개나 카페 등에 대한 소개 등은 여행에 굉장히 유용하다.

- **쿠바 관광청**
  www.cubatravel.tur.cu
- **쿠바 여행 정보 사이트 인포투르**
  www.infotur.cu
- **아바나 투어 컴퍼니**
  havanatourcompany.com

쿠바 개요
국가명 쿠바공화국 República de Cuba
수도
스페인어 표기 : Ciudad de La Habana
영어표기 : Havana
면적 110,860km² (한반도의 1/2)
위치 카리브 해에 위치한 섬나라
언어 스페인어
민족 혼혈인(메스티소, 물라토) 51%, 백인 37%, 흑인 11%, 동양계 1%
기후 아열대기후 12~2월 18~27°, 3~11월 24~32°
인구 1,124만 명
종교 가톨릭
1인당 국내총생산(GDP) US $11,258(2012년 EIU 추정치)
화폐단위 태환페소(CUC)
시차 한국보다 14시간 느림

MISSION 5 알뜰살뜰 여행 경비 준비

1. 환전

현금 환전은 주거래 은행이나 지점을 통하면 된다. 사이버 환전 등도 방법이다. 쿠바의 화폐는 국내에서 구입이 불가능하므로 다른 외화로 준비 후 현지에서 다시 환전해야 한다. 쿠바의 경우 캐나다 달러나 유로가 가장 무난하다. 미국 달러의 경우 10%의 추가 수수료를 부가하고 있으므로 미국 달러는 피하자.

2. 신용카드

공항, 호텔이나 레스토랑의 경우 신용카드 사용이 가능하다. 그러나 일부를 제외하고는 대부분 사용할 수 없다는 점에 유의하자. 가능하면 현금을 여유 있게 준비하자. ATM을 통하여 국내 은행의 현금을 인출하는 것도 불가능하니 현금 서비스를 받을 수 있는 카드를 준비하는 것도 요령이다.

MISSION 6 입국 관련 서류 준비하기

1. 여행자 카드

에어 캐나다의 경우 항공료에 여행자 카드가 포함되어 있어 별도로 구입하지 않아도 된다. 토론토를 출발하여 아바나로 가는 비행기에서 여행자 카드를 나누어주므로 작성 후 이민국에 제출하면 된다. 항공료에 포함되지 않은 경우라면 쿠바로 출발 전 여행자 카드를 구입해야 한다. 이전에는 현지 여행사 또는 항공사 카운트에서 구입했지만 지금은 국내 쿠바 전문 여행사에서도 구입이 가능하다. 여행자 카드 비용은 5만 원이다.

여행자 카드 구입 가능 여행사
- 비욘드 코리아 www.americatour.co.kr
- 글로벌 그린 여행사 globalgreen.co.kr
- 하나투어 www.hanatour.com

2. 여행자 보험

쿠바는 여행자 보험에 대한 규제가 엄격한 나라이다. 일반적으로 해외여행 시 여행자 보험을 다 가입하지만 증명 서류를 제출해야 하는 경우가 생기는 곳이 쿠바다. 반드시 있어야 하는 것은 아니지만 입국 심사 시 여행자 보험 증서를 요구하는 경우가 있고, 없을 경우 현지에서 1일 3쿡씩 계산하여 보험을 가입하여야 한다.

국내에서 가입하고 가는 경우 저렴할 뿐 아니라 여행자 보험은 반드시 필요한 것이니 미리 가입하자. 보험증서는 국내 보험사에 문의하여 가입 후 영문증서로 발급받아 출력하면 된다. 혹시 미리 가입을 못했더라도 공항에 있는 보험사에서 바로 가입이 가능하다. 단, 저렴한 담보의 상품이 없어 몇 배는 더 비쌀 수 있으니 참고하자.

▲ 여행자 카드

D-2

MISSION 7 완벽하게 짐 꾸리기

여행 당일 꼭 중요한 걸 놓고 공항에 가는 일이 생긴다. 그런 일에 대비하기 위해 리스트를 만들어 꼼꼼히 챙겨보자. 쿠바 여행에서는 특히 기본 서류 외에 영문 여행자보험증서도 꼭 챙기기!

1. 꼭 가져가야 할 준비물

여권 해외여행의 기본이다. 만료일 6개월 이상 여부 확인하고 충분치 않으면 미리 갱신하자.

항공권 이티켓의 경우 출력하고 반드시 왕복으로 준비한다. 쿠바는 입국 시 출국 티켓을 확인하므로 두 장을 꼭 같이 가져가야 한다.

여행경비 신용카드와 현금은 가능한 가방에 잘 나눠서 보관해야 분실 시 응급대응이 가능하다. 너무 많은 곳에 숨겨 도리어 못 찾는 일이 없도록 몇 개에만 나누고 휴대용 가방에는 현지 도착까지 쓸 수 있는 현금 등을 충분히 준비하자.

각종증명서 영문 여행자보험증서, 여행자 카드 등 반드시 필요한 서류는 입국심사에서 찾기 쉬운 곳에 잘 보관한다.

의류 및 신발 쿠바는 더운 나라이므로 따로 두꺼운 옷을 준비할 필요는 없다. 그러나 버스 이동 시 에어컨 조절이 불가하여 추울 수 있으니 겉옷 하나는 준비하자. 우기에는 우비도 유용하다. 신발은 편한 운동화와 슬리퍼를 준비하는 것이 좋다.

가방 현금을 쓸 일이 많으므로 작은 휴대용 가방이면 좋다. 책과 카메라, 여권 사본이나 동전을 같이 넣을 정도 크기의 가방을 별도로 준비하자. 소매치기가 없는 나라지만 만약을 준비해 열고 잠금이 잘 되는지 등을 확인하자.

우산 우기에는 필수. 우기가 아닌 시즌에는 우산이 필요 없지만 따가운 햇살을 같이 가릴 수 있는 작은 우산은 건기에도 유용하게 쓸 수 있다.

세면도구 공산품을 여유 있게 쓸 수 없는 나라이므로 모든 필요한 물품을 준비하는 것이 좋다. 특히 비누가 귀하다. 샴푸, 비누 등은 여유 있게 준비하자. 또한 카사에서는 헤어드라이어, 수건 등을 제공하지 않는 곳이 많다.

화장품 작은 샘플을 준비하면 유용하다. 현지에서 사서 쓸 생각은 하지 않는 것이 좋다.

비상약품 의료에 있어서는 세계적인 수준의 쿠바지만 언어의 문제는 넘을 수 없다. 감기약, 해열제, 소화제, 지사제 등의 기본 약품을 챙기자.

생리용품 현지에서도 구입은 가능하다. 다만 가게를 찾기가 쉽지 않은 도시가 많다. 가능하면 미리 준비하는 게 좋다.

휴대전화 인터넷은 카드 구입 후 와이파이로 사용할 수 있다. 현지 통신사를 통해 로밍 서비스(KT 및 LG)가 가능하다. 단 SKT는 전화, 문자 서비스만 제공한다. 로밍의 경우 요금이 비싸니 꼭 필요한 경우가 아니면 와이파이를 통한 인터넷으로 연락하길 권한다.

카메라	본인의 취향에 맞는 사이즈, 사양을 선택하고 배터리와 메모리 카드는 여유분을 챙기자(분실 및 파손 대비). 충전기도 필수.	모자	햇빛을 막는다.
		소형 자물쇠	치안이 안전해도 늘 유비무환.
어댑터	멀티어댑터는 반드시 챙기자. 110/220V 겸용이나 둥근 콘센트가 거의 없다.	물티슈 &휴지	살 수 있는 곳이 많지 않다. 준비할 수 있으면 여유 있게 준비.
		볼펜	현지에서 구하기 쉽지 않아 선물용으로 좋다. 메모용 또는 선물용으로 써보자.
가이드북	〈쿠바 홀리데이〉는 반드시 챙기자!		

2. 가져가면 편리한 준비물

수영복	카리브 해의 아름다운 해변을 놓칠 수 없다. 수영복은 필수!	비누	빨래를 자주 하는 쿠바인들에게 비누는 늘 부족하다. 무게 때문에 많이는 힘들어도 선물용으로 준비하면 환영받을 품목.
자외선 차단제크림	햇살이 따갑다. 하루 종일 발라야 할 정도니 충분히 준비하자.		
선글라스	강한 햇살에 눈을 보호.	즉석카메라	사진 찍기를 좋아하지만 여의치 않은 쿠바인들에게 즉석 사진은 최대의 선물이다. 아이들을 위해 준비할 수 있다면 챙겨보자.

MISSION 8 입국과 출국

1. 인천공항 출국

❶ 2시간 이상의 여유를 갖고 공항에 도착하자. 해당 항공사의 카운터 위치를 확인하자. 성수기이거나 면세점을 들러야 하는 경우, 또는 모노레일 등으로 탑승구까지 이동해야 하는 경우도 있으니 이런 점을 충분히 감안하고 도착 시간을 정하는 것이 좋다.

❷ 해당 항공사의 카운터에서 여권과 출력해온 이티켓을 제시하고 탑승권(보딩패스Boarding Pass)을 받는다. 원하는 좌석이 있다면 요청할 수 있다. 인터넷으로 좌석 체크가 가능한 항공의 경우 미리 준비하면 편한 자리를 확보할 수 있다.

❸ 짐을 부치는 경우 항공사별로 별도의 무게 제한이 있으니 사전에 미리 확인하고 짐을 꾸리자. 일반적으로는 에어캐나다의 경우 20kg까지 허용한다. 날카로운 물체(귀이개, 맥가이버 칼 등)나 100ml 이상의 액체류는 기내반입이 불가하니 화물로 부칠 수 있도록 하자. 혹시 기내에 부적합 수하물이 있을 수 있으니 5분 정도는 카운터 근처에서 머물며 체크하자.

❹ 모든 준비가 끝났으면 여권과 탑승권을 잘 들고 출국장으로 들어가자. 엑스레이와 몸 검사 시 노트북, 카메라, 휴대폰 등은 꺼내서 바구니에 넣어야 한다. 안내에 따라 모자나 선글라스 등도 벗고 엑스레이를 통과하면 된다.

❺ 여권과 탑승권을 제시하고 출입국심사를 받는다. 자동출입국심사 서비스를 신청하면 전용심사대를 통해 신속한 심사가 가능하다.(자동출입국심사서비스는 www.ses.go.kr 참고)

❻ 모든 심사가 완료되면 탑승구로 이동하면 된다. 탑승권에 표시된 시간까지 도착하자.

2. 아바나 공항 입국

❶ 기내에서 나누어준 출입국 신청서(쿠바의 경우 여행자 카드와 세관 신고서)를 작성한다. 내릴 때 빠뜨린 짐이 없는지 꼼꼼히 자리 주변을 점검하자.

❷ 여권, 여행자 카드와 세관 신고서, 영문 여행자보험증서를 미리 챙겨 출입국 심사대에 줄을 선다. 보통 질문을 하지 않지만 숙소 주소를 묻는 경우가 있으니 따로 준비를 하거나 그렇지 못했다면 유명 호텔(예를 들어 나시오날 또는 잉그라테라)을 말해도 된다. 출국 항공티켓을 요구하는 경우도 간혹 있다. 가능하면 왕복 이티켓을 출력하여 같이 준비하자.

❸ 항공편의 짐이 도착하는 레일 번호를 확인하고 화물을 기다린다. 화물이 도착하면 아바나공항으로 나가자.

❹ 공항 내 환전소는 1층 입국장 밖에 양쪽으로 1개씩 있고 2층 출국장에 하나 있다. 면세 구역에도 하나 있다.

친절한 홀리데이씨의 소소한 팁

NO.1
쿠바의 밤거리는 안전한가요?
중남미 다른 도시에 비해 쿠바는 안전한 편이다. 그러나 현지인들도 늦은 밤 인적 드문 골목은 피하라고 말한다. 여행자들이 많은 곳은 어디든 무리 없지만 혼자 너무 늦은 밤 다니는 일은 만약을 대비해 피하는 것이 좋다. 그렇다 해도 쿠바는 안전한 나라이긴 하다.

NO.2
쿠바의 화장실은 돈을 낸다?
카사와 호텔을 제외한 레스토랑 또는 공공장소의 화장실은 대부분 시설이 열악하다. 변기 상태도 불량하고 물이 잘 내려가지 않는 곳도 많다. 화장지를 준비하는 것이 좋고 급하지 않으면 숙소의 호텔을 사용하자. 레스토랑의 경우 화장실 입구에서 화장지를 판매하면서 팁을 받는 직원이 별도로 있다. 보통 25~50센타보를 받는다.

NO.3
사서 먹는 생수는 먹을 만할까요?
고급 레스토랑이 아니라면 물은 모두 사서 마셔야 한다. 일반 생수처럼 작게 포장되어 있으니 마시는 것에는 무리가 없다. 최근에는 한국의 작은 편의점 형태의 가게가 많이 늘어 도시에서는 물을 사는 것이 어렵지 않다. 단 저녁 이후에는 가게가 대부분 문을 닫으니 미리 구입해두자.

NO.4
라이브 밴드 공연 후 팁은 얼마나 줘야 할까요?
대부분의 라이브 밴드는 공연이 끝난 후 팁을 받거나 CD를 판매한다. 일반적으로 팁은 1쿡(약 1달러)을 준다. 쿱은 현지인이 받지 않는 경우도 있다. 레스토랑의 팁도 비슷하다 생각하면 된다.

NO.5
쿠바 거리의 호객꾼은 믿어도 되나요?
쿠바는 공짜의 개념이 없다. 어떤 것이든 일에 대한 대가가 있다. 손님을 데리고 갔으면 커미션은 당연한 것이다. 그래서 관광지에는 호객꾼이 많다. 차량, 여행상품, 상품판매, 숙소부터 다양한 것까지. 거꾸로 말하면 우리가 생각한 친절이 그들에겐 일인 경우가 많다. 쿠바인들은 대부분 친절하고 순하다. 물건을 파는 것 외에 해치는 경우는 거의 없다. 그렇다 해도 늘 조심하자. 너무 멀리까지, 잘 모르는 곳으로 가야 하는 것은 정중히 거절하자.

NO.6
친구의 초대를 받았습니다. 가도 될까요?
쿠바인의 친화력은 대단하다. 사교성이 많은 그들은 친구 만들기를 좋아한다. 그래서 가끔 외국인 친구를 초대하는 경우가 있다. 순수하게 초대를 하는 경우도 있지만 집에서 물건(그림, 시가 등)을 판매하거나 어려운 환경을 보여주고 동정을 요구하는 경우도 있다. 긍정적으로 생각하면 친구의 생활을 체험하고 기쁘게 물건을 살 수도 있지만 반대의 경우 불편한 상황에 처할 수 있다. 아주 친한 정도가 아니라 거리에서 우연히 만난 정도라면 거절하는 것도 나쁘지 않다.

NO.7
거리에서 시가를 사도 괜찮은가요?
아주 많은 양이 아니라면 출국 시 크게 문제가 되진 않는다. 그러나 공항이나 기념품점에서 더 많은 종류, 더 좋은 품질의 시가 등을 구입할 수 있으니 거리에서의 구입은 자제하자. 몇 개 정도가 아니라 많은 양이면 공항에서 불편한 일을 겪을 수도 있다. 실제 거리에서 판매하는 물건의 경우 낮은 품질에 높은 가격의 것들이 많다.

NO.8
쿠바에서 현금을 많이 소지해도 괜찮을까요?
여행 기간에 따라 경비의 차이는 있지만 일반적 휴가 정도(2주 이내)라면 현금 소지를 권한다. 가방에 조금씩 나누어 잘 보관하고 환전소에서 바꾸는 것이 방법이다. 카드의 경우 ATM을 쉽게 찾을 수 없고 카드에 따라 거래가 되지 않는 경우도 많다. 큰 도시가 아니라면 더욱 그렇다. 쿠바인들은 남의 물건에 잘 손대지 않고 카사 내에서도 도난 사고가 많지 않다. 잠금 장치를 잘 하고 특별한 일이 없다면 도둑에 대한 걱정은 최소화해도 되는 곳이다. 그러나 늘 조심하자. 최근에는 소매치기도 가끔 발생한다. 카메라, 돈이 든 가방 등은 잘 챙기자.

NO.9
쿠바에서 줄을 설 때 요령이 따로 있나요?
줄을 설 일이 많은 나라다. 은행, 환전소, 레스토랑 그리고 인터넷용 카드 구입 등이다. 줄의 꼬리에 서 있다 해도 내 앞사람이 마지막이 아닌 경우가 있다. 줄을 설 경우 "울티모?"라고 외치면 줄의 마지막이 누구인지 알 수 있다. 그 사람의 다음 차례임을 기억했다가 순서대로 이용하면 된다. 거꾸로 내가 마지막일 때 누군가가 "울티모?"를 외치면 손을 들어 내가 마지막임을 알려주면 된다. 자리를 이탈했더라도 내 앞뒤 사람을 기억했다가 순서가 되면 들어가면 된다. 뜨거운 햇빛을 피해 그늘에서 쉬며 순서를 기다릴 때 딱이다.

NO.10
쿠바 남자들은 정말 친절한가요?
쿠바 여행은 여자를 세상에서 제일 아름다운 여자로 만든다. 거리에서 만나는 남자들은 습관적으로 여자를 부르고 갖가지 표현을 통해 아름답다는 것을 인지시켜준다. 특히 동양인은 그들에게 인기 만점. 휘파람을 불거나, 이름을 묻거나, 국적을 묻는 등 아주 귀찮을 정도다. 가끔은 웃어넘기지만 웃음이 긴 상황을 만들 수 있으니 못 들은 척 지나치는 것도 방법이다. 일일이 친절하게 대답하며 다니다간 아바나만 다니다 여행이 끝날지도 모른다.

여행 전에 배우는 유용한 스페인어

스페인어 알파벳

Aa 아	Bb 베	Cc 쎄	Chch 체	Dd 데	Ee 에	Ff 에페
Gg 헤	Hh 아체	Ii 이	Jj 호따	Kk 까	Ll 엘레	Lll 엘예
Mm 에메	Nn 에네	Ññ 에녜	Oo 오	Pp 뻬	Qq 꾸	Rr 에레
Ss 에쎄	Tt 떼	Uu 우	Vv 베	Ww 도블레베	Xx 에끼스	Yy 이그리에가
Zz 쎄따						

※ 스페인어는 영어와 비슷한 단어가 많다. 다만 발음 기호가 조금 다르고 된소리로 발음해야 한다는 것이 다르다. 위 발음 기호만 익히고 영어의 발음기호대로 읽어도 쉽게 따라할 수 있다. 또 영어와 뜻이 비슷한 단어도 많다.

인사

안녕	¡Hola!	올라
어떻게 지내세요?	¿Como está? / ¿Qué Tal?	꼬모 에스따? / 께 딸?
너무 좋아요. 감사합니다	Muy Bien, Gracias	무이 비엔, 그라시아스
당신은요?	¿Y tú?	이 뚜?
안녕하세요(아침)	¡Buenos Días!	부에노스 디아스
안녕하세요(점심)	¡Buenas Tardes!	부에나스 따르데스
안녕하세요(저녁)	¡Buenas Noches!	부에나스 노체스
처음 뵙겠습니다/ 만나서 반갑습니다	Mucho Gusto	무초 구스또
감사합니다	Gracias	그라시아스
대단히 감사합니다	Muchas Gracias	무차스 그라시아스
미안합니다	Lo Siento	로 시엔또
실례합니다	¡Perdón!	뻬르돈
부탁합니다	Por Favor	뽀르 빠보르
천만에요	De nada	데 나다
안녕히 계세요	¡Chao! / Adios	챠오 / 아디오스
다음에 또 만나요	¡Hasta Luego!	아스따 루에고!
내일 또 만나요	¡Hasta Mañana!	아스따 마냐나!

여행에서 언어는 어쩌면 가장 중요한 도구다. 낯선 여행자들과 친구가 되는 것, 언어 이상으로 좋은 방법은 없다. 완벽할 수 없겠지만 기본적인 인사만 알고 떠나도 훨씬 더 가까워지는 느낌을 알게 된다.

소개

제 이름은 김춘애입니다	Mi Nombre es Kim Choonae / Me Llamo Kim Choonae 미 놈브레 에스 김춘애 / 메 야모 김춘애
한국(남한)에서 왔습니다	(Yo) soy de Corea del Sur — 요 소이 데 꼬레아 델 수르
나는 한국 사람입니다	(Yo) Soy Coreana(여자) — Coreano(남자)
당신의 이름은 무엇입니까?	¿Como se Llama Usted? — 꼬모 쎄 야마 우스뗏
나는 스페인어를 못합니다	(Yo) No Hablo Español — (요) 노 아블라 에스파뇰
영어를 할 수 있습니까?	¿Habla Ingles? — 아블라 잉글레스?

공항에서

여권을 보여주세요	Pasaporte, Por favor — 빠사뽀르떼, 뽀르 빠보르
방문 목적이 무엇입니까?	¿Cual es el Proposito de su Visita? 꾸알 에스 엘 쁘로뽀시또 데 수 비시따?
휴가차 왔어요	Vengo de Vacaciones — 벵고 데 바카시오네스
얼마나 머물 예정입니까?	¿Cuanto tiempo su queda? — 꾸안또 띠엠뽀 수 꾸에다?
1주일입니다	Una Semana — 우나 쎄마나
돌아가는 항공권을 가지고 있습니까?	¿Tiene billete de Vuelta? — 띠에네 빌레떼 데 부엘따?
예, 있습니다	Si, Tengo — 씨, 땡고
어디서 머물 예정입니까?	¿Donde va a Hospedarse? — 돈데 바 아 오스뻬다르쎄?
호텔에서 숙박합니다	En un Hotel — 엔 운 오뗄
세관에 신고할 물건이 있습니까?	¿Tiene algo que declarar? — 띠에네 알고 께 데끌라라르?
아니오, 없습니다	No Tengo nada de declarar — 노 땡고 나다 데 데끌라라르

호텔/숙소에서

빈 방 있습니까?	¿Tienen una habitación libre? — 띠에네 우나 아비따씨온 리브레?
저렴한 방을 원합니다	Quiero una habitación barata — 끼에로 우나 아비따씨온 바라따
지금 체크인 할 수 있습니까?	¿Puedo entrar en el hotel ahora? 뿌에도 엔뜨라르 엔 엘 오뗄 아오라?

아침 식사가 포함된 요금인가요?	¿Esta incluido el desayuno?	에스따 인끌루이도 엘 데사유노?
방을 바꾸고 싶습니다	Quiero cambiar de habitacion	끼에로 깜비아르 데 아비따씨온
하루 더 머물고 싶습니다	Quiero quedarme un dia mas	끼에로 께다르메 운 디아 마스
택시를 불러주세요	Llame un taxi, Por favor	야마 운 딱시, 뽀르 빠보르

레스토랑에서

메뉴를 보여 주세요	(El) Menú, Por favor	(엘) 메뉴, 뽀르 빠보르
어떤 메뉴를 추천하십니까?	¿Que Me Recomienda	께 메 레꼬미엔다?
계산서 부탁 드립니다	La Cuenta, Por favor	라 꾸엔따, 뽀르 빠보르
잠시만 기다려주세요	Un Momento, Por favor	운 모멘또, 뽀르 빠보르
정말 맛있어요!	¡Qué rico!	께 리꼬!
배가 너무 고파요	Tengo Mucha Hambre	땡고 무챠 암브레
배불러요	Estoy Llena	에스또이 예나(여자) / 예노(남자)
건배	¡Salud!	살룻!

쇼핑숍에서

이것으로 사고 싶습니다	Quiero comprar esto	끼에로 꼼쁘라르 에스또
이건 얼마인가요?	¿Cuánto Cuesta esto?	꾸안또 꾸에스따 에스또?
너무 비싸요	Es Muy caro	에스 무이 까로
깎아 주세요	Mas Barato, Por favor	마스 바라또, 뽀르 빠보르

긴급상황 시

도와주세요!	¡Ayúdanme!	아유다메!
길을 잃었어요	Estoy Perdido	에스또이 페르디도
여기 다친 사람이 있어요! 구급차를 불러 주세요!	¡Aquí hay un herido!¡Llame a una ambulancia! 아끼 아이 운 에리도! 야메 아 우나 암부란시아!	
어디가 아프세요?	¿Dónde le duele?	돈데 레 두엘레?
배가/머리가/이가 아파요	Me duele el estómago/la cabeza/la muela 두엘레 엘 에스토마고/라 까베싸/라 무엘라	

INDEX

SEE

개선문	219
갤러리	220
건축박물관	189
고고학 박물관	188
교회	160
그래픽 제작소	071
기념품 시장	190
나시오날 호텔	126
낭만주의 박물관	188
노동광장	276
담배농장 투어	162
대성당(시엔푸에고스)	219
대성당(산타 클라라)	249
대성당 광장	068
돌로레스 광장	301
디에고 벨라스케스의 집	298
라 아바나 국왕 군성(항해박물관)	077
라 에르미타 호텔 전망대	161
라 에스칼레라	302
라 푼타 레저 센터	227
럼 박물관	299
롬비요의 집	070
마르테 광장	301
마르티 도서관	252
마요르 광장	184
말 타기 투어	190
말레콘(아바나)	117
말레콘(시엔푸에고스)	222
메르카데레스 거리	079
모로 성(카사블랑카)	142
모로 성(산티아고 데 쿠바)	303
몬카다 병영 박물관	304
무에예 레알	222
바예 저택	226
바카르디 빌딩	086
베니 모레 동상	224
벨라스케스 전망대	300
불레바드 거리	223
비달 공원	248
비에하 광장	080
산 살바도르 데 라 푼타 박물관/요새	116
산 카를로스 데 라 카바냐 요새	144
산 크리스토발 대성당	069
산 프란시스코 광장	082
산 프란시스코 수도원	083
산 후안 데 디오스 광장과 박물관	274
산타 마리아 해변	147
산타 이피헤니아 묘지	307
산티시마 트리니다드 교회	184
상공회의소 건물	084
선사시대 벽화	162
세군도 카보의 대저택 (부관관저)	076
세스페데스 공원	297
솔레다드 광장	274
시립박물관(총독관저)	075
시의회	299
식민지 예술 박물관	074
아구아스 클라라스 후작의 대저택	070
아그라몬테 공원	276
아랍의 집	085
아르마스 광장	075
아멜 거리	127
아바나 1791	084
아바나 국립미술관-국제관	116
아바나 국립미술관-쿠바관	073
아바나 대학교	132
아바나 클럽 럼 박물관	074
아순시온 대성당	298
알리시아 알론소 아바나 대극장	112
앙콘 비치	191
에밀리오 바카르디 지역박물관	300
엘 템플레테	078
예수상과 체의 집	143
오비스포 거리	081
왕비의 무덤	221
위프레도 램 전시관	071
음악의 집	186
잉그라테라 호텔	111
잉헤니오스 계곡 기차 투어	192
자비의 성모 성당	306
장갑 전차 기념관	253
정부청사	219
존슨 약국	079
중고서점 및 벼룩시장	076
중앙공원	114
지하 혁명 박물관	305
체 게바라 기념관	250
체와 아이	253
카나발 박물관	302
카르멘 광장	275
카리다드 극장	254
카리요 광장(구 세스페데스 공원)	185
카마라 오스쿠로	078
카사 데 라 트로바	187, 303
카사 델 푼다도르	221
카시노 공원	275
카피로 전망대	252
카피톨리오	110
코히마르	145
콜론 묘지	132
쿠바 아트 팩토리	131
클럽 메훈헤	254
클럽 시엔푸에고스	225
토마스 테리 극장	220
트로피코 수르	227

INDEX

트리니다드 지역박물관	188
트리니다드 혁명역사박물관	183
파세오 데 마르티(구 프라도 거리)	111
팔렝케 데 로스 콩고스 레알레스	187
프라도 거리	223
하스미네스 호텔&전망대	161
헤밍웨이 박물관(핀카 비히아)	146
헤밍웨이의 방	085
혁명광장	128
혁명박물관	072
호세 마르티 공원	160
호세 마르티 광장	218
호세 마르티 기념탑&기념관	130
후안 마리네요 문화센터	249

EAT

1869 레스토랑	231
3J 타파스 바	167
그란 호텔 라 테라사	279
도냐 노라	228
라 과리다	118
라 누에바 에라	195
라 보데기타	255
라 보데기타 델 메디오	092
라 유비아 데 오로	098
라 임프렌타	098
라 카소냐 게바라	256
라 캄파냐 데 톨레도	280
라 콘차	257
라 쿠엘카	166
라 테라사	231
라 파창가	133
라 팍토리아 플라사 비에하	094
라스 루이나스 델 파르케	097
라스 테라사스	312
레스토랑 1800	280
레스토랑 1830	136
레스토랑 데 로스 트레스 레예스	281
레스토랑 라 이사벨라	278
레스토랑 라 폰타나	311
레스토랑 리베르타드	311
레스토랑 마리네로	230
레스토랑 무세오 1514	194
레스토랑 베라	168
레스토랑 비야 마리아	232
레스토랑 산타 로사리아	256
레스토랑 솔 아난다	196
레스토랑 엘 템플레테	089
레스토랑 카사 프라도	231
레스토랑 트리오 마타모로스	310
레스토랑 플라사 데 아르마스	095
레스토랑 플라사 마요르	198
로 데 모니크	099
로스 콘스피라도레스	199
마린 비아후에르테	198
메송 델 프린시페	279
메송 라 초레라	136
바 예스터데이	196
보데곤 돈 카예타노	278
빅뱅	229
산 크리스토발	119
산티아고 1900	310
상 파울리	309
센트로 쿨투랄 폴로 몬타네스	169
슬로피 조	090
시에라 마에스트라	135
싱코 이스키나스 트라토리아	091
안토호스	099
에스토 노 에스 운 카페	094
엘 갈리토	168
엘 모히토	090
엘 바라콘	312
엘 바리오	167
엘 비키	119
엘 솔	257
엘 수르티도르	096
엘 찬추예로 데 타파스	088
엘 캄비오	281
엘 캄페시노	229
엘 코시네로	135
엘 트란비아	282
엘 파라이소	169
엘 폴리네시오	133
엘 플로리디타	093
엘 히구에	195
이반 셰프 후스토&알 카르봉	101
재즈 카페	138
차콘 162	100
카르마	133
카사 데 라 트로바	282
카사 돈 토마스	166
카페 TV	134
카페 델 양헬	091
카페 돈 페페	194
카페 룸바	309
카페 시우다드&레스토랑 카바	280
카페 아르크앙헬	118
카페 엘 에스코리알	095
카페 오브라도르	258
카페 테리	230
카페 파리스	093
카페테리아 라스 루이나스	282
코메도르 데 아귈라르	134
코펠리아(산타 클라라)	258

코펠리아(아바나)	138	
펠리아	258	
타베르나 라 칸찬차라	197	
타베르나 부카네로	311	
테 케다라스	228	
테니엔테 레이 360	100	
트리니다드 콜로니알	197	
팍토리아 산타 아나 트리니다드	199	
팔라시오 데 바예	230	
하마	097	

SLEEP

그란 호텔	283
그란 호텔 만사나 캠핀스키 라 아바나	106
나시오날 호텔	139
디아넬리스&리카르도 레온	207
라 에르미타 호텔	170
라 카사 데 피노	259
라 카소냐 데 콘데	237
미라도르 카테드랄	314
비야 리우비	236
비야 리카르디토	173
비야 마리아	237
비야 마린	236
비야 카페탈	172
세뇨라 미그달리아	140
시오마라 카사	123
아니아&호세	236
아드리아노스 호스탈	262
아바나 리브레 호텔	139
암보스 문도스 호텔	103
앙콘 호텔	201
엘 미라도르	313
오네이다	316
요반나	122
유니온 호텔	233
이베로스타 그랜드 호텔	200
이베로스타 파르케 센트랄	121
잉그라테라 호텔	120
카데나 호스탈 로베르토 카를로스	234
카사 노라	171
카사 노베르토	315
카사 다리 이 투리	173
카사 달기스	285
카사 데 알키에르	139
카사 데 우에스페데스	284
카사 데이시	285
카사 라 갈레리아	106
카사 로헤리오	203
카사 마르가리타	315
카사 마를렌	315
카사 마리아&엔디	204
카사 마리카르멘	140
카사 메리&미구엘	123
카사 메예르 호스탈	206
카사 무뇨스	205
카사 무라야 스윗	107
카사 미그달리아	316
카사 아이첼 에 코라도	314
카사 안드레스	316
카사 알렉스&야니세	285
카사 알타	284
카사 얼바나	107
카사 엘 셰프	201
카사 오달리스	103
카사 요란다	284
카사 이봉	104
카사 카테드랄	314
카사 코프라디아	204
카사 폰트	202
카사 호아키나	123
카시타 오슌	237
텔레그라포 호텔	121
팔라시오 아술 호텔	232
포르테리아	140
플로리다 호텔	102
하구아 호텔	233
하스미네스 호텔	171
호스탈 누에보 모델로	263
호스탈 데보라&호세	205
호스탈 델 앙헬	104
호스탈 도냐 리아 (카사 로라) 68	263
호스탈 라 레헨테	122
호스탈 라 푸엔테	235
호스탈 로스마르	202
호스탈 무라야	105
호스탈 브리사스 델 아라우카	259
호스탈 비스타 파크	262
호스탈 산 크리스토발 데 라 아바나	105
호스탈 세뇨라 마르타 가르시아	261
호스탈 아니타	235
호스탈 이다	207
호스탈 이비스&파치	235
호스탈 카사 세가르테	206
호스탈 카사 에체멘디아	203
호스탈 카사 콜로니알	234
호스탈 콜로니알	260
호스탈 콜로니알 센터 1929	261
호스탈 콜로니알 페페&이사벨	234
호텔 라 론다	200
호텔 산타 클라라 리브레	260
호텔 엔칸토 카미노 데 이에로	283
호텔 엘 마르케스	283
호텔 카사 그란다	313

"당신의 여행 컬러는?"

최고의 휴가는 **홀리데이 가이드북 시리즈**와 함께~